RESEARCH ON INTELLECTUAL PROPERTY PROTECTION IN CYBERSPACE

网络知识产权保护问题研究

于志强　著

浙江理工大学基本科研业务费专项资金资助
浙江理工大学学术著作出版资金资助（2024年度）

法律出版社
LAW PRESS·CHINA
——北京——

图书在版编目（CIP）数据

网络知识产权保护问题研究 / 于志强著. -- 北京 : 法律出版社, 2024. -- ISBN 978-7-5197-9720-1

Ⅰ. D923.404

中国国家版本馆 CIP 数据核字第 2024DU5417 号

网络知识产权保护问题研究
WANGLUO ZHISHI CHANQUAN BAOHU WENTI YANJIU

于志强 著

策划编辑 张 颖
责任编辑 张 颖
装帧设计 鲍龙卉

出版发行 法律出版社
编辑统筹 法律应用出版分社
责任校对 李慧艳
责任印制 刘晓伟
经　　销 新华书店

开本 A5
印张 11.125　**字数** 267 千
版本 2024 年 11 月第 1 版
印次 2024 年 11 月第 1 次印刷
印刷 北京建宏印刷有限公司

地址:北京市丰台区莲花池西里 7 号(100073)
网址:www.lawpress.com.cn
投稿邮箱:info@lawpress.com.cn
举报盗版邮箱:jbwq@lawpress.com.cn
销售电话:010-83938349
客服电话:010-83938350
咨询电话:010-63939796

书号:ISBN 978-7-5197-9720-1　**定价**:55.00 元
凡购买本社图书,如有印装错误,我社负责退换。电话:010-83938349

序　言

在如今的互联网大数据的背景下,知识产权和网络技术的结合越发紧密,网络知识产权虽在学界没有一个统一的定义,但是目前网络知识产权侵权犯罪乱象丛生,故对网络知识产权的保护是十分有必要的。相较于传统的知识产权犯罪,网络知识产权侵权犯罪不管是从行为类型还是从行为对象来看都有了新的变化。传统的法律体系对知识产权的保护虽然在立法的进程中不断得到完善,但其保护范围和保护力度都是远远不够的,已经不能够适应新时代网络知识产权的保护现状。网络知识产权的保护体系主要存在传统法律体系难以适应网络知识产权侵权行为模式的不断更新,网络知识产权侵权行为对象与传统侵权对象之间的冲突严重,以及危害结果的判断标准面临新挑战等问题,在高速发展的互联网环境下解决这些问题势在必行。针对这些问题,可以从扩大知识产权侵权行为类型、重构危害结果量化标准、完善网络服务商的法律责任等方面来实现，只有这样才能够构建更加完整的网络知识产权法律保护体系。

1. 网络环境下的知识产权

知识产权是一种权利人对其创作出的成果所享有的专有权利。知识产权与科学技术和文学艺术的发展互相促进，知识产权的内涵也随之不断深化和丰富。随着互联网技术的发展和网络时代的到来，传统的知识产权也衍生出了新的概念和内涵。“网络知识产权除传统知识产权的内涵外，还包括数据库、计算机软件、多媒体、网络域名、数字化作品以及电子版权等。”①其中，多媒体技术的发展衍生了大量的数字化作品，作者通过多媒体技术对文字、图像和声音等内容进行数字化处理，实现创作和再创作。这些数字化作品会通过网络迅速传播到世界各地。在网络环境下，知识产权的保护面临新的问题和挑战。网络本身具有传播信息迅速的特性，在网络上地区和国家之间的地域性变得模糊，信息的传播范围和形式也比传统媒体更为宽广和丰富。涉及知识产权的作品将会通过网络迅速扩散和传播，极大地推动了作品的传播速度和范围。因此，知识产权保护在网络环境下受到了极大冲击，传统知识产权具有的专有性、地域性和时间性等基本特征在网络环境下发生了变异。②

① 丁志刚、霍剑：《论网络知识产权保护》，载《山西科技》2010 年第 5 期。

② 参见梁健惠：《中外网络环境下著作权限制制度的比较及启示》，载《广州大学学报（社会科学版）》2009 年第 7 期。

(1)专有性的弱化

知识产权的专有性是知识产权的一个重要特征,是指权利人对其知识产权享有的独占的、专有的、排他的权利。在信息时代来临前,由于公开渠道较为单一且知识产权作品传播渠道较少,传播速度缓慢,因此知识产权的独占性更容易得到保护。而在网络语境下,知识产权的专有性必然会被弱化。网络时代的智力成果多数是利用计算机技术完成,由于网络具有高度开放性、极快的传播速度以及广泛的传播范围,这就意味着该智力成果更容易被他人复制和传播。因此,在网络时代,权利人的知识产权的独占性权利被一定程度地削弱,知识产权的专有性也因网络的特性而被弱化。

(2)地域性的淡化

传统的知识产权具有较为明显的地域性,著作权、商标权、专利权等知识产权的取得、保护以及侵权等认定均只能按照本国法律,且在本国地域范围内有效。然而,在网络环境下,知识产权的地域性不断趋于淡化。互联网本身就具有无国界性,国家和地区之间的距离在网络上变得模糊,在互联网上,信息的传递可以突破时间和空间的限制,世界上各个地区的人们可以在任何时间共享信息。因此,在网络环境下难以确定知识产权的取得地和侵权发生地等地域。因此,互联网的无国界性使网络环境下知识产权的地域性特征发生了淡化。

(3)时间性的分化

知识产权仅在法定的时间期限内受到保护,一旦法定期限到期,知识产权的所有人就将失去专有权利,智力成果也将由所有人共享和使用,这就是知识产权的时间性。从促进知识的流动,推动智力成果惠及公众,保障社会创新的动力源泉方面来看,知识产权的保护期限应当缩短。但从知识产权权利人角度来看,为了保护其利益,应当延长知识产权保护期限。这就导致了知识产权的时间性出现分化。[①] 网络环境进一步加剧了知识产权时间性的分化。网络技术加快了知识产权的信息的传播速度,也加快了权利人获得收益的速度。同时,知识产权信息的迅速传播也将导致他人在短时间内对知识产权信息进行再创作,网络语境下如何认定知识产权侵权成为新的一大难题。

2. 网络环境下的知识产权保护

传统的著作权、商标权和专利权制度在网络环境中仍然适用并且更加复杂。一方面互联网技术的发展促进了智力成果的传播,另一方面互联网的特性也给知识产权的保护提出了新的难题和挑战。首先,我国的现行知识产权法律法规无法适应互联网时代的发展需求。我国对网络环境下知识产权的保护始于2000年。2000年,最高人民法院制定了《关于审理涉及计算机网络著作权纠纷案件适用法律若干问题的解释》[已废止,以下简称《网络著作权解释》(2000年版)]。2001年修订的《著作权法》规定:作品未经许可,不能上网传播。《互联网著作权行政保护办法》规定:擅自把别人的作品数字化、上网,就是侵权行为。此外,《计算机软件保护条例》和《信息网络传播权保护条例》等也陆续发布。虽然我国出台了多个有关网络知识产权保护的法律法规,但仍存在法律空白,无法适应互联网飞速发展带来的网络知识产权新难题。其次,网络环境下知识产权保护的难度更大。在司法实践

---

① 参见刘远山、杨超男:《论网络环境下知识产权侵权的认定和法律救济》,载《河北法学》2007年第5期。

中,网络知识产权保护经常面临难以及时发现侵权行为、无法确定侵权主体、取证困难、收集证据的技术不成熟等难题。一方面,网络具有匿名性和隐蔽性,行为人在实施侵权行为可以轻易地隐匿个人信息和网络地址,这就加大了对其追踪的难度;另一方面,网络环境传播速度快、范围广,难以认定网络知识产权造成的危害,这就对侵权的认定造成巨大挑战。最后,由于在网络环境中的知识产权模糊了时间和地域的界限,并且传播极其迅速,网络知识产权保护还面临着保护地域不明确、保护期限不合理等问题。

新世纪是知识的时代,也是信息的时代,随着我国经济的高速发展和互联网技术的不断进步,社会各界对知识和对信息的关注开始变得越来越高,知识产权逐渐成为推动经济发展和社会进步的一个重要因素。习近平总书记在中央政治局集体学习中多次强调保护知识产权的重要性,保护知识产权就是保护创新,只有全面加强知识产权保护工作,才能够促进建设现代化经济体系,激发全社会创新活力,推动构建新发展格局,因此对知识产权的保护也越来越受到重视。网络环境下的知识产权相较于传统意义上的知识产权,虽然在权利性质上并没有发生变化,但是由于和网络技术的不断结合,其侵权行为不管是模式还是结果,和传统的知识产权侵权相比都呈现出新的特征,产生了新的问题。网络技术带来的高度隐秘性和时空上的分离使网络环境下侵犯知识产权的违法犯罪日益猖獗,严重影响了网络环境的正常秩序,侵害了知识产权人的合法利益。我国目前的法律体系对知识产权的保护虽然在一次次的立法修订过程中不断得到完善,但是对网络知识产权的保护还是远远不能适应当下社会保护网络知识产权的现实需要。在网络技术的掩盖之下,网络知识产权犯罪的行为对象变得更加难以确定,与传统的侵权对象之间也存在着矛盾。此外,技术的发展也带来了行为模式的更新换代,网络知识产权侵权的行为模式早已超出了现行法律对知识产权所规制的几种模式。不仅如此,网络环境下知识产权侵权危害结果也不应当适用传统的危害结果的量化标准,否则很容易造成侵权适用范围的扩大。因此,完善网络知识产权的保护体系,更好地保护网络知识产权是势在必行的,只有及时适度扩大法律体系中规制的知识产权侵权类型、重构对网络知识产权侵权危害结果的量化标准等措施,才能够填补目前网络知识产权保护的一些真空地带,实现保护网络知识产权体系的完整性。

目录

第一章　网络著作权保护问题

“互联网 +”战略和大数据产业发展的深入推进，给知识产权的保护和利用带来了全新的风险和机遇。一方面，在网络时代中，知识产权侵权具有操作便捷、成本较低、隐蔽性强、频率高发等特点，这要求知识产权保护的手段和方式必须与时俱进，建立与之适应的权利保障机制。另一方面，新兴技术的发展也为知识产权的保护提供了更广阔的前景和平台，区块链取证、ODR① 机制、在线公证平台等互联网科技成果的应用推动了新时代知识产权的保护。在传统的由著作权法、商标法、专利法构成的知识产权法律体系中，著作权是受互联网影响时间最早、作用范围最广、波及程度最深的制度。“复制和传播技术的每一次巨大进步，都会引起著作权法相应的变革……著作权

① Online Dispute Resolution，在线矛盾纠纷解决。

法的发展历史，就是著作权这种特殊的财产权随着复制和传播技术的发展而不断扩张的历史。”[①]1996 年世界知识产权组织主持签订《世界知识产权组织版权条约》(World Intellectual Property Organization Copyright Treaty，WCT)和《世界知识产权组织表演和录音制品条约》(World Intellectual Property Organization Performances and Phonograms Treaty，WPPT)，标志着著作权制度正式进入“网络时代”。我国经过十几年的发展，对于网络环境下的著作权保护已经初步建立起一套较高水平的政策、理论和制度体系，构建起了具有中国特色的网络著作权保护体系。

一、网络著作权保护的宏观政策

报告显示，2013—2019 年，我国网络版权产业市场规模持续保持较快增长，2019 年中国网络版权产业市场规模达 9584.2 亿元，同比增长 29.1%，相较 2013 年的 2157.8 亿元增长超过 3 倍。[②] 报告显示，2021 年中国网络版权产业市场规模达 14,009.6 亿元，较 2020 年增长 18.3%。[③] 在我国网络版权产业整体态势蓬勃向上的同时，要统筹网络文学、网络长视频、网络动漫、网络游戏、网络音乐、网络新闻、网络直播、网络短视频、VR(虚拟现实)和 AR(增强现实)内容等多种网络版权产业的健康协调发展，平

---

① 王迁：《知识产权法教程》(第 6 版)，中国人民大学出版社 2019 年版，第 3 页。

② 参见国家版权局网络版权产业研究基地：《中国网络版权产业发展报告(2019)》，载国家版权局网站 2020 年 5 月 1 日，https://www.ncac.gov.cn/chinacopyright/upload/files/2020/9/17105857106.pdf。

③ 参见国家版权局网络版权产业研究基地：《中国网络版权产业发展报告(2021)》，载国家版权局网站 2022 年 9 月 5 日，https://www.ncac.gov.cn/chinacopyright/upload/files/2023/12/4cfd17206060e246.pdf。

衡网络版权产业发展与网络版权权利保护，实现从“高速度”增长到“高质量”发展的转变，离不开宏观政策的调控、引导与支持。在国家层面上，我国实施知识产权发展战略，完善版权制度，扶持版权产业，促进版权市场化；各地也配套相应知识产权发展保护政策，积极探索，形成了具有鲜明特色的地方经验。

（一）顶层设计：版权强国建设的系统部署

从国家政策层面开始对网络著作权进行保护可以追溯到10余年前。2005年年初，国务院成立了国家知识产权战略制定工作领导小组，国家知识产权战略制定工作正式启动。历经3年的专题研究、内部讨论、征求意见和走访调查，2008年6月5日国务院正式发布了《国家知识产权战略纲要》（以下简称《知产纲要》）。《知产纲要》确定的战略重点为完善知识产权制度、促进知识产权创造和运用、加强知识产权保护、防止知识产权滥用和培育知识产权文化共5个方面。在关于版权的专项任务中，《知产纲要》明确提出“扶持新闻出版、广播影视……计算机软件、信息网络等版权相关产业发展”“有效应对互联网等新技术发展对版权保护的挑战”“妥善处理保护版权与保障信息传播的关系，既要依法保护版权，又要促进信息传播”等重要政策，为网络著作权保护提供了战略支撑。《知产纲要》作为我国实施知识产权兴国战略的纲领性文件，直至今日依旧是中央和地方政府颁布相关政策的根据和参考，标志着我国“运用知识产权制度促进社会经济发展”这一思想上升至战略层面，也是保护网络版权在宏观政策层面的滥觞。

随后，“实施版权战略”被写入《国家知识产权事业发展“十二五”规划》，版权信息公共服务平台建设也被提上日程。2011

年4月20日，国家版权局印发了《版权工作“十二五”规划》，结合版权工作的实际情况，要求“加强版权执法监管能力”。就网络版权的保护而言，一是要建立执法常态机制，拓宽工作面，既惩治传统领域的侵权盗版行为，也打击网络和数字环境下的侵权盗版行为。二是要运用技术手段，提高版权保护工作管理水平，逐步建设统一、规范的数字网络国家版权监管平台。这表明国家已经逐渐认识到随着科学技术的发展，网络版权侵权问题日益严重，将打击网络著作权侵权上升至与打击传统著作权侵权相同的高度。同时坚持“技术中立”的观点，没有视技术如豺狼虎豹，而是积极运用新兴技术治理技术发展带来的著作权保护的挑战与困难。但此时对于网络著作权的保护，仅仅聚焦于侵权行为的预防和惩戒，对各网络产业部门及相应著作权专有权利缺少系统、详细的分析。

为深入实施国家知识产权战略，深化知识产权重点领域改革，迎接新业态、新环境下知识产权保护的新挑战，国务院分别于2015年、2016年发布了《国务院关于新形势下加快知识产权强国建设的若干意见》及其重点任务分工方案，提出了“加强新业态新领域创新成果的知识产权保护，完善数据库保护等相关法律制度，加强互联网、电子商务、大数据等领域的知识产权保护规则研究”“运用大数据、云计算、物联网等信息技术，加强在线创意、研发成果的知识产权保护，提升预警防范能力”“支持探索知识产权创造与运营的众筹、众包模式，促进‘互联网＋知识产权’融合发展”等一系列网络知识产权保护的政策，并于2016年进一步细化——首先，以上网络知识产权保护政策全部被划入“重点任务”的范围，有利于政策严格执行；其次，明确了责任主体，以上工作都是由多个部门协同负责，既有部门负责牵头，也有部门密切配合,最多的一项任务甚至有十多个部门从各个领域共同开展,切实保证了工作实施落到实处、发挥实效。

为进一步贯彻执行上述政策,国务院于2016年12月30日依据《中华人民共和国国民经济和社会发展第十三个五年规划纲要》制定了知识产权领域的《"十三五"国家知识产权保护和运用规划》,重申"研究'互联网+'、电子商务、大数据等新业态、新领域知识产权保护规则"的制度完善思路,并将新媒体条件下的新闻作品版权保护研究作为着眼点和发力点。在提升知识产权保护水平方面,单独强调新领域新业态知识产权保护,与传统领域知识产权保护相对应,呈现出网络著作权保护政策的新特点。第一,保护领域扩张,涵盖宽带移动互联网、云计算、物联网、大数据、高性能计算、移动智能终端等新兴领域以及影视剧、广播电视节目、音乐、文学、新闻、软件、游戏等多种网络作品形式的保护;第二,点面结合,既突出保护重点,打击网络侵权假冒行为,又将网络知识产权保护拓展至经济社会发展的全局,积极推进网络知识产权保护协作,建立信息报送、线索共享、案件研判和专业培训合作机制。之后,国家版权局印发了《版权工作"十三五"规划》,将"加强网络领域版权监管"的表述修改为"突出网络领域版权监管",提出完善打击网络侵权盗版的快速反应机制,健全基础电信企业、互联网信息服务企业"通知—移除"侵权工作机制,建立网络版权保护的长效机制。以上政策表明,网络逐渐成为行政机关履行版权监管职责的重要阵地,执法部门肩负着净化网络版权环境的重大责任和使命。国家新闻出版广电总局①也随即发布了

① 2018年改为国家广播电视总局,后文不再赘述。

《新闻出版广播影视“十三五”发展规划》，将“加强版权管理，大力发展版权产业”作为“十三五”时期新闻出版广播影视发展的主要任务，作出了“大力推进互联网环境下的版权治理与流通体系建设”“加大网络版权监管，重点打击各种利用新技术手段侵权盗版行为”“推进建立软件正版化长效机制”“加强在线版权交易服务平台建设，以互联网思维创新版权交易模式”“加快构建数字版权唯一标识符(DCI)体系”“创新互联网环境下版权的确权授权、版权公示、代理、争议解决、收益分配新机制”“加强在线版权交易、使用与保护的相关技术研发”等翔实的政策部署，大力推进数字版权唯一标识符体系建设工程，以更好地在数字网络化环境下保护作品著作权。

随着互联网和数字经济的深入发展，网络版权保护宏观政策体系进一步完善，政策出台更加密集，版权强国建设得到进一步贯彻。《关于强化知识产权保护的意见》以习近平新时代中国特色社会主义思想为指导，强调完善新业态新领域保护制度，加强体育赛事转播知识产权保护，强化知识产权保护的专业技术支撑。《加强网购和进出口领域知识产权执法实施办法》从执法监管的角度对网络购物和进出口领域知识产权违法行为进行规制，以维护公平竞争的市场环境。科技部等六部门联合印发《关于促进文化和科技深度融合的指导意见》，提出开展文化产品价值评估与版权交易，加快版权保护领域关键技术攻关，推动版权保护全链条体系建设。《2020—2021 年贯彻落实〈关于强化知识产权保护的意见〉推进计划》要求加强电商领域知识产权保护，在 2020 年 8 月底前出台打击网络侵权假冒的司法解释，研究制定推动数字文化产业创新发展的政策性文件，加强数字文化产业知识产权保护。国务院知识产权战略实施工作部际联席会议办公室印发了《2020 年深入实施国家知识产权战略加快建设知识产权强国推进计划》，明确中央宣传部负责优化计算机软件著作权登记，探索建立全国统一的著作权登记信息公示查询系统；知识产权局负责深入推进"互联网＋"知识产权保护，加强信息技术手段运用；中央宣传部、中央网信办、工业和信息化部、公安部四部门共同负责继续开展打击网络侵权盗版治理"剑网"专项行动。《关于加强侵权假冒商品销毁工作的意见》明确要求销毁侵犯著作权的复制品，并规定了销毁时限、分类处置、污染防控、物品保管、全程监督等配套制度措施。《最高人民法院办公厅、国家知识产权局办公室关于建立知识产权纠纷在线诉调对接机制的通知》提出充分发挥调解在化解知识产权领域矛盾纠纷中的重要作用，发展知识产权在线纠纷解决机制，推进在线诉调对接机制建设，从程序正义角度为网络版权的保护和我国多元纠纷解决机制的完善提供了政策支持。2021 年 9 月，中共中央、国务院印发《知识产权强国建设纲要（2021—2035 年）》，并提出建立健全新技术、新产业、新业态、新模式知识产权保护规则，探索完善互联网领域知识产权保护规则，研究构建数据知识产权保护规则。1 个月后，国务院印发《"十四五"国家知识产权保护和运用规划》。该规划完善了知识产权保护政策，电子商务领域知识产权保护机制，体育赛事节目、综艺节目、网络直播等领域著作权保护制度；强调要健全新领域新业态知识产权保护制度，研究并构建数据知识产权保护规则。之后，2021 年 12 月，国家版权局根据《知识产权强国建设纲要（2021—2035 年）》和《"十四五"国家知识产权保护和运用规划》印发了《版权工作"十四五"规划》，重申推动新业态领域版权保护这一重点任务，并提出网络版权保护作为主战场，持续开展打击网络侵权盗版“剑网”专项活动和强化重点监管，深化重点领域网络版权专项整治，充分发挥版权保护的重要作用。

（二）基层探索：网络版权保护的地方政策

近年来，为实现新形势下知识产权强国战略的要求和版权强国建设的系统部署，克服网络环境下著作权保护的现实困境与挑战，各地也积极制定网络版权保护政策，探索符合地方特色的网络著作权保护方式。《天津市知识产权保护条例》于 2019 年 9 月 27 日经天津市人大常委会审议通过，并于 2019 年 11 月 1 日起开始实施。《天津市知识产权保护条例》第 14 条规定了通过著作权登记等方式保护计算机软件著作权，以促进软件产业和信息化发展；第 27 条重申了电子商务领域的“通知—删除”规则，并要求电子商务平台经营者建立知识产权内部监管机制；第 42 条明确了网信、版权、公安、文化、旅游等部门的网络环境监督义务，上述部门应当依法查处网络文学、音乐、影视、动漫、游戏、计算机软件等领域的著作权侵权行为。可以说，《天津市知识产权保护条例》在强化网络版权保护执法与处罚、加大网络版权行政保护力度、健全天津市网络版权保护工作机制等方面起了积极作用。北京市于 2019 年年底发布了《关于推动北京音乐产业繁荣发展的实施意见》和《关于推动北京游戏产业健康发展的若干意见》，加强北京音乐产业版权服务，助力北京建设成为“国际网络游戏之都”，既体现地方特色，又兼具国际视野。2020 年 8 月，江苏省知识产权局发布了《关于强化知识产权保护的实施意见》，提出强化互联网知识产权保护，特别是要加强对视听节目、文学、游戏网站和网络交易平台的版权监管。

同时,中央高度重视地方知识产权建设,中共中央、国务院印发实施了《粤港澳大湾区发展规划纲要》,提出构建极点带动、轴带支撑网络化空间格局,强化知识产权行政执法和司法保护,建立大湾区知识产权信息交换机制和信息共享平台。为落实相关政策,广州市黄埔区、广州市开发区草拟了“粤港澳知识产权互认10 条”,围绕粤港澳大湾区知识产权合作新机制的建立,从扶持认定、融资担保、纠纷解决、行业互动等方面给予政策支持,开展为期 3 年的试点工作。全国各地也就知识产权保护工作进行深入交流,探索建立跨区域知识产权保护战略协作。北京、天津等 12 个省(直辖市)知识产权局先于 2019 年共同签署《十二省市知识产权行政保护协作协议书》,后北京、天津、河北、内蒙古、山西 5 省(区、市)又于 2020 年签订了《华北五省区市知识产权行政保护协作协议书》,在推动建立知识产权侵权判定互认机制、加强知识产权的行政保护、打造更好的营商环境等方面达成共识。上海、江苏、浙江、安徽共同签署了《长三角地区共同营造版权产业高质量发展市场环境合作协议》,提出建立案件协办协查、联合执法办案、案件执行协助等联动工作机制,形成版权保护的合力。

(三)网络版权保护政策的总体特征

1. 中央总揽全局,稳步推进

自国务院印发《知产纲要》以来,中国知识产权事业便进入了战略发展时代,开始建设知识产权战略大国。但我们可以发现,由于当时中国互联网发展尚显稚嫩,网民规模远不及现在,PC 端宽带上网是绝对的主流,在线直播、数字图书馆、网络文学等现在习以为常的数字化产业距当时的生活十分遥远，电子商务服务业才刚刚被国家《电子商务发展“十一五”规划》确定为“重要的新兴产业”，传统著作权侵权仍然是主流，人们知识产权保护意识较为薄弱，网络版权保护制度建设还未起步，因此《知产纲要》主要从宏观层面支持计算机软件、信息网络等版权相关产业发展，并呼吁在发展的同时注意互联网等新兴技术带来的知识产权保护风险。随着信息革命的深入推进，网络游戏、音乐、视频等产业迅猛发展，新兴技术深刻地影响我们的生活，网络版权侵权案件数量逐渐增多，网络著作权保护逐渐成为亟须解决的重要课题，国家也与时俱进地出台相应的宏观政策。就形式而言，中央层面的网络版权保护政策主要由国务院发布的《知识产权强国建设纲要（2021—2035 年）》和《“十四五”国家知识产权保护和运用规划》、国家知识产权局和国家版权局制定的一系列规划、其他各部委出台的政策文件中涉及网络版权保护的内容共三个部分组成，其中，国务院发布的宏观政策作为指引，国家知识产权局和国家版权局制定的规划作为主干，其他各部委出台的涉及网络版权保护的政策文件作为补充。就内容而言，政策制定和颁布也体现了国家对于网络版权保护建设的认识逐渐加深、网络版权保护重点逐渐突出、网络版权保护体系逐渐完善的过程。网络版权保护，不仅“打击网络和数字环境下的侵权盗版行为”，也“加强互联网、电子商务、大数据等领域的知识产权保护规则研究”；不仅加强网络版权的普遍保护，也开展电影、体育赛事、新闻作品等数字化产业的专项整治；不仅促进网络版权产业的发展，也追求社会价值和经济价值的统一。

2. 地方百花齐放，百家争鸣

为贯彻国家知识产权发展战略，实现我国从知识产权大国向知识产权强国的转变，各具特色的地方政策也相继出台，地区之间的交流合作日益密集，呈现百花齐放、百家争鸣的良好态势。为落实中共中央办公厅、国务院办公厅印发实施的《关于强化知识产权保护的意见》，北京、黑龙江、江苏、湖南、海南、河南等地相继出台配套措施，为网络版权保护提供了有力支撑。以河南为例，中共河南省委办公厅、河南省人民政府办公厅印发了《关于强化知识产权保护的实施意见》，明确要求加强新业态新领域保护，完善网络著作权行政执法及监管机制，加强网络平台版权审核规范体系建设。北京发布了《关于强化知识产权保护的行动方案》，提出了强化知识产权保护的26条方案，包括“开展网络著作权专项保护攻坚行动，探索网络执法新模式，优化网络监管技术手段，严厉打击网络侵权盗版行为”“明确网络服务提供者的管理责任，加快网络著作权审核规范体系建设”“加强重点领域知识产权保护，推动电商平台建立侵权快速反应机制，及时删除侵权内容，停止侵权信息传播”等重要举措。然而，网络版权地方保护政策仍存在以下缺陷：第一，从政策出台的时间上看，地方政策总是在国家颁布宏观政策之后密集出台，具体出台时间各地根据工作安排自主决定。这表明各地对知识产权保护的重视程度不一，网络版权政策保护仍然存在较大的地区差异。第二，从政策的内容上看，主要是将中央某一政策地方化，但是内容千篇一律，缺少地方特色。虽然各地出台的政策名称常常冠以“实施方案”“行动方案”等名称，但内容主要援引中央宏观政策的用语表述，体现地方特色和创新的内容较少。第三，从政策的具体实施上看，各地网络版权保护确实取得了一定的成效，但尚有较大的提升空间。应当加快建立知识产权地方保护政策实施的评价公示体系，灵活运用报告、发布会、信息主动公开等方式,追踪政策的落实情况,加强社会的共同参与治理,实现共治、共建、共享。

3. 中央与地方、地方与地方之间网络版权保护政策体系初步形成

网络版权产业经过了10余年的发展,网络版权保护也历经了10余年的探索,宏观政策体系逐渐完善。国家层面,颁布了众多加强知识产权战略实施、建设知识产权强国的政策文件,越来越强调网络版权保护的重要性,将打击网络版权侵权置于重要位置。不仅如此,对于特定领域,中央还出台了专门的政策文件给予引导。例如,国家版权局2016年下发的《关于加强网络文学作品版权管理的通知》,专门针对网络环境下的文学作品版权管理,在信息网络传播文学作品的基本原则、各类网络服务商的义务、"黑白名单制度"建设、行政机关的执法监管等多个方面进行了规定。地方层面,全国各地也加快出台相应配套措施,积极进行跨区域交流合作,政策出台数量众多,涉及内容十分广泛,良好的网络版权保护政策格局基本形成。但是,不论是中央还是地方的政策文件,抑或各地联合签署的战略合作协议书,关于网络版权保护的内容都是散见于知识产权总体保护政策之中,一套较为专门、系统、全面的网络版权保护政策至今尚未面世,这不得不说是一大缺憾。前路漫漫,中国网络版权保护尚处于探索阶段,须戒骄戒躁,砥砺前行。

二、网络著作权保护的司法治理

法律乃治国之重器,良法乃善治之前提。构建具有中国特色的网络著作权保护体系,必须完善网络著作权法律治理体系——

发挥立法的引领和推动作用，法的制定与法的解释多头并举；各级行政机关严格依法行政，加强网络监督管理，打击网络著作权违法活动；公正司法，在正确实施法律的基础上总结审判经验，形成类案审理标准，提高司法公信力；全民守法，个人自觉维护法律的尊严和权威，遵守互联网的公共秩序，促进社会共同参与网络版权治理，探索网络著作权多元保护模式。

（一）立法：网络版权法律规范的设立

1. 法律

1990 年通过的《著作权法》已经将计算机软件列为法定的作品种类，具体的保护办法由国务院另行制定行政法规予以规定。计算机软件是随着技术的发展而产生的全新的作品类型，相较于传统意义上《著作权法》保护的客体，存在较大的差异，并不在《伯尔尼公约》第 2 条规定的作品类型之中，各国对于计算机软件的保护方式也存在较大争议。但随着 1994 年《与贸易有关的知识产权协定》（以下简称《TRIPs 协定》）将计算机程序作为文字作品进行保护，计算机软件作为著作权客体的法律地位在世界范围内得到确立。2001 年，全国人大常委会通过了关于修改《著作权法》的决定，正式将信息网络传播权纳入作者专属权利的范畴之中，控制"以有线或者无线方式向公众提供作品，使公众可以在其个人选定的时间和地点获得作品"的"交互式传播行为"，以应对互联网发展对著作权保护带来的挑战。信息网络传播权作为著作财产权，作者可以许可他人使用并获得相应的报酬。自此以后，关于信息网络传播权的法律规范源源不断地出台，理论界也掀起了研究信息网络传播权的浪潮。2010 年《著作权法》第二次修正仅增添了著作权出质和国家监管职责的内容,未作实质性修改,这段时间针对网络版权主要以出台司法解释、行政法规和部门规章的方式进行保护。而经过长时间的酝酿和司法实践的探索,2020 年 11 月 11 日正式通过,2021 年 6 月 1 日施行的《著作权法》就理论上和实务中讨论和出现的网络著作权保护的相关问题进行了回应。首先,在第二章“著作权人及其权利”部分,扩展了复制权的规制范围,规定复制行为包括能够以数字化方式实施的行为,从法律的层面上正式确立了数字环境下的复制行为亦属于著作权法上的“复制”。其次,在第四章“与著作权有关的权利”部分,扩张了广播组织权的内容,规定广播电台、电视台享有信息网络传播权,有权禁止未经许可将其播放的广播、电视通过信息网络向公众传播的行为。我国信息网络传播权的控制范围进一步增大,不仅著作权人享有信息网络传播权,表演者、录音录像制作者、广播组织等邻接权人也享有信息网络传播权。再次,在第五章“著作权和著作权有关的权利的保护”中,新增了技术措施和权利管理信息的保护制度。第 49 条规定了技术措施的概念及保护,第 50 条规定了技术措施保护之例外。技术措施作为大数据时代下权利人捍卫其合法权益的事前预防措施,具有阻止他人实施特定行为的功能,用于作品保护十分有效。以往的《著作权法》和《信息网络传播权保护条例》有禁止故意规避或破坏技术措施、提供规避手段的规定,但缺乏对技术措施的概念和适用范围的界定,最新的《著作权法》提供了有效补充。第 51 条规定的是对权利管理信息的保护制度,将版式设计和电视上的权利管理信息纳入保护范围,实质上是将《信息网络传播权保护条例》第 5 条的规定进行简单扩充后由行政法规上升至法律的效力层级。最后,在法律责任方面，将侵犯广播组织信息网络传播权、规避技术措施与提供规避手段，故意删改权利管理信息、故意传播权利管理信息已被修改的作品、版式设计、表演、录音录像制品等行为纳入侵权行为，应当依法承担民事责任；损害社会公共利益的，依法承担行政责任；构成犯罪的，依法追究刑事责任。

除了《著作权法》，现行的《电子商务法》和《民法典》也针对网络版权保护作出了相关规定。《侵权责任法》（已废止）第 36 条确立的网络民事侵权领域普遍性的"通知—移除"规则一直饱受诟病。有学者认为："其实际上承认了权利人的通知会触发了服务提供者的移除义务，从而将'通知—移除'规则塑造成了一项归责条款。"[①]另有学者指出："问题在于，从第 36 条的文字表述和其给予的司法实践导向来看，为了对受害人损失进行填补，该条倾向于对网络服务提供者的侵权责任承担做出简单化的处理。加之连带责任的采用，使网络服务提供者的风险和责任明显过重。"[②]于是，2018 年发布的《电子商务法》就电子商务领域的"避风港"制度进行了完善。《电子商务法》第 5 条概括性地规定了电子商务经营者保护知识产权的义务；第 41 条规定电子商务平台经营者应当建立知识产权保护规则，与知识产权权利人加强合作，依法保护知识产权；第 42—45 条确立了电子商务领域的"通知—移除"规则、"反通知—恢复"规则和"红旗"标准，明确了电子商务平台经营者的"转通知"义务和信息公示义务；第 84 条规

---

① 周学峰：《"通知—移除"规则的应然定位与相关制度构造》，载《比较法研究》2019 年第 6 期。

② 梅夏英、刘明：《网络侵权归责的现实制约及价值考量——以〈侵权责任法〉第 36 条为切入点》，载《法律科学（西北政法大学学报）》2013 年第 2 期。

定了电子商务平台经营者违反第 42、45 条义务的行政责任。从总体结构和具体内容来看，虽有学者提出“‘通知—移除’规则的预设功能在于便于权利人快速便捷维权、及时制止侵权和降低社会整体成本，但引入电商知识产权侵权领域却与该预设功能相偏离”[①]，但《电子商务法》中设计的知识产权保护条款切实回应了网络知识产权治理的内在需求，基本符合“立足于一般性规范，重点规范特殊性问题，逻辑层次清晰”[②]的高度评价。因此，《民法典》基本沿袭了《电子商务法》的相关规定，只是将“电子商务平台经营者”扩展至所有网络服务提供者，以适用于所有网络民事侵权领域，不再局限于电子商务或者知识产权的领域。在具体制度上，以网络服务提供者接到通知后“根据构成侵权的初步证据和服务类型采取必要措施”替代电子商务平台经营者接到通知后“应当及时采取必要措施”，硬性要求得以软化，一定程度上增大了网络服务提供者自由控制的余地，减轻了网络服务提供者的责任，更好地平衡了网络服务提供者、网络用户和权利人之间的利益。

2. 行政法规、部门规章

网络版权保护方面的行政法规和部门规章主要包括《计算机软件保护条例》《信息网络传播权保护条例》《互联网著作权行政保护办法》等。《计算机软件保护条例》规定了作为著作权客体的计算机软件的范围包括计算机软件和文档两类，计算机软件著作权的内容、归属、保护期和合理使用制度，计算机软件的登记管理

---

① 苏冬冬：《论〈电子商务法〉中的“通知与移除”规则》，载《北京理工大学学报(社会科学版)》2019 年第 6 期。

② 杜颖：《〈电子商务法〉知识产权条款的适用与评价》，载《电子知识产权》2021 年第 4 期。

程序，以及侵害他人计算机软件著作权的法律责任。《计算机软件保护条例》经历了3次修改，但都是细枝末节的改动。例如，2011年修订时（由于《著作权法》的修正），全文只将第25条中的“依照《中华人民共和国著作权法》第四十八条的规定确定”修改为“依照《中华人民共和国著作权法》第四十九条的规定确定”。《计算机软件保护条例》颁布于20世纪90年代初，彼时美国作为世界上软件业最发达的国家，极力推动计算机软件的著作权保护，因此“20世纪90年代的中国软件著作权保护的立法进程基本上是向国外学习同时又不断受到外来压力的过程”①。

《信息网络传播权保护条例》自2006年公布，2013年修订，对于中国网络版权的保护具有重大意义。虽然广播权控制的“以有线或者无线方式公开传播或者转播作品”的行为应当包括互联网传播或转播，但这是一种使观众在特定的时间和地点被动接收作品传播或转播的“单向式传播”，而信息网络传播权控制的是使观众在其选定的时间和地点主动获取作品的“交互式传播”行为。②随着互联网的发展和社会的进步，人民物质生活水平也逐渐提高，大众的精神娱乐需求也越来越多，“交互式传播”逐渐成为主流。《信息网络传播权保护条例》首次确立了网络版权领域较为

---

① 寿步：《中国计算机软件著作权保护的回顾与展望》，载《暨南学报（哲学社会科学版）》2010年第6期。

② 依据《著作权法》（2010年版）关于广播权的规定，互联网传播或转播可以被解释为广播行为。但修订后，《著作权法》（2020年版）已明确区分了广播权和信息网络传播权控制的行为对象。《著作权法》（2020年版）第10条第1款规定：“著作权包括下列人身权和财产权：……（十一）广播权，即以有线或者无线方式公开传播或者转播作品，以及通过扩音器或者其他传送符号、声音、图像的类似工具向公众传播广播的作品的权利，但不包括本款第十二项规定的权利。”本款第12项规定的权利即信息网络传播权。——笔者注

完善的"避风港"原则,为网络环境下的知识产权保护和侵权责任体系的构建提供了参考。

《互联网著作权行政保护办法》是由国家版权局和信息产业部[①]联合制定并发布的部门规章,主要规制对象为在互联网上提供内容的网络用户,即互联网内容间接提供者。该办法设计了较为详细的互联网信息服务提供者的"通知—移除"和"反通知—恢复"程序,具体包括互联网信息服务提供者接到通知的记录保存义务、通知和反通知的内容和形式、互联网信息服务提供者未采取措施的行政责任等方面。《互联网著作权行政保护办法》的制定和出台,有利于加强互联网信息服务活动中信息网络传播权的行政保护,规范行政执法行为。

3. 司法解释

我国关于网络版权的司法解释主要有《最高人民法院关于审理著作权民事纠纷案件适用法律若干问题的解释》(以下简称《著作权纠纷解释》)、《最高人民法院关于审理涉及计算机网络著作权纠纷案件适用法律若干问题的解释》[已废止,以下简称《网络著作权解释》(2006年版)]、《最高人民法院关于审理侵害信息网络传播权民事纠纷案件适用法律若干问题的规定》(以下简称《信息网络传播权解释》)等,其中《网络著作权解释》已被《信息网络传播权解释》废止。[②]《著作权纠纷解释》是规范著作权民事纠纷

① 2008年改为工业和信息化部,后文不再赘述。

② 《最高人民法院关于审理侵害信息网络传播权民事纠纷案件适用法律若干问题的规定》(2012年版)第16条第1款规定:"本规定施行之日起,《最高人民法院关于审理涉及计算机网络著作权纠纷案件适用法律若干问题的解释》(法释〔2006〕11号)同时废止。"

的一般性法律文件，没有特殊规定的情况下，所有著作权民事纠纷相关的程序和实体问题都应当遵守，网络版权领域也不例外。《信息网络传播权解释》主要着眼于信息网络传播权的界定与侵权规制：一方面，《信息网络传播权解释》第 2 条明确了“信息网络”的范围不仅包括互联网，还包括广播电视网、固定通信网、移动通信网等信息网络以及向公众开放的局域网络。第 3 条第 2 款指出了信息网络传播权所控制的信息网络传播行为的本质，即“将作品、表演、录音录像制品置于信息网络中，使公众能够在个人选定的时间和地点以下载、浏览或者其他方式获得”的“交互式传播”行为。另一方面，《信息网络传播权解释》的其余条款主要规定了信息网络传播权直接侵权和间接侵权、网络服务提供者责任、侵害信息网络传播权民事纠纷案件管辖等内容，其中对于网络服务提供者的责任承担作出了较为详尽的规定。这些规定结合网络技术发展和网络传播权侵权现状，为法院在审理此类案件时更准确地适用法律、保障各级法院统一执法提供了适用依据。①

4. 存在的问题及解决路径

我国网络版权法律规范体系历经二三十年的发展，取得了重大成就，但仔细梳理之后可以发现，仍然存在规范之间协调性不足、条文表述较为粗糙模糊、法律移植过程中背离制度设置本意等问题。笔者认为，在后续的法律设立和调整中，应当从以下三个方面进行完善。

(1)注重法律规范的系统性。我国保护网络版权的法律规范

① 参见杨小兰:《中国信息网络传播权立法的回顾与展望》，载《当代传播》2015年第1期。

较为庞杂,除去前文列举的,还包括《著作权法实施条例》《互联网信息服务管理办法》《著作权集体管理条例》等,这导致了各规范之间的协调性不足。例如,现行规范中出现了"互联网内容提供者""互联网信息服务提供者""网络服务提供者""网络用户"等多种主体称谓,各称谓所指向的网络活动参与者存在重叠——根据《互联网著作权行政保护办法》第 2 条第 3 款的规定,"互联网内容提供者"是指在互联网上发布相关内容的上网用户,这便与"网络用户"重叠;《互联网著作权行政保护办法》第 5 条的规定:"著作权人发现互联网传播的内容侵犯其著作权,向互联网信息服务提供者发出通知后……"与《民法典》的相关规定进行对比,可以认为此处的"互联网信息服务提供者"实际上属于"网络服务提供者"的一种,甚至等同于"网络服务提供者"。网络活动中参与的主体众多,对于性质不同的主体应当进行严格区分,而对于相同主体应当尽量使用统一的称呼,避免司法实践中产生分歧和混淆,这也是构建网络版权法律规范体系的内在要求。

(2)增强语言表述的精确性。语言表述有其固有的局限性和模糊性特征,但法律语言"必须反映法律的特点和要求,遵循法理精神,尊重法律论证方法,包含法律思维特点及逻辑"①,因此应当力求精确。目前,网络版权法律规范条文表述较为粗糙模糊、词不达意,甚至存在谬误,试举一例以言之。最新修正的于 2021 年 6 月 1 日起施行的《著作权法》第 53 条第 6 项将直接规避技术措施的行为和为他人提供规避技术措施的手段的行为定性为侵权行为,这是不恰当的。著作权法意义上的侵权行为包括直接侵权

① 伍巧芳:《法律语言模糊性的法理分析》,载《江西社会科学》2009 年第 6 期。

行为和间接侵权行为两类，直接侵权是指未经许可实施受专有权利控制的行为，直接规避行为和提供规避手段行为不受复制权、发行权、信息网络传播权等专有权利控制，因此不构成直接侵权。而间接侵权的成立要求有直接侵权行为的存在，如果他人并未实施直接侵权行为，构成间接侵权便无从谈起。因此，直接规避行为和提供规避手段行为并非如条文表述那样构成“侵权行为”，最多只能算作违法行为，应当单独予以规定。遑论还有学者认为我国无须禁止直接规避行为，因为“国际条约并未设定必须禁止直接规避行为的义务，禁止直接规避行为的立法不具有现实可行性，也容易与‘合理使用’机制产生冲突，直接规避行为对权利人造成的影响多数可以通过版权法中的其他机制解决”①。同理，侵犯权利管理信息的行为并不等同于著作权法上的直接侵权或间接侵权行为，第 53 条第 7 项将删改权利管理信息和提供被删改权利管理信息的作品定性为侵权行为也是不妥的。

(3)坚持主体权益的平衡性。利益平衡原则是著作权法的重要原则，在网络著作权保护中也应当予以坚持。有学者认为：“总体上说，网络著作权保护要适度，核心是平衡权利人、网络服务提供者与社会公众三者之间的利益关系。”这一观点得到了《信息网络传播权解释》的肯定，但需要注意的是，网络知识产权的相关主体众多，其合法权益都应当予以保护。有学者将网络知识产权法中的利益相关者划分为网络用户、网络服务商、利用网络建立业务流程的企业、网络上的非营利性社会事业机构、网络媒体、网络技术与硬件产品的生产者和销售者、网络行业组织和管理机构七

① 王迁：《论禁止规避技术措施的范围》，载《法学家》2016 年第 6 期。

大类。[①] 根据法律的规定,网络环境中与著作权相关的主体包括权利人、侵权人、网络用户、网络服务提供者以及社会公众。因此,网络环境中的著作权保护不仅涉及著作权人与社会公众之间的平衡,也不仅是著作权人、网络服务提供者及社会公众三者之间的利益平衡,而是多方主体间权益的动态平衡。这种平衡不是一成不变的,而是会随着社会的发展、各主体所占有的生产资料、立法者的考量等因素发生变化。利益平衡原则不仅要求平衡各主体间的不同利益,也需要同一主体内部权利义务相适应。例如,《民法典》第1195条第1款之规定,实质上将本应作为"免责事由"的"避风港"原则演变成"归责规范",加重了网络服务提供者的责任;而《民法典》第1195条第2款"根据构成侵权的初步证据和服务类型采取必要措施"之规定,给予了网络服务提供者一定程度上的自由裁量权,以实现内部权利义务的平衡。

(二)执法:网络版权的行政监管措施

从2005年开始,国家版权局联合公安部、工业和信息化部等部门,每年开展网络侵权盗版专项治理行动,即"剑网行动",以打击网络侵权盗版等违法行为。"剑网行动"涉及网络文学、音乐、影视、游戏、动漫、软件等多个方面,围绕影视、新闻、App、电商平台、短视频、微信公众号、媒体融合等重点领域开展专项整治,效果十分显著。2005—2019年,"剑网行动"共查办网络案件7097起,依法关闭侵权盗版网站7671个,删除侵权盗版链接366万条,

① 参见梅术文:《网络知识产权法:制度体系与原理规范》,知识产权出版社2016年版,第25—28页。

收缴侵权盗版制品 1474 万件，移送司法机关追究刑事责任案件 769 件，[①]从 2012 年的“集中查办 282 起网络侵权盗版案件，没收服务器及相关设备 93 台，关闭侵权盗版网站 129 家，国家版权局重点监控网站 20 家”[②]到 2019 年的“删除侵权盗版链接 110 万条，查处网络侵权盗版案件 450 件，其中查办刑事案件 160 件、涉案金额 5.24 亿元”[③]，多年来不断强化打击网络侵权盗版行为的执法力度，进而保护网络版权产业的健康发展。

我国网络版权行政执法不仅建立了“剑网行动”这样的“事后”惩戒措施制度，也大力发展“事前”监管措施，防患于未然。对于新兴领域（如 VR）和新兴侵权形式（如聚合盗链），行政机关坚持技术与制度并重，着力推进“互联网 + 监管”，遵循“从被动等待转变为及时主动介入，从打击个案转变为重点遏制类案”的理念，积极开展事前预防措施，形成了多层次、全方面、有侧重的行政监督管理体系（详见后文“网络知识产权行政法保护”一章）。

（三）司法：网络版权的司法审判实践

1. 网络版权司法保护概况

首先，我国形成了“1 + 3 + 21”的知识产权专门审判机关与 3 个互联网法院相互协作、相互补充的机构设置格局。一方面，最高人民法院知识产权法庭于 2019 年 1 月 1 日正式揭牌，管辖全国范围内的知识产权案件；北京知识产权法院、上海知识产权法院

---

① 参见中国信息通信研究院《2019 年中国网络版权保护年度报告》。

② 参见《2012 年打击网络侵权盗版“剑网行动”收网》，载《中国防伪报道》2013 年第 2 期。

③ 中国信息通信研究院《2019 年中国网络版权保护年度报告》。

和广州知识产权法院相继设立，南京、苏州、武汉、成都、杭州、宁波、合肥等21地也成立了专门的知识产权法庭，管辖本省范围内的知识产权民事和行政案件。另一方面，北京、广州和杭州3地成立的互联网法院实行“网上案件网上审理”的新型审理机制，集中管辖应当由基层法院受理的包括网络著作权纠纷在内的11类互联网案件。上海市长宁区人民法院、天津市滨海新区人民法院等地方法院探索设立了互联网审判庭，组建了互联网合议庭或审判团队，推动司法与网络发展相适应，提高了审判效率。互联网法院、法庭审理判决了“艾贝戴公司等诉聚凡公司等‘小猪佩奇’著作权侵权案”“腾讯公司诉字节跳动公司等侵犯游戏著作权案”“鱼趣公司诉脉淼公司等侵害著作权及不正当竞争纠纷案”等一系列典型案例，为网络版权侵权案件提供了审理范式。

其次，网络版权保护领域的指导性案例发布数量增加，事实认定和法律适用标准进一步统一。近年来，网络版权保护领域指导性案例发布渠道更加多样化，案例涉及的法律适用问题具有较为普遍性的指导意义。《中国法院的互联网司法》公布的中国互联网司法十大典型案例中便有“中国音乐著作权协会诉武汉斗鱼网络科技有限公司侵害音乐作品信息网络传播权纠纷案”①。《最高人民法院知识产权案件年度报告(2020)摘要》从最高人民法院2020年审结的知识产权案件中选取了55件典型案件，著作权典型案例有4个，其中之一便是关于计算机软件著作权的侵权纠纷。在上诉人北京君意东方电泳设备有限公司与被上诉人北京

---

① 中华人民共和国最高人民法院：《中国法院的互联网司法》，人民法院出版社2019年版，第42页。

东方瑞利科技有限公司侵害计算机软件著作权纠纷案[(2020)最高法知民终209号]中,最高人民法院明确了认定计算机软件著作权侵权的标准,即"接触加实质性相似"标准,并指出"源代码比对并非计算机软件著作权侵权判断的必备条件和必须环节"①。

最后,各地法院灵活运用诉前调解、诉中调解,积极促成当事人达成和解,依法裁判保障著作权人合法权利,实现了良好的网络版权司法保护效果。笔者在裁判文书网上以案由"侵害作品信息网络传播权纠纷"检索了裁判日期为2020年1月1日至12月31日的民事纠纷,得到判决书16,047份,调解书8939份,单从文书数量上看,以调解方式结案的超过1/3;又以案由"侵害计算机软件著作权纠纷"进行了检索,得到裁判日期在2020年的判决书98份,调解书79份,调解结案的将近一半。实际上,近5年侵害作品信息网络传播权纠纷中调解结案的数量以及所占比例基本呈现逐年稳步上涨的趋势,在计算机软件著作权民事侵权案件中调解书的运用甚至一度超过判决书(见图1-1、图1-2)。相较于判决的结案方式,法院秉持公平正义居中调解和当事人自愿和解有利于缓和双方当事人之间的矛盾冲突,更能起到定分止争的实际效果。以判决书方式结案的纠纷中,原告(权利人)胜诉率高达九成以上,法院也大多支持权利人的赔偿请求,网络版权的司法保护作用不断提升。

---

① 《最高人民法院知识产权案件年度报告(2020)摘要》,载最高人民法院知识产权法庭网2021年4月27日,http://ipc.court.gov.cn/zh-cn/news/view-1232.html。

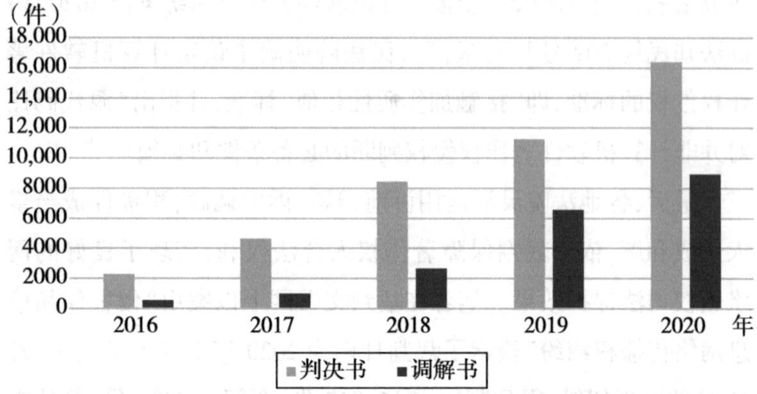

图 1－1　2016—2020 年侵害作品信息网络传播权民事案件裁判文书分布

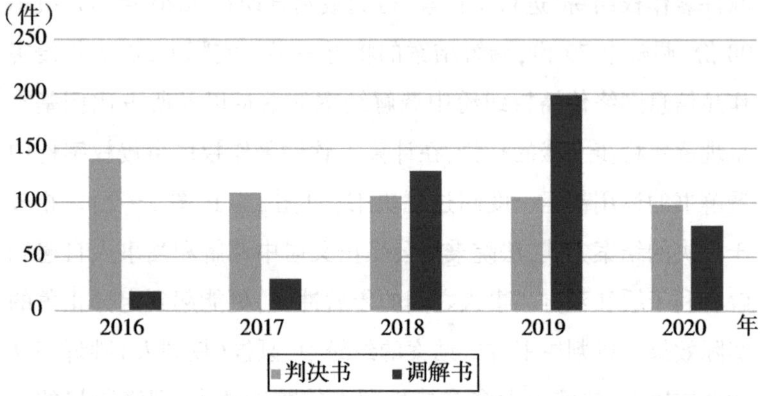

图 1－2　2016—2020 年侵害计算机软件著作权民事案件裁判文书分布

2. 网络版权司法保护面临的挑战

首先，网络版权纠纷数量持续增长，法院审判压力增大。过去几年中，网络版权确权、侵权纠纷案件数量不断增加，特别是自 2018 年开始，网络版权案件爆发式增长，法院身上的担子越来越重。以案由“侵害作品信息网络传播权”为关键词在裁判文书网上进行检索,得到 2011—2020 年侵害作品信息网络传播权民事案件的裁判文书数量变化如图 1－3 所示。

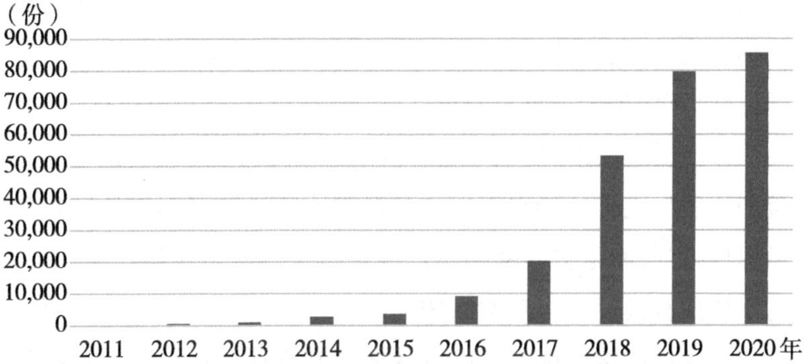

图 1－3　2011—2020 年侵害作品信息网络传播权民事案件的裁判文书数量

图 1－3 中统计的裁判文书包括判决书、裁定书、调解书、通知书等多种类型,法院级别从基层法院到最高人民法院,审判程序涵盖一审程序、二审程序、审判监督程序、特别程序等,可以从侧面反映出近十年网络版权纠纷数量的变化情况。从整体上看,2015—2018 年是网络版权纠纷数量快速增长的时期,同比增长 155%、122% 和 162%,2019 年以后稳定在一个较高的数量之上,给司法审判带来了极大的压力。司法保护是网络版权保护最重要的途径之一,数量如此庞大的网络版权纠纷是“互联网＋”和大数据技术深入发展的产物,也是网络版权司法保护必须面对和无法回避的挑战和难题。

其次,侵权方式呈现多元化发展态势,新型纠纷层出不穷。深度链接、内容聚合、P2P 软件和服务的提供、“快照”服务提供等行为的法律性质应当如何认定?是否应当受到法律的规制?如果是,应当如何进行规制？这一系列疑问一直是理论界和实务界关注的难点。以深度链接行为为例,理论上认为我国深度链接行为侵权认定大致经历了三个阶段:“(1)‘服务器标准’与‘用户感知标准’法律适用冲突之讨论;(2)‘链接不替代标准’与‘实质呈现标准’不同理论视角之分析;(3)‘法律标准’与‘提供标准’回归法律本质之探索。”①有学者将网络链接分为发生跳转的普通链接和不发生跳转的特殊深层链接两类。普通链接不直接引发作品提供行为,而是引导网络用户跳转至被链网站获得作品,其行为不构成直接侵犯信息网络传播权,仅可能涉及间接侵权责任;而特殊深层链接使用户可以在设链网站直接以加框或不加框的方式获得作品,其行为可能直接侵犯信息网络传播权。② 司法实务中也随之出现了一种搁置各种标准之争,回归认定信息网络传播行为“实质性替代标准”的裁判趋势③,透露出了些许无奈。

最后,侵权作品类型和侵权案件地域的集中化特征依然十分明显,重点领域和地区的侵权打击力度仍显不足。一方面,侵权作品类型集中于文字作品、图片作品和视频作品三类,通过PC端网站进行侵权是违法活动的主要方式。虽然国家针对影视、新闻、App、电商平台、融合媒体、流媒体等网络版权侵权重点领域以

---

① 周园、杨珊:《深度链接著作权侵权认定的现实路径与制度创新》,载《重庆社会科学》2019年第4期。

② 参见刘银良:《信息网络传播权框架下深层链接的法律性质探究》,载《环球法律评论》2017年第6期。

③ 参见深圳崇德动漫股份有限公司与北京爱奇艺科技有限公司侵害作品信息网络传播权纠纷案,广东省深圳市福田区人民法院(2019)粤0304民初51341号民事判决书;梦马人(北京)影视传媒有限公司、泰安神创电子商务有限公司侵害作品信息网络传播权纠纷案,山东省泰安市中级人民法院(2021)鲁09民终1591号民事判决书。

及院线电影、图片、网络文学等多种作品开展了专项整治活动，但实际效果并不能令人满意。以网络文学为例，报告显示，现阶段网络文学侵权盗版主要特征为“PC端——中小型盗版网站势头依然猖獗，移动端——多渠道推动PC端盗版内容快速传播”，总体上表现出网文侵权行为继续向隐蔽化地下化分散化方向发展、网文IP实体衍生品侵权盗版日益增多、网文IP改编领域侵权盗版乱象还将持续发展。[①] 另一方面，网络版权侵权案件地域集中化现象突出，北京、广东、浙江、天津、上海等经济和互联网发达地区是网络版权侵权的高发地区。当然，这个问题具有两面性，既可能是这些地区确实网络版权侵权盗版比较猖獗，也可能是司法保护方式得到了充分的贯彻和使用，权利人维护自身合法权益意识强，司法机关积极立案审判，最终显得案件数量较多。

3. 网络版权司法保护的完善方案

第一，完善网络版权指导案例制度，统一网络版权纠纷司法裁判标准。多途径的指导案例发布方式客观上能促使网络版权保护相关的指导案例数量增加，对于网络版权纠纷法律适用疑难问题的解决具有指导意义。但是这种分散式的缺乏系统性的不统一发布方式，使最高人民法院的裁判理念在落实的过程中产生了地区差异，贯彻实施效果大打折扣，大众获取指导案例的难度增大，不利于网络版权保护观念的普及。笔者建议，为顺应网络版权保护的客观需求，完善网络版权指导案例制度，应当在总结网络版权保护司法实践中具有典型性、代表性、疑难性的事实认定和法律适用问题的基础上，由最高人民法院知识产权法庭编纂

① 参见艾瑞咨询：《2020年中国网络文学版权保护研究报告》，第53—55页。

“网络版权保护指导案例”,报送最高人民法院案例指导工作办公室审查确定,最终由最高人民法院按照法定形式予以发布。

第二,深化著作权诉讼制度改革,探索建立网络版权诉讼程序繁简分流制度,推进案件“轻重分离、快慢分道”,减轻司法审判压力。为合理配置司法资源,深化多元纠纷解决机制改革,2017年最高人民法院印发了《关于民商事案件繁简分流和调解速裁操作规程(试行)》(以下简称《操作规程》),创设了“程序分流员”职业,开始尝试建立民商事案件繁简分流制度。《操作规程》初步构建了诉前调解、一审调解、速裁程序、普通程序以及二审调解之间的转换对接机制,虽未将网络版权纠纷直接纳入“适宜调解的纠纷”之中,但“其他适宜调解的纠纷,也可以引导当事人委托调解”之兜底性规定,为知识产权合同和侵权纠纷纳入繁简分流制度提供了解释的空间。2019 年年底全国人大常委会授权最高人民法院在部分地区开展民事诉讼程序繁简分流改革试点工作,次年 1 月最高人民法院便印发了《民事诉讼程序繁简分流改革试点方案》(以下简称《民诉程序繁简试点方案》)和《民事诉讼程序繁简分流改革试点实施办法》(以下简称《民诉程序繁简实施办法》),在北京、上海、宁波等地的中级人民法院和基层人民法院,北京、上海、广州知识产权法院,上海金融法院,北京、杭州、广州互联网法院开展为期 2 年的试点。依照规定,基层人民法院审理的事实清楚、权利义务关系明确、争议不大的网络版权侵权纠纷可以适用简易程序,在此基础上标的额较小的得以适用小额诉讼程序。《民诉程序繁简试点方案》和《民诉程序繁简实施办法》还提出了健全电子诉讼规则,明确在线诉讼与线下诉讼具有同等效力的原则,对以电子化方式提交材料、视频开庭、电子送达等一系列配套制度进行了规定，对于网络版权保护具有独特的意义。笔者认为，应当继续深化著作权诉讼制度改革，进一步完善诉讼程序繁简分流，探索建立网络版权诉讼程序繁简分流制度，形成线上审理与线下审理、民事调解与司法判决、普通程序与简易程序的多元化司法保护机制。

第三，加强网络版权人才和司法队伍能力建设，打造专业过硬、勇于担当、作风优良的审判团队，优化司法人员基本结构审判机构总体布局。《中共中央关于全面推进依法治国若干重大问题的决定》提出："全面推进依法治国，必须大力提高法治工作队伍思想政治素质、业务工作能力、职业道德水准，着力建设一支忠于党、忠于国家、忠于人民、忠于法律的社会主义法治工作队伍，为加快建设社会主义法治国家提供强有力的组织和人才保障。"加强网络版权的司法保护，必须建立高素质的网络版权法治专门队伍，推进法治专门队伍正规化、专业化、职业化，提高职业素质和专业水平；加强建设网络版权法律服务队伍，综合发展律师、公证员、基层法律工作者、人民调解员队伍，逐步解决基层和欠发达地区网络版权法律服务资源不足和高端人才匮乏的问题；创新网络版权法治人才培养机制，加强高校、研究院与实务部门的交流互动，重点打造一支理论精湛、操作熟练的网络版权法治人才队伍。同时，要推广互联网法院和知识产权法院的良好实践经验，在网络版权侵权案件高发的省市设立知识产权法院和网络知识产权法庭，专门处理网络环境下的知识产权纠纷，规制网络版权侵权行为。

(四)守法:网络版权的多元社会治理

在立法机关、执法机关、司法机关等国家机关推进网络版权国家治理的同时,著作权集体管理组织、行业协会、企业也积极推动网络版权的社会治理。截至2023年年底,中国音乐著作权协会(以下简称音著协)国内会员总数已达12,864人,年度许可收入约4.27亿元,签约海外协会70余家,管理音乐作品1800万首。自2021年以来,已有陈楚生、赵兆、林林、秦新民、爱贝克思(北京)文化传媒有限公司等多位唱作人、词曲作者或企业加入音著协成为协会会员。音著协与日本音乐著作权协会(JASRAC)进行了“音乐作品表演权许可工作线上交流会”,与中国人民大学知识产权学院、最高人民法院知识产权司法保护理论研究基地等共同举办了“著作权法30年暨著作权法修改”主题论坛,并开展了4·26知识产权普法讲座,形成了良好的社会推动效果。中国文字著作权协会(以下简称文著协)在其网站首页开通了维权投诉快速通道,应对知识资源数据平台、微信公众号、慕课(MOOC)、电子书、有声书、网络转载等领域的侵权问题;并设立了普法专栏,用户可以较为便捷地搜索到主要的著作权法律法规。

新浪、腾讯、搜狐、优酷等知名企业联合发起成立了中国网络版权产业联盟,相继发布了《中国网络版权与数据信息使用规则及竞争规范》《中国网络短视频版权自律公约》等行业自律规范。中国数字版权产业联盟(China Digital Copyright Industry Alliance,CDCIA)于2020年在成都数字版权交易博览会上正式成立,旨在推动数字版权产业和我国版权事业健康发展。中国网络视听节目服务协会每年举办中国网络视听大会并发布《中国网络视听发展研究报告》，相继出台了《网络短视频平台管理规范》《网络短视频内容审核细则》《网络综艺节目内容审核标准细则》，以规范网络短视频、网络综艺等网络视听作品的传播和行业发展。阿里巴巴、腾讯等企业也积极与著作权人、著作权集体管理组织以及行业协会开展合作，建立平台版权规范机制，预防和治理电子商务领域的盗版侵权问题（详见后文“网络知识产权社会治理”一章）。

三、网络著作权保护的专有权利

我国《著作权法》规定，著作权包括人身权和财产权，网络环境中的著作权人同样对网络作品享有网络著作人身权和网络著作财产权。一般认为，著作人身权具有专属性，体现作者的人身自由和人格尊严，不得转让或许可他人使用，而著作财产权则无此限制。著作权专有权利体系受到互联网的冲击之后，其内容、边界、形式是否会发生变化？为应对数字时代的来临，著作人身权和财产权又是遵循何种运动轨迹进行调整？为明确以上问题，有必要系统性地梳理网络环境中的著作权专有权利。

（一）网络著作人身权

1. 网络著作人身权是否存在

网络著作人身权，即网络环境中著作权人对作品享有的精神权利。著作权人之所以对作品享有人身权，是因为“作品不但具有经济价值，还体现了作者独特的人格、思想、意识、情感等精神状态”[①]。现在普遍认为,著作权人对网络作品同样享有精神权利,“网络环境下不是不需要精神权利保护,而是需要把保护的水平保持在适当的程度”[②]。然而,在早些时候,网络著作人身权存在的必要性与合理性却饱受质疑。这一方面是由于计算机互联网发展带来了客观情况的转变,另一方面是因为我国著作人身权的制度设置一直存在争议,主要体现在以下两个方面。

第一,著作人身权权利性质之模糊。著作人身权虽被冠以“人身权”的名称,但与一般人身权存在差异,著作人身权不符合民法上人格权“与生俱来”之特征,也非基于亲属、配偶等特定身份关系产生的身份权。有学者指出:“著作人身权是著作权制度与民法人身权制度错误联姻的产物,它们本不是人身权,却被称为人身权之名;它们本是有时而尽,却被认为是永世长存。”[③]笔者认为,著作人身权作为一种精神权利,确实与一般人身权不同,但不应夸大这种不同,甚至否认著作人身权与一般人身权之间的内在联系。就制度设置目的而言,著作人身权出于维护社会公共利益之需要,具有维护作者人格利益和人格尊严、彰显作者著作权人身份的功能,与一般人格权别无二致。出现这种“割裂认识”现象的一大原因在于,检视民事法律部门的过程中放大了著作权法作为民事特别法的“特别”,而忽略了民事一般法对所有民事特别法的规范与调整。因此,著作人身权应当是一种著作权人享有的

---

① 王迁:《著作权法》,中国人民大学出版社 2015 年版,第 144 页。

② 丛立先:《论网络版权之精神权利及其表现》,载《东北大学学报(社会科学版)》2008 年第 6 期。

③ 任燕:《论我国著作人身权制度的完善》,载《河南财经政法大学学报》2012 年第 5 期。

归属于民法人身权的范围之内,但又具有特殊性的精神权利。

第二,著作人身权规范内容之弊病。我国《著作权法》规定了4种著作人身权:发表权、署名权、修改权和保护作品完整权,学界对此素来有异议。例如,有学者认为,在法定著作人身权之外,尚存在诸多的精神权利(如收回权),单纯地规定4种精神权利,并不足以全面地认定和保护作者的精神权利,我国对精神权利的权利内容规范不够全面。[①] 也有学者认为,我国著作人身权规定的4项权利存在冗余——修改权不应作为一项专有权利加以规定,也不能作为一项"积极权利"而存在,应对其进行删除或重构。[②] 另有学者单独质疑其中某项权利,提出署名权之规定以偏概全、名不副实,应改为保护作者身份权。[③] 笔者认为,著作人身权规范内容之缺失和错位的确存在,而且在网络环境中表现得更为明显。计算机软件作为法定作品类型,软件开发者是否对其享有著作人身权?运用人工智能生成的作品是否有著作人身权适用的空间?不仅如此,网络环境中著作人身权侵权的认定和损害赔偿数额的确定将会变得更加困难。所以,著作人身权制度在网络环境中的解释或重构刻不容缓,这是打击网络著作人身权侵权、保护网络环境中著作权人精神利益,进而让著作人身权制度在数字环境中发挥功效的前提和基础。

---

① 参见陈健:《质疑精神权利——作者精神权利制度存在的问题及其完善》,载《中国政法大学学报》2015年第5期;尹西明:《域外著作权权能设置及对我国的立法启示》,载《河南财经政法大学学报》2013年第6期。

② 参见王迁:《我国著作权法中修改权的重构》,载《法学》2007年第11期。

③ 参见陶鑫良:《论"署名权"应改为"保护作者身份权"》,载《知识产权》2020年第5期;尹西明:《论我国著作权权能设置的立法完善》,载《河南社会科学》2013年第12期。

2. 网络著作人身权如何构造

有学者从著作人身权的各种权能入手，对比分析了署名权和作者身份权、发表权和回收权、修改权和保持作品完整权，提出了作者精神权利的双重性权能之构造——作者身份权、收回权和保持作品完整权是当侵权或不利即将发生或已经发生时，作者为预防或阻止其发生或继续而进行声明异议的权利，是作者人格利益陷入重大危机时的救济权（消极权能）；署名权、发表权和修改权是前三项权能的保护形式，是作者可以以积极行为主张或行使的权利（积极权能）。[①] 笔者认为，民法学应当坚持"解释论"的基本立场，即在现行法没有修改之前，应当首先解释法律规范以填补法律漏洞，而非直接以"立法论"的视角删改法条表述。按照"专有权利控制特定行为，不在于对著作权人实施特定行为之许可，在于对第三人实施特定行为之禁止"的基本原理，结合《著作权法》第10条前4项的规定，未经著作权人许可且没有特殊规定的情况下，第三人不得决定是否将作品公之于众（发表权）、不得表明作者身份或署名（署名权）、不得修改或授权他人修改作品（修改权）、不得歪曲或篡改作品（保护作品完整权）。与著作财产权一样，无论何种著作人身权，均不包含对作者行使的许可（积极权能），只包含权利受到侵犯时的救济（消极权能）。其理由在于，无须法律的赋予，作者当然享有著作人身权，著作权人对作品享有的署名、发表、修改之权利自古便有，乃是"天赋"，不是《著作权法》的"恩典"。网络中的著作人身权，即作者对网络作品享有的人身权利，也应当比照一般的著作人身权予以适用。

---

① 参见李莉：《论作者精神权利的双重性》，载《中国法学》2006年第3期。

对于争议较大的“署名权”和“修改权”，笔者再述一二。首先，如前所述，设立署名权的目的在于防止他人未经许可且无法定事由以表明作者身份、在作品上署名等方式侵害作者人身利益，不在于授予著作权人享有表明身份或署名的权利——著作权人当然能够自主决定是否署名、署真名或艺名、以何种方式署名等一系列事项。换言之，署名权就是为保护作者身份而设立的专有权利，与“保护作者身份权”只是称谓上的差别，并无本质上的区别。其次，我国虽未规定收回权，但修改权仍有其独立存在的意义，并不能完全被保护作品完整权所包含，特别是在网络环境中。实际生活中，当网络文学作品的作者以网络连载的形式发表作品时，在上传公开某一章节后，仍然可以登录自己的账号较为方便快捷地对作品中某些字词句段进行修改。在著作权法的意义上，修改权控制修改作品或授权他人修改作品的行为，即未经著作权人许可且无法定事由的情况下修改作品的表述构成对著作权人修改权的侵犯。保护作品完整权控制的是歪曲、篡改作品的行为，虽不要求造成作者声誉降低之结果，但必须具备损害作者声誉之可能。由此可见，修改权和保护作品完整权所控制的行为截然不同：修改权中的“修改”必须是非实质性修改，否则构成改编；保护作品完整权控制的歪曲、篡改作品的行为必须是对作品进行实质性修改，且可能对作者声誉产生不良影响。综上所述，现行《著作权法》规定的4项著作人身权虽有不完美之处，但经由解释尚可自洽，可以适用于网络环境之中。因此，作者对网络作品同样享有网络发表权、网络署名权、网络修改权、保护网络作品完整权这4项网络著作人身权。

3. 网络著作人身权怎样保护

毋庸置疑,《著作权法》关于著作人身权的规定为网络著作人身权提供了一般性的保护措施。然而,问题有三:其一,关于权利客体。作者是否对所有类型的网络作品享有著作人身权——计算机软件开发者对计算机软件享有著作人身权吗?其二,关于权利主体。相较于传统意义上的作者,网络环境中的"作者"所指代的对象是否存在扩大的趋势——利用人工智能生成的"作品"适用网络著作人身权制度吗?其三,关于权利内容。相较于一般著作人身权,网络著作人身权是否具有特殊的性质——网络环境中的著作人身权可以转让吗?

针对第一个问题,笔者认为计算机软件开发者不享有软件著作人身权。进言之,著作权人并非对所有类型的网络作品都享有著作人身权。纵然《TRIPs 协定》和 WCT 均将计算机程序作为文字作品加以保护,也有人支持软件作者享有著作人身权:"明确软件著作人身权应有的保护内容,恰恰是为权利的合理行使和利用奠定一个有效的基础。"①但应该明确,对于计算机软件是否适用著作权制度本就存在争议,将计算机软件视作文字作品实为一种拟制,其与文字作品具有较大的差别。我国《计算机软件保护条例》第 8 条第 1 款虽然比照著作权法规定了软件著作权人的发表权、署名权和修改权,但第 2、3 款又允许软件著作权人将上述权利转让或许可他人使用,可以推知软件著作权人享有的发表权、署名权和修改权并非著作权法意义上的著作人身权,更非民法意义上的人身权。有学者精确地指出:"软件权利人的'修改权'是

---

① 何炼红:《网络著作人身权研究》,载《中国法学》2006 年第 3 期。

经济权利，而非人身权利。”①

针对第二个问题，笔者认为网络环境中“作者”身份的认定应当严格依照《著作权法》的规定，网络著作人身权制度不适用于利用人工智能生成的内容。一方面，利用人工智能生成的内容只要符合法律规定的作品的形式要件和实质要件，便能构成著作权法上作品。所谓作品的形式要件，是指《著作权法》第 3 条所列举的文字作品、口述作品、视听作品等作品类型；所谓作品的实质要件，是指特定领域（文学、艺术和科学）具有独创性的智力成果。利用人工智能生成的内容如果具有独创性，且属于法定的作品类型，那么可以认定为作品。但另一方面，就算人工智能生成的产物能被认定为作品，也会面临作者缺位的困境。利用人工智能生成作品的重要特征在于，利用者只设置一些限定条件，其余的检索、整合、制作部分均由人工智能独立完成。人工智能作品是利用人工智能“创作”出来的，体现了人工智能的“智力活动”，是人工智能的“智力成果”。但依据《著作权法》第 11 条的规定，享有著作权的作者只能是自然人、法人或者非法人组织，人工智能不具成为作者的可能性。如果强行将人工智能作品的著作权归属于利用人工智能的自然人，则会面临主体不适格的尴尬局面，因为人工智能作品并未体现利用者的智力活动。人工智能作品的著作权也不能归属于人工智能的开发者，开发者对程序享有的软件著作权不能延伸至由程序生成的具体某一个产品之中。因此，在现行法律框架下，没有任何主体对人工智能生成的作品享有著

① 王迁：《论软件作品修改权——兼评“彩虹显案”等近期案例》，载《法学家》2013 年第 1 期。

作权,著作人身权制度当然没有适用的空间。有学者就机器记者及其生成的新闻报道进行了类版权制度的讨论与构建,以应对人工智能作品带来的法律和道德冲击,不失为一种良好的尝试与探索。①

针对第三个问题,笔者认为网络著作人身权应当遵循著作人身权的一般性质,以不能转让为原则。“著作人身权区别于著作财产权,其不可以转让、许可、放弃或继承”②,网络环境中的著作人身权亦不应突破这一底线。有观点认为,“著作人身权兼具人身属性和财产属性,著作人身权能否转让要看作品的性质,对于表达个人思想感情的个人作品不能转让著作人身权,而对于功能性作品,在不违反公序良俗时可以在法律允许的范围内转让著作人身权,这是出于维护社会思想评价体系的有序性和社会公共利益的考虑”③;也有学者对网络环境中著作人身权转让之合理性进行了论证,并提出了各项著作人身权转让的立法构想。④ 然而,我们必须清醒地认识到,著作人身权之所以与民法上的一般人格权一样不可转让,不是对于作者自由的限制,而是对于作者权益的保护。“人格权作为伦理性极强的权利,与人性尊严、自我实现等彰显个人主体性的价值取向密不可分,禁止让渡的正当性就在于

① 参见林爱珺、余家辉:《机器人写作的身份确权与责任归属研究》,载《湖南师范大学社会科学学报》2020 年第 5 期。

② 何怀文:《我国著作人身权与著作财产权协调的法律原则》,载《知识产权》2015 年第 9 期。

③ 吴珂:《著作人身权转让问题研究》,载《西安电子科技大学学报(社会科学版)》2016 年第 3 期。

④ 参见谭九生:《网络环境中著作人身权转让之合理性探讨》,载《图书与情报》2007 年第 3 期。

体现人本身是目的而不是手段的道德律令。”[①]如果认为网络著作人身权可以转让,将会导致其与网络著作财产权的趋同,保护网络作者的人格利益和身份利益将会更加困难;如果认为网络著作人身权能否转让视作品性质而定,则会带来极大的不确定性与法律适用困惑,“表达个人思想感情的个人作品”与“功能性作品”之间的界限难以衡定。我们不应过分夸大数字环境对著作人身权制度的影响,况且在没有特别立法的情况下,网络著作人身权也应当适用《著作权法》关于著作人身权的一般性规定。诚然,我国著作权法的立法现状导致了著作人身权制度体系的内部冲突,职务作品和委托作品归属之规定似乎表现出了“著作人身权可以处分”的立法倾向。[②] 有学者精辟地指出:“与其他权利一样,作者人格权也是价值取舍的结果,虽然它立足于创作这一客观事实之上,但事实却往往充当为价值判断进行说理与解释的角色。”[③]

(二)网络著作财产权

互联网营造了著作财产权制度全新的适用环境,赋予了著作财产权更多的内涵。我国《著作权法》规定了 12 项著作财产权以及 1 项“其他应当由著作权人享有的”兜底性权利,其中与数字网

---

① 杨彪:《不可让与性与人格权的政治经济学:一个新的解释框架》,载《法律科学(西北政法大学学报)》2015 年第 1 期。

② 《著作权法》第 18 条第 2 款规定:“有下列情形之一的职务作品,作者享有署名权,著作权的其他权利由法人或者非法人组织享有,法人或者非法人组织可以给予作者奖励:……(三)法律、行政法规规定或者合同约定著作权由法人或者非法人组织享有的职务作品。”第 19 条规定:“受委托创作的作品,著作权的归属由委托人和受托人通过合同约定。合同未作明确约定或者没有订立合同的,著作权属于受托人。”

③ 熊文聪:《作者人格权:内在本质与功能构建的法理抉择》,载《法制与社会发展》2012 年第 6 期。

络联系较为密切的是复制权、发行权、广播权和信息网络传播权。网络环境中临时复制的问题、发行权的适用问题、广播权的界限问题以及信息网络传播权的侵权认定问题等一直都是研究热点和司法疑难之所在,关系着网络著作财产权能否恰当行使。

1. 网络环境中的复制权

根据传统著作权理论,复制权所控制的复制行为必须使作品固定在有形的物质载体之上,形成载体的增加,以达到作品的再现。而计算机的广泛应用和互联网的深入发展,对复制权体系产生了极大的冲击。网络环境中特有的数字化形式的复制方式,使得复制行为的方式形式出现了变化,对于"物质载体"的理解和阐释也日新月异,由传统的纸张升级为磁盘、硬盘、光盘等新型载体。总体而言,复制权扩张至网络领域即成现实,网络环境中的复制行为同样应当受到复制权的控制,各国立法对此也已经达成一致。

争议较大的是临时复制。所谓临时复制,是指"在计算机内存储器和缓存处理中出现的获得、读取、暂时存储和短暂再现作品的技术现象,通常伴随着计算机的关闭而自动消除"①,这种现象通常存在于浏览网页和系统缓存的过程之中。如前所述,临时复制本质上是一种技术现象,不是复制行为,但综观世界各国的立法以及相互缔结的国际条约,呈现出将临时复制纳入复制权控制范围的趋势。欧盟直接明文将临时复制纳入复制权的控制之中,欧盟《计算机程序法律保护指令》第 4 条规定:"以任何方式、任何形式、部分或全部、永久或临时地复制计算机程序,均须得到

① 冯晓青、付继存:《著作权法中的复制权研究》,载《法学家》2011 年第 3 期。

权利人授权。”[①]2018 年签订的《全面与进步跨太平洋伙伴关系协定》(Comprehensive and Progressive Agreement for Trans-Pacific Partnership Preamble,CPTPP)第 18.58 条规定:“每一缔约方应给予作者、表演者和录音制品制作者授权或禁止对其作品、表演和录音制品以任何方式或形式进行的所有复制的专有权,包括电子形式。”根据文义解释,“以任何方式或形式进行的所有复制”应当包括临时复制。2020 年修正的《著作权法》则采取了较为谨慎的态度,只是将数字化形式的复制纳入复制权的控制范围,而未直接规定“临时复制”或“任何形式的复制”属于著作权法意义上的复制行为。[②] 笔者认为,虽然学界对于临时复制是否属于复制行为大多持否定态度,但基于我国采取的列举式立法模式,存在将临时复制纳入复制行为的解释空间,可以顺应国际趋势将临时复制纳入复制行为的范畴,以加强网络环境下著作权的保护。至于个人不以经济目的单纯浏览形成的临时复制现象,可以适用合理使用制度,以实现利益之平衡。

2. 网络环境中的发行权

只要以法定的方式(出售或赠与),通过网络这一媒介向公众提供作品的原件或复制件的行为,便符合我国《著作权法》规定的发行行为的构成要件,因此网络发行可以是受发行权控制的行为。问题在于,网络发行行为与信息网络传播行为如何区分,进

---

① European Parliament and Council,Directive on the Legal Protection of Computer Programs(2009)(Article 4).

② 《著作权法》第 10 条第 1 款规定:“著作权包括下列人身权和财产权:……(五)复制权,即以印刷、复印、拓印、录音、录像、翻录、翻拍、数字化等方式将作品制作一份或者多份的权利……”

而网络发行是否适用"发行权一次用尽"的原则呢？有学者认为，网上发行不适用"权利穷竭"原则，理由在于"权利穷竭"针对有形商品贸易，其基础是作品的传播有赖于物质载体的转移，而网上发行的结果并不导致作品复制件物理位置的变更，而是作品复制件数量的绝对增加。[①] 这种观点本质上是对网络发行权的否定，认为发行权只控制传统意义上转移作品物质载体所有权的向公众提供作品的原件或复制件的行为。诚如上文所述，数字时代下"物质载体"的内涵已经发生了深刻的变化，其表现形式已经延伸至网络环境之中。因此，现在主流观点认为，发行行为不以作品存在于有形载体为前提条件，而以作品复制件的所有权转让为核心特征，网络发行有别于网络传播——网络传播限于作品内容，而网络发行包含转让作品复制件所有权的意思表示，应一体调整网络发行行为和传统发行行为，网络发行权适用"发行权一次用尽"的原则。[②]

笔者认为，依照我国目前《著作权法》的规定，网络发行行为与信息网络传播行为确实存在一定的冲突。一方面，立法并未否定网络发行的方式不受发行权控制；另一方面，信息网络传播权中"使公众可以获得"之规定与发行权转移作品复制件所有权的实质构成存在重叠，二者的适用范围需要进一步明确。

---

① 参见王迁：《论网络环境中发行权的适用》，载《知识产权》2001 年第 4 期；杨小兰：《网络著作权研究》，知识产权出版社 2012 年版，第 126 页。

② 参见何怀文：《网络环境下的发行权》，载《浙江大学学报（人文社会科学版）》2013 年第 5 期；李昱晓：《数字时代发行权的变革与发展研究》，载《编辑之友》2018 年第 2 期；何怀文：《二手数字出版物与发行权用尽——兼评美国"ReDigi 案"与欧盟"UsedSoft 案"》，载《出版发行研究》2013 年第 6 期；邹明伟：《论电子出版物的网络出版适用发行权用尽原则的合理性》，载《中国版权》2015 年第 1 期。

但总体而言,以上传、发行等方式进行网络发行符合一般人的社会观念,如音乐电子 CD 的发行,已经形成了一套完整的商业模式,并得到了大众的认可。因此,应当肯定网络环境中发行权具有适用的空间,网络发行也不应当突破“发行权一次用尽”的基本原则。

3. 网络环境中的广播权

我国《著作权法》(2010 年版)对广播权的定义是“以无线方式公开广播或者传播作品,以有线传播或者转播的方式向公众传播广播的作品,以及通过扩音器或者其他传送符号、声音、图像的类似工具向公众传播广播的作品的权利”。由此可知,广播权控制以下三种广播行为:(1)无线广播或传播,即无线方式的初始传播行为;(2)针对无线广播或传播产生的“初始传播信号”,以有线或无线方式转播或传播;(3)通过工具向公众传播初始传播信号。需要注意的是,虽然法条“以有线传播或者转播的方式向公众传播广播的作品”之表述,可能让人误以为广播权只控制有线转播行为,但是将无线转播行为排除出“广播权”的控制范围,与《伯尔尼公约》中“广播及相关权利”的含义不符。我国《著作权法》规定的专有权利中,除广播权以外再无一项权利能用于控制“以无线方式转播”载有作品的广播信号。因此,广播权定义中的“有线传播或者转播”应当包括无线转播和互联网转播。[①]《著作权法》(2010 年版)中规定的广播权控制的是无线广播或传播行为,以及对无线广播或传播产生的“初始信号”的后续转播或传播

---

① 参见王迁:《论我国〈著作权法〉中的“转播”——兼评近期案例和〈著作权法修改草案〉》,载《法学家》2014 年第 5 期。

行为,不控制初始有线广播行为。这样的规定带来了一个问题,那就是现在如火如荼采用有线方式进行作品广播的网络直播行为,以及针对网络直播作品实施的网络实时转播行为,无法适用广播权进行调整,只能依据兜底性的"其他权利"予以规制。[①] 于是新修正的《著作权法》(2020 年版)将广播行为的含义修改为"以有线或者无线方式公开传播或者转播作品",将所有有线、无线方式初始传播或转播的行为全部纳入广播权的规制范围。正如研究者所言,"修正后的《著作权法》中所规定的广播权,虽然依然名为广播权,但其实已经与'广播'这种无线方式的传播相距甚远,而是实实在在的任何非交互式远距离传播作品的权利;而'转播'的含义也已经不再限于《伯尔尼公约》中的无线转播(rebroadcasting),而是任何以有线或无线方式的转播了"[②]。笔者认为,这样一种立法调整值得肯定。综观世界,广播权也经历了从《伯尔尼公约》下的传统广播权到 WCT 下的综合广播权的演进,WCT 规定初始无线广播行为、初始有线广播行为和初始网络广播行为都属于初始广播行为,都受到"综合广播权"的控制。[③]

网络广播权与信息网络传播权的界限在于,前者控制"单向式"传播行为,后者控制"交互式"传播行为。交互式传播行为使观众可以在选定的时间和地点获得作品,属于信息网络传播

---

① 参见苏志甫:《从著作权法适用的角度谈对网络实时转播行为的规制》,载《知识产权》2016 年第 8 期。

② 张伟君:《论著作权法第三次修改后"转播权"内涵的变化》,载《知识产权》2021 年第 3 期。

③ 参见刘银良:《制度演进视角下我国广播权的范畴》,载《法学》2018 年第 12 期。

权的规制范围。单向式传播行为,如同步网络直播,在广播权的规制范围之中。何为“在选定的时间和地点”,进而区分单向式传播行为和交互式传播行为呢?有学者认为:“区别广播和信息网络传播的要点应在于作品(承载作品的数字信号)是否在网络空间保留足够长时间,从而使公众能够主动地在其个人选定的时间和地点获得作品。”[①]笔者部分赞同这一观点,并进一步认为公众在选定时间和地点获得作品的“主动性”和“可能性”是区分两种行为的实质要件。针对网络广播行为,播送的时间和地点(域名、网站)也由广播者决定,公众只能被动接收作品,不具有在选定时间和地点获得作品的“主动性”和“可能性”,而信息网络传播行为中就与此截然不同了。作品在网络空间中留存的时间是衡量公众是否具有“主动性”和“可能性”的重要因素之一,但不应当是唯一的标准,还应当结合个案具体考量。“在选定的时间和地点”表达的是一种可能性,而非“任意的时间和地点”,2020 年《著作权法》修正时删去了信息网络传播权定义中“其个人”三个字,也从侧面佐证了这一点。甚至有学者认为:“信息网络传播权定义中‘个人选定时间’并非指永远,而是指‘并非瞬间’,事实上也没有什么服务器能永远开放,哪怕服务器只开放一分钟,也满足‘个人选定时间’的条件。”[②]针对网络中的作品传播行为,在法律适用时应当优先考虑信息网络传播权,广播权在信息网络传播权之后适用。理由在于,在立法时就将信

① 刘银良:《信息网络传播权及其与广播权的界限》,载《法学研究》2017 年第 6 期。

② 刘文杰:《信息网络传播行为的认定》,载《法学研究》2016 年第 3 期。

息网络传播权置于较高的优先级,广播权“但不包括本款第十二项规定的权利(信息网络传播权)”之规定已经明确体现出了二者适用的先后顺序。

4. 信息网络传播权

我国《著作权法》第10条第1款第12项规定:“信息网络传播权,即以有线或者无线方式向公众提供,使公众可以在其选定的时间和地点获得作品的权利。”有学者将信息网络传播权的内涵界定为:区别于传统的复制权,信息网络传播权的核心内涵是交互式传播,需以有线或无线的方式向公众提供作品。① 按照上述定义,信息网络传播权所控制的信息网络传播行为应当包含向公众提供和交互式传播两个要素,向公众提供是行为,交互式传播是目的,至于公众是否获得了作品的结果则在所不问。理论界和实务界提出的“服务器标准”“用户感知标准”“实质呈现标准”“实质替代标准”等界定信息网络传播行为的标准,无不是对以上两个要素的具体应用所作出的不同解释,确切地说,主要是指向“向公众提供”。笔者认为,无论是采用何种标准,都存在缺陷。各种标准都具有其合理性以及相应的适用情境,但也只能在具体的情境中适用。就像有学者对于“服务器标准”的怀疑:“在当前的互联网技术环境下,满足服务器标准只是构成向公众提供作品的充分条件,而非必要条件,更非充要条件。”②应该说,每一种标准都不可能适用于所有网络情境之中,都只能在某些特定情境下

① 参见孙海龙、赵克:《变与不变:信息网络传播权的动态演进与司法应对》,载《法律适用》2013年第11期。

② 刘银良:《论服务器标准的局限》,载《法学杂志》2018年第5期。

构成向公众提供作品的充分条件，对于"向公众提供"的界定应当回到其与另一构成要素"交互式传播"之间的联系上来。《信息网络传播权解释》第3条规定："通过上传到网络服务器、设置共享文件或者利用文件分享软件等方式，将作品、表演、录音录像制品置于信息网络中，使公众能够在个人选定的时间和地点以下载、浏览或者其他方式获得的，人民法院应当认定其实施了前款规定的提供行为。"关于"向公众提供"的行为模式，该条采取了开放式列举的方式，但是强调了"采用各种方式将作品置于网络中"的提供行为与"使公众能够在个人选定的时间和地点获得作品"的行为目的之间的联系。同理，由于界定专有权利的范围与直接侵权是一体两面的关系，每一种具体的标准也不能作为判断是否构成信息网络传播权直接侵权的普遍准则，"侵害信息网络传播权的判断标准既要历史地和动态地看待，更要依照法律要求进行确定"①。

四、数字技术背景下的挑战

随着数字技术和移动互联网的迅速发展，我国网络短视频行业发展迅猛，截至2023年12月我国网民规模达10.92亿人。其中，网络视频用户10.67亿人（含短视频用户10.53亿人）。自从2006年《一个馒头引发的血案》开始关于二次创作短视频的纠纷不断出现，今年4月视频网站联合500名艺人倡议国家对短视频的著作权内容的合规管理。如何界定未经权利人同意就制作和

① 王艳芳：《论侵害信息网络传播权行为的认定标准》，载《中外法学》2017年第2期。

传播短视频的合法性问题亟待法律给出答案,而判断侵权的关键在于该行为是否能够适用著作权法中的合理使用规则?著作权制度能否适应网络技术的发展?本小节将通过梳理著作权制度与技术发展的脉络探寻著作权正当性基础,试对数字环境下著作权保护的困境和挑战进行研究。

(一)数字网络技术下对著作权的挑战

著作权法是在与技术的互动中发展、扩张并不断完善。尽管著作权法的产生与发展是多种因素影响的结果,但是技术是著作权法发展过程中一个不容忽视的核心因素。数字网络技术已经渗透到人类生活的每一个角落,也为知识的传播和创新提供了全新的方式。与此同时,也为著作权的保护带来了新的冲击。本部分通过探寻著作权法在技术的影响下的发展规律,促进著作权法在技术的影响下良性发展。

1. 著作权法的产生与发展

(1)著作权法的产生——从版权到著作权。

著作权法的理念最早可追溯到罗马时期,如罗马诗人将未经同意而叙说其作品的行为称为剽窃,而现代版权的制度的产生则得益于印刷术的出现。正如郑成思在《版权法》一书中所言:"版权制度保护的对象是作品,但这一制度并没有因为人类创作出第一部作品而产生,而是在印刷术得以广泛应用后才建立起来。"印刷术产生之前,书籍的传播只能以手抄的形式出现,而且当时的作者为了使自己的作品能够流传常常鼓励抄写或者将手稿赠与他人,此时仅需要所有权即可。

印刷术的出现打破了这一局面。唐朝时期,在国家统一、政治开明、文化繁荣的背景下，社会对书籍产生了大量需求，雕版印刷术应运而生。但因该技术尚未普及，图书还是以手抄形式出现。至宋朝，随着商品经济的繁荣，图书印刷也逐渐成为一种产业。与此同时，盗版行业产生。盗版行业的盛行促进了我国“版权”意识的产生，宋朝出版商为了在图书市场竞争中获得优势，会在产品上加注独特标记，如宋刊《东都事略》后便有“眉山程舍人宅刊行，已申上司，不许覆板”标记，类似于今天的版权声明。宋人罗璧在《识遗》一文中记载：“宋兴，治平以前，犹禁擅镌，必须申请国子监……”这是最早的出版审批制度。我国古代传统立法重视公法，私法体系长久被忽略，导致我国早期对版权的保护并未形成完善的立法体系。而版权制度的真正产生是在 15 世纪之后，德国人古登堡发明了活字印刷机并使用活字印刷技术印制 180 本圣经。印刷机的出现使书籍的大规模复制成为可能，印刷业由此产生。[①] 但是由于图书从印刷到销售耗时长、资金回收慢，投资风险大大增加，如果其他出版商也印刷相同的内容，那么出版商投入的资金很可能无法收回。出版商为了保证自己的利益，必须要对这一权利进行规制，取得书籍出版的垄断权。书籍的出版必然需要大量的内容，此时另一个阶层即写手阶层出现，此时的写手是文字的创造者但不享有任何权利，出版商支付少量薪酬即可取得该书稿的所有权。因此，写手（writer）与我们现代意义上的作者（author）的含义是不同的。印刷机的出现促使知识广泛传播，对皇室以及宗教的知识管控产生了冲击，打破了天主教对精神的束缚，宗教异端思想和煽动言论也得以便捷传播。皇室为

---

① 易健雄：《技术发展与版权扩张》，西南政法大学 2008 年博士学位论文。

了打击异端学说的传播和控制印刷出版,与当时的书商公会合作,赋予他们印刷特权,在当时只有书商公会的成员才享有合法印刷书目的权利,从而拉开了版权制度的序幕。

版权(copyright)的本质是复制权,是由出版商享有的权利,并不是作者对作品的权利。而现代意义上的著作权(author's right)是作者对作品享有的权利,1710 年英国通过的《安妮法》以书面的形式承认了作者对作品享有的权利。《安妮法》在序言中明确指出:"颁布该法的主要目的,是为了防止印刷者不经作者同意就擅自印刷、翻印或出版作者的作品,以鼓励有学问、有知识的人编辑或写作有益的作品。"虽然《安妮法》一定程度上肯定了作者对作品的权利,但是《安妮法》是在出版商为自己的利益奋斗中促成的,其颁布之初依然是为了保护出版商的利益,保护作者的权利只是出版商为了自己利益名义上的主角。最终促进了现代著作权的形成。

通过观察中国历史,我们可以看到正是印刷术的出现,使印刷成为产业,盗版也随之出现,而盗版对印刷行业的冲击促使中国古代人民版权意识开始觉醒。在西方,印刷机的出现促使印刷业繁荣,出版商为了自己的利益就必须在出版书籍中享有垄断地位。图书的大量出现不利于皇室对言论的控制,出版商的垄断需求和皇室对言论控制的需求,在利益上实现契合,造就了"版权",而在利益的争斗中,最终促使现代著作权制度得以形成。版权意识的产生以印刷为起点,版权制度的产生则以印刷机的出现为契机。正是由于印刷业的繁荣,"写者"阶层不断壮大,并在人文主义浪潮的影响下,在个性解放成为时代的呼声下,版权不再是书商的权利,"写者"终成"作者"。

(2)著作权法的发展——模拟技术。

19世纪中期,以作者为中心的著作权制度已经成型,相关法律制度也在英、美等国家建立。如果说印刷机的发明促成著作权的诞生,[①]那么后来在以电气的开发和利用为标志的第二次技术革命的推动下,出现了照相机、录音机等,这些新技术的出现抛给著作权法保护新的难题,促进了著作权法的扩张。

1826年夏,法国人尼埃普斯制成了世界摄影史上的第一张可以成像的图片。1839年是世界摄影史的辉煌时刻,1月9日法国人达盖尔发明的银版摄影术正式问世,同年8月18日被授予专利,这一日也被宣布为摄影技术的诞生日。摄影技术的诞生对著作权产生了冲击,作品是具有独创性的智力劳动的产物,而摄影作品这种利用物理技术形成的物理影像能否作为作者的作品来保护?19世纪40年代摄影术刚刚被引入英国,照片被认为是纯粹机械过程的产物不能称为作品。尽管在摄影技术出现以前已经肯定了作品需存在独创性,但是作品怎么才能称为具有独创性却被立法者有意无意地回避。美国1862年颁布的《美术作品版权法》将照片作为美术作品进行保护,但是对于其是否有版权的正当化基础即是否有独创性的争议还在继续。有关照片是否具有独创性的争议推动了独创性理论内涵的不断丰富,理论不断完善,摄影作品作者也被解释成了"在照片的形成过程中付出必要技巧与劳动的人"。独创性的标准已不再是成立之初要求独创新颖的高标准。"独创性"理论标准的降低满足了技术的发展对著

① 姜福晓:《数字网络技术背景下著作权法的困境与出路》,对外经济贸易大学2014年博士学位论文。

作权法保护的需求,也为著作权法保护对象的扩张提供了空间,还提高了著作权法对技术的适应能力。

摄影技术的产生引发了有关独创性标准的思考,那么录音机、录像机以及无线电广播的产生则扩张了著作权的内容。自动钢琴卷的出现冲击了原有复制权的内容,毕竟之前所理解的复制都是与印刷相联系的,照片的出现也是在人们所认知的复制以内的,而这种以机械方式录制的音乐作品是否构成复制呢?霍姆斯大法官认为,机械方式复制声音排列所得到的产物应该视为复制品,现行法律所理解的复制范围过窄应当修改。1909 年美国国会立法规定了"机械录音权",从此,复制不再局限于印刷。而电影技术的出现则对表演权产生了冲击。1809 年,爱迪生发明了"活动电影摄像机"①,最开始电影是作为摄影作品来保护,而电影随意使用他人作品进行演绎的行为,也推动了法学家们对表演权的思考。霍姆斯法官以皮影戏举例,以皮影戏的方式呈现小说的内容是戏剧化的行为,那么电影是利用光的反射将表演行为投射到荧幕上,我们看到的是故事的内容,电影也是戏剧化的行为。在卡拉姆公司侵犯表演权一案中,卡拉姆公司败诉,但推动了其寻求电影的版权保护,最终 1912 年美国版权法将电影列为单独作品保护。无线电通信技术进一步冲击了公开表演权,1920 年美、英广播电台开播,收音机深受民众的喜爱。在如何从这一行业中赚得更多利润的推动下,公开表演的范围扩大到声音广播。之后图像远程广播技术出现,电视机进入市场,由于图像广播和声音

① [英]帕斯卡尔·卡米纳:《欧盟电影版权》,籍之伟、俞剑红、林晓霞译,中国电影出版社 2016 年版。

广播的相似性,图像广播也被纳入公开表演权的范围。技术的发展使个人更容易获得知识,私人录像、私人录音行为开始出现,而不管在哪一个时代版权人都不可能控制他人学习知识的权利,那么这种基于个人欣赏或学习的录制并在观看后的删除的行为是否构成侵权? 1938 年美国人查斯特·卡尔逊发明静电复印技术,这种技术的出现使复印行为更加便捷,不再局限于场所,那么对于图书馆利用复印技术复制作品的行为又是否构成侵权呢? 大量出现的非营利性行为对复制权的冲击,引发了权利人和使用者之间的冲突。为了平衡权利人和非营利使用者之间的利益冲突,也为了避免著作权在一定范围内失去意义,合理使用制度被提出。在技术的发展过程中,为了应对新技术的挑战,一个前所未有的权利被提出,即展览权。展览权相比之前的权利是一种更为抽象的权利,这一立法风格的变化也将更有利于版权的扩张。

著作权法因新技术的发明而产生,因新技术的进步而发展。[①] 回顾历史我们可以看出,著作权发展的重要节点都是与技术的革新相关。新技术的产生使商人有了新的资本来源,为了维护自己的利益,商人势必要创造属于自己独有的权利。是否具有垄断地位决定能不能获得更多的利润,因此这份权利就要具有排他性。可以说新技术的出现是著作权发展的动力来源。尽管技术可以被看作著作权产生和发展的原动力,但抛开技术因素,时代的选择也是不容忽视的因素。著作权法的发展历史表明,著作权可以不断调整自身来适应技术的发展。在适应过程中增加新的主体、

① 姜福晓:《数字网络技术背景下著作权法的困境与出路》,对外经济贸易大学 2014 年博士学位论文。

新的内容,调整客体范围达到自我完善。传统技术背景下著作权是作为私权进行保护,具有可控性,在已经来临的数字时代,著作权又将如何完善自我应对数字技术带来的挑战呢?

2. 数字网络技术对著作权的挑战

(1)数字网络技术的产生与发展。

数字技术也称为数字控制技术,它与计算机技术相伴而生,通过借助一定设备将图片、信息等转化为计算机可识别的0、1二进制代码进行计算、存储、传输等的技术。数字技术的出现深刻影响了人们的生活,也对著作权制度产生了冲击。数字技术是通信技术、微电子技术和计算机技术的总称。[①] 计算机技术源自18世纪德国的数学家发现了二进制的算法,1946年美国人莫克利和艾克特以二进制运算为基础发明了世界上第一台通用计算机;之后的几十年计算机技术在没有著作权保护的情况下继续以惊人的速度发展。20世纪英特尔公司推出微处理器打开了个人电脑时代的大门,电子计算机开始拥有更小的身材,拥有更强大的运算能力以及更强大的储存能力,计算机软件的独立性和兼容性得到极大提升,计算机软件终于开始作为著作权的客体受到保护。单独的电子计算机技术并没有展示出数字技术的威力。当电子计算机技术与通信技术相互渗透并结合,数字技术开始改变世界。通信技术解决了计算机之间的资源共享问题,实现了全球互联。英国工程师伯纳兹-李开发了万维网,互联网的应用进入新世界,人们可以通过个人电脑浏览查找各种信息,缤纷的网络世界形成了。随着技术的进步,处理器越来越小,网络用户指数上

---

① 参见吴汉东:《走向知识经济时代的知识产权法》,法律出版社2002年版。

升，由数字技术推动的信息革命全面铺开，数字版权时代来临。[①]

(2)数字网络技术对著作权法的冲击。

版权自孕育之时就和技术纠缠在一起。[②] 著作权因技术而产生，因技术而发展，而其所面临的威胁也来自技术。如果将著作权的发展比喻成行进在大海里的船，那么印刷时代就是著作权这艘大船的晴天，而数字时代的到来则是海面上的狂风暴雨，其在沉沦的边缘前行。著作权是著作权人在一定地域，一定时间内享有的排他性权利。著作权具有专有性、地域性、时间性的特点，而数字技术具有平等性、全球性、开放性的特点对著作权产生了全方位的冲击。

第一，著作权是著作权人享有的排他性权利。著作权是法定权利，其设计之初由出版特权逐步演化而来，出版特权的提出是为了维护出版商的垄断地位。后来著作权无论如何扩张，权利人主张权利的核心都是为了保护自己的垄断地位而获得垄断利益。著作权是基于维护权利人的"垄断权利"的制度设计。而互联网的数据传输是平等的，这就决定了使用终端也是平等的。互联网上的每个人既是信息的创造者，也是分享者，还是使用者。越来越多的用户不是基于授权而是基于 P2P 的个人分享获得作品，互联网打破了权利人设置的重重壁垒，使每一个用户可以平等地获取知识。互联网因开放而获得强大的生命力。也正是互联网不设壁垒的这一特性使更多主体得以进入，平等地获取数据信息。互联网的开放、平等使作品的传播成本大大降低，侵权案件大大

---

① 参见易健雄：《技术发展与版权扩张》，西南政法大学 2008 年博士学位论文。

② 参见李明德、许超：《著作权法》，法律出版社 2003 年版。

增加。电子计算技术强大的储存能力和传输能力给作品提供了全新的载体,大大降低了物质成本。没有计算机之前,文字要在纸张上印刷,电影要用胶片固定下来,录音作品需要磁带,而数字技术只需小小的U盘即可实现。通信技术强大的数据传输能力、资源共享能力大大降低了作品的传播能力。鼠标一点,千里之外的用户即可获得。数字时代对著作权人的权利保护提出了更高水平的要求。

第二,著作权具有地域性,即一个国家法律所保护的某项权利只在该国范围内发生法律效力,互联网的全球性对地域性产生强烈冲击。无论是印刷时代还是模拟时代,作品的跨境传播都需要重重审查,盗版图书、盗版影音很难在全球范围内肆意流通。而互联网可以通过TIP协议与全球任何地域、国家相连接。作品的传输不需要依靠笨重的交通工具,而互联网的隐蔽性又可以将作品迅速传播到未授权的国家。数字技术时代下跨境著作权保护越来越突出。

第三,在数字时代,人人都是创作者,人人都是使用者,也都是传播者。此时数字网络技术下的影响不只体现在对著作权保护的冲击上,也产生了有利影响。数字网络技术影响下的权利人可以更加便捷地控制作品。例如,权利人可以设置复制次数限制,当该作品出售或授权后被下载次数达到自动删除,也可以设置作品的使用条款等。

总结上面著作权发展的历史我们看到,新技术出现时著作权人往往有两种选择,一种是通过扩张著作权的客体、内容来保护自己的权利,通过这种方式著作权人往往会获得支持;另一种是通过各种途径限制其智力成果向公众传播,这种抗争往往以失败而告终。但我们应该看到著作权法的内容或者保护的客体如何扩张,其核心没有改变,即为了促进知识的传播和发展。无论是印刷时代还是模拟技术时代或是数字时代,只有对权利人的智力成果加以保护才能激发其创造的激情。只有对权利人滥用权利加以限制,才能促使知识的传播,才能让更多人创造更多的价值,激发全社会的创造力,推动社会向前发展。曾有人预言"知识产权制度如同泰坦尼克号之旅,将会在因特网的冰面上沉没",但时至今日知识产权制度未见"死亡"。不过,正如有些学者所言:"版权的扩张已近极限",5G 时代正铺开它的大网,数字技术对著作权的冲击还远没有结束,未来的我们必须更要时刻保持清醒,去思考著作权的未来应如何发展。

(二)著作权保护的理论基础

1. 著作权产生的正当性基础

著作权的发展史是一部扩张史。学者在研究著作权的扩张原因中得出这样的结论:技术的发展是著作权扩张的直接原因。[①]新技术打破原有利益格局,新的利益集团和既有利益集团进行抗争形成新的利益格局,著作权因此在循环往复中不断扩张自己的内容。数字时代的到来对著作权产生了具体的冲击,打破了原有的利益格局,也冲击了以复制权为核心的著作权保护的基本理念。著作权是什么?著作权随着盗版的猖獗而出现,著作权制度的必要性在哪里?权利人是基于什么而享有这一权利?是基于人的劳动产生的自然权利,还是基于法律制度的规定?著作权在

---

① 参见冯晓青:《知识产权法利益平衡理论》,中国政法大学出版社 2006 年版。

诞生之初,其正当性基础就受到学者的讨论,之后在利益的斗争中逐渐被人们淡忘。但随着权利人对著作权的扩张无节制,这一正当性有必要再次被讨论。

(1)版权非自然权利,而是法定权利。

洛克认为人的生命权和财产权都是随着出生而存在的。财产是由人们通过劳动获得的,人们通过劳动将自然的东西从自然状态中脱离,那么该财产也是属于他的。① 作品通过作者创造出来,是作者的劳动成果,因此归属于作者本人。洛克的劳动论是著作权自然权利论的基础。自然权利论注重作者本身,关注作者的权利,在这种理论下作品的经济权利和人身权利应当归属专有。自然权利论对法、德等大陆法系产生重要影响,尤其体现在以大陆法系国家为主导签订的《伯尔尼公约》中。《伯尔尼公约》的前言中这样表述:"本联盟各成员,受到尽可能有效地、尽可能一致地保护作者对其文学艺术作品所享权利的共同愿望的鼓舞,承认一九六七年在斯德哥尔摩举行的修订会议工作的重要性……"该前言中尽可能保护作者对其文学艺术作品所享有的权利,表明《伯尔尼公约》将保护作者的权利放在第一位。但是,自然权利论无法解释著作权法中的某些为了公共利益而创造出的制度,如合理使用、法定许可等。尤其是在数字时代,人人都是创作者,人人都是使用者,如果以自然权利的观点来进行规制,会加剧权利人和使用人的关系。因此,有学者认为著作权是法定权利,而不是自然权利。② 从著作权的发展历史来看,著作权因出版

① 参见[英]洛克:《政府论》,刘晓根编译,北京出版社 2007 年版。

② 参见易健雄:《技术发展与版权扩张》,西南政法大学 2008 年博士学位论文。

商争取垄断利益而诞生。若著作权是一种自然权利,那么思想的交流应当是自由的,而不是被垄断。早期的作者鼓励大家对自己的作品进行复制,以此声名远扬。印刷机使知识传播更加便捷,为了获取出版印刷的巨额利润,出版商从特权许可到版权再到《安妮法》每一项都是为了利润而斗争,著作权本就是为了垄断而产生的法定的权利。将著作权解释为如财产权一样的私权,就意味着其同私权一样具有排他性,一样受到保护。强势的知识产权利益集团一直将知识产权往财产权的方向推,直到 1994 年《TRIPs 协定》将知识产权列为私权。① 这被有些坚持法定权利的学者认为是知识产权利益集团的胜利。尽管知识产权被列为财产权保护的范围内,但究其本性仍是法定权利。就如伦敦出版商将版权宣扬为普通法时,英国上议院给了他们当头棒喝:版权不是普通法上的权利,只是制定法上的权利。

(2)功利主义论。

功利主义认为,著作权制度的主要目的是通过鼓励新作品的创作和向社会传播来促进社会公众利益。② 权利人的利益最大化不是著作权制度的最终目的,著作权是为了促进文学艺术的传播,为了社会进步而存在。美国、英国坚持将这一理论作为著作权的正当基础而立法,就如《安妮法》,其全称是《为鼓励知识创作授予作者及购买者就其已印刷成册的图书在一定时期内之权利的法》,法的限定词是为了鼓励知识创作授予其权利人相应的权利。再如,

---

① 参见[澳]彼得·达沃豪斯、[澳]约翰·布雷斯韦特:《信息封建主义》,刘雪涛译,知识产权出版社 2005 年版。

② 参见吴伟光:《数字技术环境下的版权法——危机与对策》,中国社会科学院研究生院 2008 年博士学位论文。

《美国宪法》中规定:“为促进科学和实用技术的进步,对作家和发明家的著作和发明,在一定期限内给予专有权的保障。”不仅国内立法上体现功利主义的观点,《世界版权法》中也规定该公约的目的是促进文学、科学和艺术的发展。

表面来看著作权的产生与技术的发展有密切的联系,技术的斗争是著作制度中的发动机,不断催促著作权制度扩张,自然权利的提出就是知识产权集团将利益正当化的基础。无论是独创性还是思想/表达二分法都是在围着利益正当化而展开。在新技术的催促下,著作权扩张到表演权、展览权甚至信息网络传播权,版权的扩张势必要降低独创性的标准。而著作权制度侵权标准的降低总有一天会反噬其自身直至灭亡。著作权正当性标准越来越弱,著作权体系越来越乱。“额头流汗”原则的提出使著作权这一独创性标准越来越没有容身之地。在数字技术的冲击下,越来越多的毫无独创性的二次编辑是否可以授予著作权?数据收集后的汇总又是否可以授予著作权?著作权的扩张途中越来越依赖技术措施的保护,在遥远的将来法律也将成为一纸空文。因此,我们要重新审视著作权的理论基础,将其视为法定权利而非自然权利,对其的制度设计上也应当本着为公共利益的传播,而非为权利人的垄断。如何将已经被利益集团扭曲的观点进行转变,知识应当在传播过程中获得报酬,而不是因其垄断而获得创作的激情。

2. 著作权的价值目标和利益平衡

自然权利论主张著作权是为保障作者的权利而天然存在的,大陆法系中的著作权的首要目的是保护作者的权利。英美法系更加关注著作权中其他主体的利益、社会的公共利益。英美法系普遍认为著作权保护作者的利益也是服务于促进科学文化进步这一最终目的。但无论是英美法系还是大陆法系都承认著作权有两个目的：一是维护作者利益，二是维护社会公共利益。在印刷时代、模拟时代，由于著作权的传播依靠载体，两者孰高孰低区别不大，但是在数字时代由于数字技术的特殊性，将公共利益作为更高层次的价值更有利于知识的进步，即保护作者的利益是基础目标，促进社会科学文化发展是最终目标，也是重要的目标。

（1）回归著作权法价值目标的本质。

在著作权观念产生之初，"促进知识"就成了立法者授予书商复制原稿权的目的。[①] 之后这一目的被延续下来并一直存在。被认为世界最早的《安妮法》《美国著作权法》《世界版权法》都明确规定授予作者权利是为了增进社会利益，促进知识传播与发展。然而，在版权利益集团的抗争中，"促进知识"这一目标越来越弱化，著作权立法的结果越来越像利益集团妥协的结果。不仅如此，公共利益也成了各利益集团可以随意拿来使用的遮羞布，而这样的结构是否真的可以促进知识的发展再无人考虑。著作权的扩张越来越偏离促进科学文化发展这一公共利益的航道。正如学者所言，著作权从鼓励创作的手段转变成了控制作品接触与利用的工具。著作权法的扩张应当以公共利益为出发点来考量，控制还是允许使用都是一种工具、一种手段，应当关注哪一种手段更有利于"促进知识"。

（2）利益平衡是著作权法的设计基础。

著作权在扩张过程中偏离最初保护作者的理念，偏离最终的

---

① 参见易健雄：《技术发展与版权扩张》，西南政法大学2008年博士学位论文。

目的——“促进知识”这一公共利益,渐渐成了贸易的附属。著作权不仅要保护作者也要“促进知识”,这就需要在二者之间建立一种利益机制,这种利益机制使双方协调达到平衡的状态。著作权法就是在这一需求下产生的。通过著作权的制度协调创作者、传播者、社会公众使用者之间的关系,协调各自内部权利义务的关系,最终促进科学文化的发展。著作权法的体系就是基于利益平衡而构建的,正如美国法官亚历克斯·科津斯基所言,过度保护与保护同样有害,著作权法一方面赋予著作权人排他性、垄断的地位,另一方面又对其进行限制。在著作权发展的历史中,垄断地位和排他性是通过限制“复制”来保护作者权利,但是在数字技术的冲击下,人们获得知识的渠道更为便捷,不必拥有也可体验其中的内容。因此,在数字技术时代是否应当采用以“大传播权”作为利益平衡的基础去设计著作权制度,或者完全跳出“控制接触”这个圈子,综合考虑技术、商业模式等方式保护作者权利而非仅靠著作权的扩张才能协调双方的平衡。

3. 合理使用

(1)私人复制。

《著作权法》第 24 条①规定了合理使用的内容,私人复制是指为了满足个人使用的需要,出于非商业性目的使用他人的作品。私人复制的核心有两个,一是满足个人需要,二是非商业目的。私人复制在客观上确实能对权利人造成影响,但在技术不成熟之

---

① 《著作权法》第 24 条第 1 款规定:“在下列情况下使用作品,可以不经著作权人许可,不向其支付报酬,但应当指明作者姓名或者名称、作品名称,并且不得影响该作品的正常使用,也不得不合理地损害著作权人的合法权益:(一)为个人学习、研究或者欣赏,使用他人已经发表的作品;……”

前,个人仅能通过手抄进行复制,对著作权人造成的影响微弱,因此很长时间里私人复制都没有引起著作权人的关注。同时,私人复制行为具有较强的分散性和隐蔽性,这一特性使著作权人寻求法律救济的成本高昂,因此,著作权人对私人复制置之不理是最优选择。但随着各种技术的成熟,私人使用与公共使用的界限越来越模糊,私人复制侵犯了著作权人的权利,在这种背景下合理使用制度予以确立。私人复制表面来看是对权利人的限制,这也是大多数学者的观点,他们认为私人复制是平衡著作权利益集团和公共利益的工具,限制权利人的垄断地位。但另有部分学者认为,私人复制的合法性通过立法的方式被确定下来是著作权扩张中权利人的又一次胜利。笔者赞同第二种观点,私人复制被确认为合法,也就意味着必定存在非法的私人复制,那么判断一种私人复制行为是否具有合法性便是权利人为之后的抗争埋下的伏笔。之后的司法实践中也确实证明了这一点,如在 *BMG Music v. Gonzalez* 一案中,被告为了购买音乐,在家中下载 1370 首歌曲用以挑选,其中 30 首被告既没有购买也没有删除,因此被认为不是合理使用而需要承担侵权责任。技术发展使私人复制行为越来越便捷,利益集团无法忍受这种行为,为了限制私人复制,他们再次抗争。这次的结果是"三步检验法"——检验私人复制行为合法性的标准,私人使用行为被限定为只有不对权利人造成影响的行为才是合法的,著作权人在扩张中再次胜利。

私人复制的本质是行为人对作品的终极消费行为,其不以任何形式将作品复制件再次投入市场,承认私人复制的非市场属性,亦表明该行为未触及著作权的边界,因而著作权法无须介入。[1] 但数字时代到来后市场与非市场之间的界限越来越模糊,造成著作权人利用技术措施挤压公共利益领域,私人复制空间被界定越来越小;造成私人复制的非市场属性越来越难以区分,于是权利人加强了对作品传播的控制。数字时代,权利人对私人复制行为越来越难以忍受,权利人开始采取各种技术措施来对终端消费者行使权利。在数字技术促进作品传播的同时,权利人也利用数字技术加固了消费者与作品之间的屏障,数字技术更有利于限制作品的接触。作品以数字化的形式呈现在消费者面前,无须使用有形的载体予以固定,只要接触到信息就可以实现对作品的使用。数字技术有利于接触的同时,也方便权利人限制权利的接触,权利人通过技术措施既可限制商业复制也可限制私人复制。数字时代如果不控制"接触渠道",等于将作品的数字化传播方式拱手相让,也就因此失去了对作品数字传播所生之利益的控制。[2]

在经济学理论中,市场是买方与卖方通过交换各自手里的资源满足其需求的集合体。作品的价值是在买卖双方的互动中界定的。在非网络技术时代,著作权人通过转让权利本身或者转让载有作品的载体获取经济利益,消费者满足对作品的需求,一是通过接触作品,二是通过拥有作品。在机械时代,私人复制是在获取作品载体后才发生的,此时由于机械时代的技术成本高,私人复制后的物品很难进入市场并且降低市场的需求。但是,在数字时代,作品通过无形的方式进行传播,个人接触的一

① 参见杨明:《私人复制的著作权法制度应对:从机械复制到云服务》,载《中国法学》2021 年第 1 期。

② 参见杨明:《私人复制的著作权法制度应对:从机械复制到云服务》,载《中国法学》2021 年第 1 期。

刹那便可进行私人复制(如点击保存图片),此时获取作品与接触作品融为一体。个人基于分享的需要将作品在个人社交平台进行传播,“个人的非市场行为”与“市场行为”行为难以界定,消费者在此过程中没有商业目的,但是消费者的这一行为降低了市场需求。人们通过互联网获取信息与传播信息紧密相连,作品利用市场的交易行为与纯个人行为难以区分,利用作品的行为具有市场性,按照我国著作权法的规定理应受到规制。在数字时代,由于技术带来了市场变化,权利人为了获取更大的经济利益,将权利保护措施扩张到传播渠道。权利人控制了传播方式,也就控制了作品,导致数字时代的著作权法从对复制的强调转变为对传播的强调。[①] 数字时代下的私人复制行为更加艰难,权利人会竭尽所能阻止个人无偿“使用”作品。正如前文所言,著作权的正当性基础是“促进知识”,在数字时代下,作品的“接触”都要受到“控制”,原有著作权法的正当性基础理论的解释力日渐稀薄。

(2)适当引用。

我国《著作权法》第 24 条第 1 款第 2 项规定了为介绍、评论某一作品或者说明某一问题,在作品中适当引用他人已经发表的作品,不构成侵犯他人著作权。并且对于“适当”一词的界定,《著作权实施条例》作了一定解释,“适当”是指对权利人不造成影响。这就说明引用的内容不是该作品的实质部分或者主要内容。从著作侵权法的正当性基础来看,适当引用是为了促进新作品的创

---

① 参见杨明:《私人复制的著作权法制度应对:从机械复制到云服务》,载《中国法学》2021 年第 1 期。

作,而允许对原作品进行引用。从相关的立法解释中我们可以看到构成适当引用要满足三个条件:一是使用的目的有益于社会公众即是新作品的产生,二是引用数量适当,三是对作品市场不产生影响。在机械时代,由于技术的局限,引用后的作品不会大量传播,也不会对著作权人产生太大影响。在数字时代,创作者的引用行为完全符合适当引用的构成要件,但是由于数字网络技术的开放性、隐蔽性,适当引用的后果也会对著作权人造成影响。全民创作,可能导致作品内容外泄,凭喜好剪辑也会使作品还未获取商业利益就风评极差等,此时应当如何判定该二次创作是否侵权?因此,就有学者提出要限制甚至废除合理使用制度在网络环境下的使用。以此为代表的中山信弘认为,在网络环境中著作权人很难清楚使用人的信息以致难以维护自己的权利,他建议应当继续扩张著作权人的权利,限制合理使用。著作权人真的如中山信弘所言处于如此弱势的地位吗?正如前文私人复制中所述,著作权人在网络环境下拥有种种技术措施限制"接触",著作权人一方面限制使用者"接触"作品,另一方面限制使用人"引用"作品,此时权利完全沦为私有,著作权制度还有存在的必要吗?

牛津大学威沃教授在考察知识产权的时候,得出了这样的结论:"知识产权最近的扩张表明,与其说它是一种激励我们所创新的手段,毋宁说它变成了目的本身。"①

---

① David Vaver、李雨峰:《知识产权的危机与出路》,载《知识产权》2007 年第 4 期。

(三)“二次创作短视频”的著作权之争

2021年4月9日,爱奇艺、优酷、腾讯三家视频平台携数百名艺人和影视制作公司联合发文倡议有关部门对影视作品的“二次创作”进行规制,他们认为一些博主在未经著作权人授权的情况下将影视作品剪辑后发布到视频网络平台,侵犯其著作权。而“二次创作”的UP主则认为,他们对视频的合理使用,并引用了《著作权法》第24条的规定,认为自己是为介绍、评论或者说明某一问题,在作品中适当引用他人已经发表的作品,构成合理使用,不侵犯他人著作权,但这些博主在引用时往往未经授权,从而引发著作权之争。

1. 影视作品“二次创作”的定义

影视作品的二次创作也被称为“mash-up video”(混剪视频),是一种粉丝文化①,最早源于YouTube。粉丝们对影视作品进行二次创作,是基于群体的兴趣和幻想而形成的,美国的媒介学者亨利·詹金斯称其为“起居室视频”。随着数字技术的发展,人们生活节奏加快,消费者越来越热衷于追求短平快的精神满足,越来越不能忍受拖沓的长篇电视剧或者毫无营养的90分钟电影,而短视频可以在15秒内提供故事完整的情节,迎合了消费者对影视作品筛选的需求。用户对于这种碎片化、精简浓缩的视听表达形式的需求不断攀升。影视作品“二次创作”主要分为三种类型:一是以粉丝为主导的,基于粉丝个人的情感需求、分享需求而自发剪辑并上传的

---

① 粉丝文化即粉丝出于对明星或影视作品的喜爱,结合自己的感受和创作灵感进行个性化剪辑的文化形式。

作品;二是解说类,此类是出于非营利性目的,为了解说电影或电视剧的片段而进行剪辑,或者几个视频拼凑后形成新的故事情节;三是用户原创短视频,此类引用多处于辅助地位,因此不构成侵权。本书主要讨论的是前两种“二次创作”的作品,它们都具有下列四个特点:一是互联网公开发布;二是发布主体为非专业人员;三是具有一定的独创性;四是非营利目的。大多是基于业余爱好或名誉提升进行分享,其动机不是为了获取经济利益。

2. “二次创作短视频”著作权规制失灵

数字时代,人人皆是创作者,人人皆是传播者,二次创作短视频借数字网络技术的东风任意生长。在现行的法律框架下,由于合理使用的局限性,用户一旦因为二次创作被告上法庭,通常会被认定侵犯作品的复制、改编、信息网络传播等权利而要承担相应的侵权责任。二次创作的主体往往是互联网用户,如果私人使用也要著作权人授权,相当于扩大了著作权人的垄断地位,限制了用户的言论自由,也就背离了著作权的目的——“促进科学文化发展”。如果将其纳入合理使用,在技术影响下,著作权人将无权利可言。

(1)合理使用的局限性。

我国《著作权法》第24条规定了12种未经他人许可、可以免费合理使用他人作品,但应注明来源,并且不侵犯著作权人的其他权利的情形。12种情形中个人使用条款、适当引用条款有可能将二次创作短视频纳入其中。

首先,分析“个人使用”条款。《著作权法》规定为个人学习、研究或者欣赏,使用他人已经发表的作品不构成侵犯他人著作权,但是该条没有明确个人将作品上传到社交网络平台是否构成个人使用。部分学者认为尽管用户的上传行为没有获取利益，但是基于视频网站的商业性，应当认为侵权，视频网站构成辅助侵权。这样的观点完全站在了权利人的角度，似乎难以具有说服力以及操作成本极高。数字时代下，人人皆可上传短视频，如果一一追究诉讼成本过高，也会打击用户的创作热情，进而对视频平台产生影响。对该条文按照文义解释似乎难以涵盖上传行为，进而认定该行为属于合理使用。

其次，在实践中影视作品的二次创作也大多认定为侵犯他人著作权，不能构成合理使用中的适当引用。如上海宽娱数码科技有限公司与北京爱奇艺科技有限公司侵害作品信息网络传播权纠纷一案①中，两名用户剪辑并上传电视剧《生活启示录》，法院认为这一行为不构成合理使用，网络用户上传涉案视频向公众传播的行为侵害了爱奇艺公司的信息网络传播权。一审法院认为用户上传的视频内容基于电视剧内容或者角色剪辑，视频时长过长不能认定是合理使用。另一个案件中，法院认为用户上传的视频是对原作品的机械剪辑，并没有评论，因此不能构成合理使用。② 通过统计裁判文书网数据，用户上传影视作品的剪辑案件都是以侵权行为认定，在实践中法院倾向于认为网络用户虽然是出于个人对明星的喜爱即非商业目的上传作品，但是视频的内容都源于已有作品，不能认定为合理使用。从文义解释分析适当引用，《著作权法》规定为介绍、评论某一作品或者说明某一问题，在作品中适当引用他人已经发表的作品，可以不经著作权人许可，

① 上海知识产权法院民事判决书，(2017)沪73民终4号。

② 上海知识产权法院民事判决书，(2018)沪73民终315号。

这就意味着对影视作品片段的引用只能起配合介绍的辅助性作用,不能成为节目的主要内容或者吸引受众的主要原因。而用户上传视频一种是对影视作品的内容进行缩短,另一种是基于影视作品角色进行整合,这两种情形中作品都是大量使用,难以归入适当引用的范畴。

技术的发展大大提高了传播的效率,基于机械时代以“复制”为核心建立的合理使用制度已经难以完全适应数字网络技术下的作品使用方式,从“复制”到“传播”使用方式的变化使公众利益与著作权人之间的冲突越来越明显。

(2)合理使用的司法标准不统一。

我国各地法院在认定是否符合合理使用时往往“各自为政”,常常由于地域不同而出现“同案不同判”的现象,究其原因在于合理使用的司法判断标准不一。我国《著作权法》中规定的合理使用是封闭式的,但社会生活又是复杂多变的,在司法实践中为了克服立法的局限性,平衡权利人和公共利益之间的利益关系,各级法院在处理此类案件时往往出现“四要素”与“三步法”混用,司法的不确定性损害了司法的威严和法律的威严。在数字时代,我国的合理使用制度必须作出回应,重新平衡权利人和公共利益之间的利益,发挥合理使用制度利益平衡的作用。

(3)独创性认定。

最新修正的《著作权法》将短视频作为类电作品予以保护。二次创作短视频基于原作品进行剪辑后形成,其是否具有独创性呢?短视频独创性的标准目前存在两种观点,一种观点认为只要作品能体现作者的个性化内容就认为其具有独创性,只要作品有“一点火花”就可认定。另一种观点认为只有达到一定的创作高度才可认为具有独创性,这种观点认为只有高要求才有利于提升整体质量。笔者认为,二次创作本身是基于原作品进行剪辑,在判断是否具有独创性时要先看其剪辑过程是否带有主观偏好去排列内容,其次是剪辑内容是否具有逻辑性、是不是“人人皆可为”,如果只是单纯截取部分片段显然不能认定具有独创性。在独创性与侵权关系的认定上,独创性只是二创成果构成作品的条件,不能因为作品具有独创性就成为抗辩理由。原创短视频的著作权在著作权法的修改中得到了体现,那么这些仅有“一点火花”作品的权利如何保证,也亟须法律的回应。

3.“二次创作短视频”的出路

影视作品的二次创作可能存在侵权的情况,但是优秀的创作带来经济利益的同时也带来了文化价值。首先,信息时代用户不再被动地接受信息,而是参与到信息的传播交换和创作中,站在前人的肩膀上进行再创作,促进文化繁荣。其次,优质的二次创作给平台带来了流量和经济利益,也催生了新的营利模式。二次创作给平台带来的利益有利于传统媒体的改革,丰富了信息传播途径。技术的发展给公共利益带来了红利,但是权利人的个人利益却因此受到削弱,理论上可以通过经济补偿形式来平衡二者的关系,但是由于二次创作的非营利目的,如果必须经过许可才可使用必然打击创作的积极性。如何平衡二者的关系,可以从国外寻求经验,以此完善我国著作权法。

(1)美国著作权法的经验。

美国司法实践中将转换性使用作为合理使用的判断标准。“转换性使用”最早是由皮埃尔·莱托在《论合理使用标准》一文中提出的。他认为若要构成合理使用,二次创作必须在原作的基础上增加新的内容，使原作品具有新的价值。在随后的 *Campbell* 案中，美国联邦最高法院指出，二次创作越具有转换性，合理使用的其他判定因素权重越小，之后“转换性使用”就作为美国司法实践中判断是否构成合理使用的重要标准。

“转换性使用”的判断标准有四个：①判断该作品的使用目的是否具有商业性；②使用的作品来源是否合法，使用的原作品是否已经发表；③使用的内容是不是原作品的核心内容；④是否影响原作品的潜在市场。根据“转换性使用”的概念和标准，就意味着如果要构成转换性使用则要有新的内容，对原作品的引用不是为了展示原作品，而是产生新的价值。二次创作类短视频尽管有自己的主观设计，但大多数还是为了展示原作品，在这种情况下转换性使用并不能适用。此外，美国作为判例法国家，法官审理案件时可以创造性地丰富法律内涵，而我国作为成文法国家，如果将该理论照搬相当于赋予法官“立法权”，必然会导致司法混乱，加剧判决的不确定性。

（2）加拿大著作权法的经验。

加拿大 C－11 法案①为非商业用户创造的内容制定了例外规定，此规定允许用户在非商业目的下，基于原作品创作的新作品可以不经著作权人许可直接使用。加拿大 C－11 法案也为此条规定设置了限制，如用户使用的作品必须基于合法途径获得，用户对作品的使用不得对原作品产生重大不利影响。目前，只有加拿大将个人基于非商业目的在互联网上使用作品明确为合法行为，该条款是同合理使用制度并列存在的，相比欧美国家将二创

---

① 加拿大《版权现代化法案》（Copyright Modernization Act）。

纳入合理使用范畴,非商业性用户生成内容例外[①]的立法规定有哪些不足和优势呢？构成非商业性用户生成内容例外需要满足六要素:主体是个人、非商业目的、合理标注来源、不产生实质损害、具有独创性、使用的内容不侵权。首先,国外学者认为该条款的主体虽然是个人用户,但对平台的保护也蕴含在这条规定中。该法案在保护个人传播的同时,也照顾平台利益,有利于内容的传播。其次,该条款规定二次创作的视频需要具有独创性,如果只是简单地复制、剪辑没有用户个性化内容则不能受到该条的保护,涉嫌侵犯他人的改编权和复制权或者信息网络传播权。例如,个人用户通过多次片段形式播放他人电影、电视剧等,构成侵权。最后,该条款规定了使用者有合理理由相信所使用的内容不侵权。这就相当于用户在对作品进行创作时要尽到勤勉搜索的义务,勤勉搜索义务在美国等地区都是抗辩理由,限制承担侵权责任。笔者认为将勤勉搜索义务作为侵权的抗辩理由具有可借鉴性。用户保证其作品的来源具有合法性,一方面有利于大众形成版权意识,另一方面也遏制了侵权作品的二次传播。但是该条规定的内在

① 非商务性用户已生成内容例外的具体内容:(1)个人在创作具有著作权新作品或者其他客体的过程中,使用已经出版或者以其他方式向公众提供的现有作品、其他客体或者其复制品的,以及该个人或者经其许可的家庭成员使用该新作品或者其他客体,或者该个人授权媒体播放该作品或者其他客体的,在下列情形下,不构成对著作权的侵害:(a)合理情形中指明了现有作品或者其他客体的出处,即逝作者、表演者、录音制作者或者广播组织的名称;(b)个人有合理理由相信该现有作品、其他客体或者其复制品并未侵害著作权;以及(c)使用或者授权传播该新作品或者其他客体并未给经济或者其他市场或者潜在市场造成实质不利影响,包括该新作品或者其他客体并非现有作品或者其他客体的替代品。(2)下列定义适用于第(1)款情形:“媒介”是指定期提供空间或者工具,以使公众得以欣赏作品或者其他客体的人或者实体。“使用”是指实施依据本法著作权人有权实施的行为,授权行为除外。

含义模糊，如非商业目的、实质损害的程度都没有明确规定，导致在适用上存在限制。从整体上看，加拿大 C－11 法案为我国二次创作短视频的保护与规制提供了立法先例，虽然有不足，但值得借鉴。

(3)判断“合理使用”应整体考量。

通过分析域外经验我们可以发现，美国和加拿大都表现出对二次创作的友好态度。但在我国，二次创作很难得到法院的认可。影视作品二次创作的用户究竟是普惠大众的传播者还是伪善者？在认定二次创作作品是否侵权时，我们不应局限于著作权法规定的 12 种情形，应当摆脱规则的枷锁，在适用“三步法”和“四要素”的同时，还应考虑下列因素，并适当借鉴域外经验进行综合判断。

①是否影响原作品的潜在市场。在判断影视作品的二次创作是否会影响原作品的潜在市场时，不应单纯地考虑是否会抑制甚至破坏原作品或者衍生品的市场，应当判断该作品是否对原作品产生实质性替代效应。首先，有学者提出，那些严厉、尖刻的戏剧评论，可能会使整个原创作品的名声毁于一旦，但只要没有产生市场替代效果，就不会成为版权法中所认定的“损害”。[1] 如果因为二次创作作品对原作品有攻击性评价就认为该作品侵权势必会限制用户的言论自由，如果因为二次创作作品符合权利人的利益就认可其行为也会导致著作权规则的混乱，则会有大量的侵权行为产生。其次，笔者认为在判断是否影响原作品的潜在市场

---

① 参见张婉清、阮开欣：《二次创作的视频是否构成合理使用?》，载《中国知识产权报》2017 年 10 月 27 日，第 10 版。

时应当考虑创作者的市场影响力。如果该用户是“网络红人”,尽管其没有营利目的,但其名气足以使原作品广泛传播,为其他用户提供了获取影视作品的渠道,部分用户可能会因此而减少影视作品的消费,势必会对原作品的实体市场产生影响。而且具有影响力的创作者也会因其“名气”而增加广告收入,这些都对原作品的潜在市场产生影响。最后,基于对劳动和文化的尊重,二次创作作者应当向原作者征求同意,但是否获批不能成为是否侵权的决定因素。

②是否尽到勤勉搜索义务。欧洲和美国的制度中都有如果尽到勤勉搜索的义务可以作为侵权的抗辩理由[①],从而限制版权侵权责任的承担。笔者认为,这个制度我国司法实践可以借鉴,作为判断个案是否构成侵权的因素。司法实践中考虑将勤勉搜索作为合理的抗辩理由的同时也向社会提出了倡议,提倡用户使用原作品时须勤勉搜索,一方面培养公众的版权意识,另一方面也可遏制侵权作品的再流通。

数字网络技术下人们获取信息的途径扩大,信息的传播超越了时间和空间的屏障。技术的发展使权利人和公共利益之间的关系失衡,“合理使用制度的价值目标,在于协调创作者、传播者、使用者三者的利益关系,通过均衡保护的途径,促进文化、科学事业的发展”[②]。过度保护与保护不足同样有害,对二次创作短视频的版权保护应当张弛有度,合理界定二次创作作品适用合理使用

---

① Giancarlo F. Frosio, *Resisting The Resistance: Resisting Copyright and Promoting Alternatives*, Richmond Journal of Law & Technology, Vol. 23:2(2017).

② 吴汉东:《著作权合理使用制度研究》,中国政法大学出版社 2005 年版。

的标准,平衡三者之间的关系。

(四)权利的保护[①]

著作权法的目的是通过赋予著作权人一定权利从而促进科学文化发展,但如果片面强调著作权人的权利并不加以修正很有可能背离著作权的正当性基础,更甚者可能促成权利人滥用权利。必须通过"护权—限权"双管齐下,从"使用"和"费用"两个层面,实现内部的、自我的利益平衡,才能确保立法目的的实现,否则就可能产生系统性损害。[②] 笔者将从对使用人的规制、对权利人技术保护措施的限制、完善著作权集体管理制度三个部分来探讨权利保护的路径,以求达到著作权人、公共利益、个人利益的三者平衡。

1. 对使用人的规制

(1)"闭锁式"策略。

美国在面对新技术的挑战时先后采取"闭锁式"策略和"开放式"策略。"闭锁式"策略面对作品在网络大规模传播时采用阻止的方式保护自己的权利。①直接侵权诉讼——禁止传播行为。权利人在起诉时通常将互联网服务商作为被告,因为权利人明白起诉个人用户无非大海捞针。但该起诉行为一方面可能会因为互联网服务商通常以"避风港"原则作为抗辩理由而败诉,另一方面诉讼也并不能阻止使用者的大规模传播。②限制网络接

---

① 这里的权利保护不仅保护著作权的权利,也保护社会公众的权利以及个人使用者的权利。

② 参见冯晓青:《著作权法目的与利益平衡论》,载《科技与法律》2004 年第 2 期。

入——“逐级响应”机制。起诉无法遏制网络侵权的情形下,美国的音乐和电影行业和网络服务提供商(ISP)签订协议,如果发现用户非法分享作品时,ISP 第一次以警告的方式提醒,第二次限速,如果用户仍然继续分享严重情形下会被强制断网。实际上,采用断网方式不符合 ISP 本身的利益,他们更愿意通过发邮件的形式告知用户该行为违法。随着双方协调,这一制度逐渐形成了著作权上的警告系统。笔者认为,该种方式虽然短期内并不能阻止侵权行为,但是对用户具有较强的教育功能,并且有助于公众形成版权意识。值得注意的是该功能可能会涉嫌侵犯用户的隐私权。③限制接触。著作权人发现诉讼和限制网络接入无法遏制作品的大规模传播,作品的技术保护措施应运而生。目前,已知的技术措施有电子水印、数字签名、数字指纹技术等,在此背景下《世界知识产权组织版权公约》、美国《数字千年版权法》中规定了技术保护措施,技术保护措施作为事前救济方式相较前两种事后救济具有一定优势。但是,技术措施与反技术措施本就是相伴而生的,这就削弱了技术保护措施的效果。此外,技术保护措施限制用户传播的同时也限制了用户的接触,阻碍了知识的传播,这种方式背离了著作权的立法目的。

(2)“开放式”策略。

“闭锁式”策略的失败很大程度上源于背离著作权法的目的。权利人禁止他人无偿使用作品本质上是为了获得利益,在“闭锁式”策略不起作用的情况下,权利人应转换思维,将“禁止”变为“许可”,“利用”用户传播者的角色以获取更大的商业利益。目前,有以下 4 种商业模式被广泛采用。①数字音乐零售。目前,存在的数字音乐零售服务有苹果公司的 iTunes、亚马逊 Amazon

Music Store、Google play 等。有证据表明通过数字影音零售的商业方式可以有效地阻止非法分享,也有利于增加了音乐版权人的收入。②订阅服务——会员,其营利模式是“免费加增值”的模式。这种模式下用户免费享受作品的同时需要接受广告服务,去除广告或者为了更好地体验感则需支付一定的费用。“免费加增值”模式一方面可以保证权利人的商业利益,另一方面可以保证公共利益。而且用户对该作品认可时可以通过分享,实现二次传播。③粉丝文化——衍生品,无偿提供产品的信息,但是可以从后续的服务或者制造的衍生品中获得利益。如提供免费的音乐以此扩大音乐人的影响力,从后续的演唱会门票、海报中获得利益。④自愿集体授权。这些依靠广告收入、衍生品获得后续利益的新型商业模式并不希望强保护,反而希望公众能复制作品并且传播给更多的人。优酷视频热播剧《司藤》大热后,优酷方允许并且鼓励大家二次创作影视短视频,促进了作品的二次传播,为权利人增加了广告收入。可见,跳出版权法限制接触的狭隘视野,利用数字技术下人人都是传播者这一时代特性,权利人会发现相比“闭锁式”保护模式可能“开放式”更有利于权利人保护自己的权利,严格限制接触作品并无必要。但这并不意味着“闭锁式”策略或者说对个人用户的规制没有必要,笔者认为对于个人用户传播来源不明的行为应当采用“逐级响应”机制予以规制,对于影响力大的个人用户可采取先告知再诉讼的方式以保护自己的权利。

2. 对权利人技术保护措施的限制

从历史的角度来看,著作权是为了限制专业使用者而进行的设计,忽略了个人使用。在数字网络环境下,用户大规模传播作品侵犯了著作权人的利益,在法律尚不完备的情况下权利人纷纷采取技术保护措施进行自我救济。技术与反技术本就相伴而生，为了避免技术措施使用者和破解者之间展开“竞赛”，以及过度的技术措施对著作权正当目的的侵犯，笔者认为权利人技术保护措施需要法律保护的同时也应予以限制。

(1)技术保护措施。

技术保护措施是著作权人用于其受著作权法保护作品及其复制件的技术性手段，其已成为现代著作权法的重要组成部分和著作权人解决网络时代著作权保护困境的重要手段。技术保护措施是指著作权人通过使用控制接触、控制复制等数字技术手段从而控制他人对作品的使用。《世界知识产权组织版权条约》、美国的《数字千年版权法》、欧盟的《计算机程序法律保护指令》等多部法律都通过立法对技术保护措施予以保护，其已经成为现代著作权法的重要组成部分，也成为著作权人解决数字时代著作权保护困境的重要手段。目前，著作权人的技术保护措施包括但不限于以下几种：①进入型保护措施。作者使用作品需提前登记或者需要特定设备才可使用作品，如在线阅读需提前注册甚至需充值会员、观看电视节目时需要配置机顶盒或者相应接收器等。笔者认为进入型保护措施有过度保护的倾向，背离著作权促进知识传播的目的。②限制复制，通过特定系统限制用户的复制行为。该系统不仅限制首次复制，甚至可以限制后续的复制行为。③电子水印。该技术通过在作品中植入数字标识，从而确定著作权人身份。

再先进的技术也会被破解，版权人通过立法将破解行为予以禁止，技术保护措施的合法化使著作权人权利再度扩张。

(2)对技术保护措施的限制。

技术保护措施表面上看是权利人自我保护的手段，但该技术自产生之日起就对著作权人和社会公共利益之间的平衡产生了巨大冲击。著作权法设立之初就是为了平衡权利人和社会公众之间的利益,合理使用制度也是基于此而建立的。但是技术保护措施赋予版权人广泛的控制权,在技术保护措施下禁止任何破解行为,也禁止交易破解技术措施的装置,就意味着社会公众若要使用作品必须以付费的形式取得作品,技术保护措施严格限定“合理使用”,限缩了公共领域。正如学者所言:“技术措施成了版权人控制公众利用作品的‘法宝’。”[①]数字作品对技术措施的依赖以及对公众利益的侵犯促使我们亟须对权利人的过度扩张进行限制。

①技术保护措施的主体为著作权人和相关权人。我国《著作权法》第49条规定为保护著作权和著作权有关规定,权利人可以采取技术措施。法律并未明确规定这里的权利人是否包括被许可人。那么破解视频网站限制非会员观看的影视作品时,视频网站是否可基于此条起诉侵权人呢?有学者从著作权许可的概念来分析,被许可人依著作权许可合同享有部分著作权,在这一层面上,我国现行法律的“权利人”概念应包含被许可人。[②]另外,权利人将部分权利让渡给被许可人,技术保护措施破解直接侵害了被许可人的利益,从利益相关性来分析,此处的权利人应当包括相关权人。

②客体正当。应当明确技术保护措施针对的对象,对于处于

---

① 杨明:《私人复制的著作权法制度应对:从机械复制到云服务》,载《中国法学》2021年第1期。

② 参见张奕婕:《著作权技术保护措施研究》,中国政法大学2020年硕士学位论文。

公共领域内的作品采用技术保护措施应当禁止,该技术保护措施也不能得到著作权法的保护。例如,在书生公司与超星公司不正当竞争纠纷一案中,书生公司将超过保护期的图书数字化,因此书生公司以超星公司侵犯其著作权的起诉未得到法院的认可。进入公共领域的作品,采取技术措施的使用者非权利人,技术措施的使用不具有著作权法上的正当性目的,不能得到保护。此时如果被侵犯只能以侵犯物权作为其请求权的基础。另一个问题是规避权利人的广告的手段是否构成侵犯他人著作权呢?笔者认为,我国立法中规定的技术措施中防止、限制未经权利人许可欣赏作品的行为的目的是保护著作权人的利益,采用规避手段去除广告实际上侵犯了著作权人的广告收入,按照目的解释该行为属于著作权的侵权。

③目的正当。权利人设置技术保护措施的目的应当仅为维护其正当利益,不得滥用权利损害公共利益,权利人使用技术措施实行垄断或者不正当竞争的行为应当不予保护,并且当他人破坏、规避该措施时也不能受到处罚。除垄断行为外,权利人的技术措施若为捆绑销售、获取他人个人信息等非阻止侵权等目的都不应该受到著作权法的保护。如北京精雕科技有限公司与上海奈凯电子科技有限公司计算机软件著作权侵权纠纷一案[①],法院认为原告设置 Eng 格式是为了和软件进行捆绑销售,被告对 Eng 格式的破解行为不属于规避他人的技术保护措施。之后北京市高级人民法院也发布了相关指导性意见,用于捆绑销售、分割市

---

① 北京精雕科技有限公司与上海奈凯电子科技有限公司计算机软件著作权侵权纠纷案,上海市高级人民法院(2006)沪高民三(知)终字第 110 号民事判决书。

场、破坏他人计算机系统等损害社会公益且无益于著作权法上正当利益的技术不受著作权法的保护。①

3. 完善著作权集体管理制度

著作权集体管理制度最早源于法国，由剧作家博马舍提出。技术的发展促使作品广泛传播，作品使用量增加，作者没有精力向每一个使用人收取使用费。大量使用者在无授权的情况下使用作品影响作者利益，在这一情况下权利人联合起来，通过集体力量维护自己的权利，由此建立著作权集体管理组织。

著作权集体管理是保护著作权的重要手段，一方面大大降低了著作权交易的成本。著作权集体管理组织作为使用人和权利人之间的媒介，节约使用人寻找作者的时间成本，降低侵权概率。我国著作权实行的是自愿登记原则，多数情况下由于无法得知该作品的权属情况而侵权，著作权集体管理组织可以降低双方搜索的成本。集体管理组织以集体的形式作为合同一方，具有优势地位，可以保障权利人的利益得以实现。另一方面可以为作品使用者提供便捷的授权途径，从而促进优秀的文学、艺术、科技作品的合法传播和版权相关产业健康有序发展。② 著作权集体管理制度实施以来，对保护著作权人的利益起了重要作用。我国第二次《著作权法》修正中，赋予了著作权集体管理组织调解的权利，也是对著作权集体管理制度的认可。

数字网络环境不仅给作品的使用和传播带来了挑战，也给著

---

① 《北京市高级人民法院关于网络著作权纠纷案件若干问题的指导意见(一)(试行)》第32条。

② 参见石宏:《〈著作权法〉第三次修改的重要内容及价值考量》,载《知识产权》2021年第2期。

作权集体管理制度带来了挑战。(1)数字网络技术下著作权客体具有复杂性、多样性。传统技术下的作品具有可分性,但是多媒体技术一个作品可能既是使用人也是创作者,这意味着著作权集体组织不仅要获得二次创作者的授权,也需要首次作者的授权,大大提升了授权的复杂性。(2)传统技术下,使用人是专业的商业组织,创作者数量也有限,但是在数字网络环境下人人都是创作者和使用者,海量的作品和使用人对著作权集体管理组织的管理模式提出了挑战。我国著作权集体管理组织除了新技术的挑战,目前还存在着排除市场价格机制的弊端、法定垄断下的非营利性组织形式的弊端。[①] 笔者建议,著作权集体管理组织可以借鉴法国的 SESAM(集体组织联盟)"一站式"授权,或者建立由法律授权的具有服务公共事业职能的事业组织,该组织最终归入著作权管理部门的监管,即适用以欧洲民法法系国家为代表的垄断 + 监管模式。最终目的是建立数字化著作权综合信息平台,打破著作权集体管理组织的垄断,将各领域的作品信息整合在一起,使用人只要访问该平台即可获取相关权利信息,申请许可,最终保护作者的权利,促进科学文化的发展。

著作权是在与技术的互动中不断发展、扩张并完善的。新技术的影响下,一方面著作权正从创作中心转向投资中心,投资者严格控制公众接触作品来获取最大的利益,大大压缩公共领域;另一方面人人创作、人人传播似乎使权利失控,于是就有人提出著作权死亡论,著作权已经不能适应数字环境。本书认为,陷入

---

① 参见吴伟光:《著作权法研究——国际条约、中国立法与司法实践》,清华大学出版社 2013 年版。

困境时应当回归原点,探寻本质——促进知识、增进公共利益,这是指引我们走出困境、应对挑战的指南针。2020 年修正的《著作权法》将电影作品和以类似摄制电影的方法创作的作品改为视听作品,将法律法规规定的其他作品修改为符合作品特征的其他智力成果,作品范围不再局限于法律规定,这是法律对数字环境下出现的新作品形式的呼应。著作权制度能否适应网络技术的发展?著作权法的新的修正给了这个问题最好的回应。但是,智力成果具有作品属性,并不意味着不承担侵权责任,如何界定合理使用和侵权之间的界限是未来立法的重点。对于权利人,面对新技术应当采取"开放式"的著作权保护模式,一方面通过技术限制非法传播,另一方面"利用"公众传播知识,获取利润。数字网络环境下我们应当看到传播知识和获得利益不是非此即彼而是相辅相成,互联网时代短视频的发展是大势所趋,且成为各家必争之地,相比竞争,《著作权法》应当着眼于以用户为核心,以著作权的正当性为基础,以促进知识为己任,要合作、要竞争但不要争斗,对著作权保护采取开放、灵活的态度,既要保护版权人的利益,也要促进知识的进步。传统版权与数字版权将融合成一个有机整体,这一有机整体能够应对使用新技术的挑战。在开放精神的制约、共存之下,著作权将与技术、市场相互配合,促进知识传播,增进公共利益,未来版权将更谦和,版权的未来会更好。①

---

① 参见易健雄:《技术发展与版权扩张》,西南政法大学 2008 年博士学位论文。

第二章　网络商标权保护问题

一、从传统商标到网络商标

《商标法》第8条规定："任何能够将自然人、法人或者其他组织的商品与他人的商品区别开的标志，包括文字、图形、字母、数字、三维标志、颜色组合和声音等，以及上述要素的组合，均可以作为商标申请注册。"商标是商品或服务的提供者为了将自己的商品或服务与他人提供的同种或类似商品或服务相区别而使用的标记。① 在物质生产和商业活动欠发达的小农经济时期，人员流动性较弱，竞争十分匮乏，某一商品或服务提供者在特定区域内形成了事实上的"垄断"，没有发挥商标"区分商品或服务来源"这一根本功能的土壤，商标也就无用武之地。在商品经济发展早期，商标

① 参见王迁：《知识产权法教程》（第6版），中国人民大学出版社2019年版，第399页。

也是辅助商号发挥作用,并未从商号中独立出来。直到工业革命以后,生产力实现了从手工到机器的跨越,社会分工进一步细化,人员流动性增强,社会化大生产催生出了一大批现代意义上的企业,形成了有效的市场竞争环境,商标才终于得以从商号中分离出来,独立发挥作用。商标发挥作用的途径有三个:其一,揭示商品与生产者之间的联系。消费者一看到标有“伊利”商标的牛奶,立马就知道牛奶是由内蒙古伊利实业集团股份有限公司生产制造的,不会与标有“蒙牛”商标的牛奶混淆。如果发生产品质量问题,在追究生产者责任时,消费者很容易根据“伊利”商标追踪到内蒙古伊利实业集团股份有限公司,而不会向中国蒙牛乳业有限公司请求赔偿。其二,建立商标与商品之间的联系。在购买商品时,消费者无须知道“伊利”商标背后的内蒙古伊利实业集团股份有限公司,仅就出于“伊利”商标对商品质量的担保进行选购。面对市场上琳琅满目的商品,消费者可以根据商标找到自己心仪的产品或服务,或对于找到的产品或服务进行再次确认。其三,反映商品与市场之间的联系。商标是联系商品与市场的桥梁,既可以接收市场对商品的反馈,也可以主动向市场发出信息,形成信息的双向传递。如果某一商品质量存在瑕疵,商标的存在就将这种瑕疵在市场中不断放大,向消费者传递消极的信息,消费者看到标有该商标的所有商品都将绕道而行。反过来,如果某一商品质量上乘且符合市场需求,商标便向消费者传递积极的信息,形成良好的广告效应,消费者就会很愿意购买标有该商标的商品。因此,传统理论认为商标具有来源识别功能、质量保证功能和广告宣传功能。可以看出,此时商标虽然已经不再依附于商号,可以独立发挥作用,但其功能必须通过商品才能实现。进入消费社会之后,商标不再依附于商品,而成为一项独立的财产,商标权人对商标这一财产享有商标专用权。这一变化在我国商标法律制度中也得到了明确的体现:销售商标从一开始就被规定为侵害商标权利的行为。1982年《商标法》第38条规定:“有下列行为之一的,均属侵犯注册商标专用权:……(2)擅自制造或者销售他人注册商标标识的……”我国商标法制40余年的历史发展,也呈现出了从管理法到权利法、从直接规范商品质量到间接引导商品质量、从“注册产生价值”到“使用产生价值”的转变。[①] 互联网革命促进了消费社会的进一步发展,商标的形式、使用和权利取得都出现了不同程度的异化,网络环境下的商标侵权规则与保护问题也越发重要。

现代信息技术对于商标权的冲击虽然不如著作权激烈,但是客观上也引发了商标权制度的变革与发展。[②] 2001年世界知识产权组织通过的《关于在因特网上保护商标权以及各种标志的其他工业产权的规定的联合建议》针对商标在因特网上的使用与限制、商标权利的取得与维持、网络商标侵权责任等方面作出了详细的规定。整体而言,传统各项商标法律制度均延伸到了网络环境之中。首先,从商标的形式来看,商标的构成不再局限于文字、图形、字母、数字等要素的静态组合,而可以是法定要素的动态结合。商标法律制度对于动态商标的保护,既符合我国商标法的基本精神,也是数字化时代的现实需求,还是商标法国际

① 参见李琛:《中国商标法制四十年观念史述略》,载《知识产权》2018年第9期。

② 参见梅术文:《网络知识产权法:制度体系与原理规范》,知识产权出版社2016年版,第220页。

化的需要。[①] 同时,为顺应网络技术发展给商标形式带来的变革,2013年修正《商标法》时将声音商标纳入可申请注册商标的类型。保护声音商标也是出于科技发展的需要:(1)电子产品越来越多融入人们的生活,极大地拓宽了声音商标的应用领域;(2)互联网及电子商务对人们的生活产生了前所未有的影响,极大地推动了声音商标的应用;(3)新兴存储和交流媒体,为声音商标的查询和传播提供了重要条件。[②] 其次,从商标的使用来看,商标权的地域性特征弱化,商标的使用不再被限制在一国之内,而是跟随互联网将信息传递到世界各地,国际商标冲突与纠纷数量增加。但是,需要注意的是,商标权地域性的弱化不代表地域性特征完全消失,"商标权在网络条件下,可以虚拟地无限扩"[③]的观点是错误的。商标权具有地域性,从根本上是由商标法的地域性决定的,商标权只能根据各个主权国家的国内法而存在,商标权的确立与保护在国家主权的范畴之内,因此在法律全球化的今天,地域性原则仍然是各国商标立法和司法的根本原则。[④] "在任何地方可以接入一个网站,并不等于该网站拥有者在任何地方进行了商业活动。在世界任何一个地方可以登录因特网,并没有使放置在网络上的标识成为无国界'全球性标识'。"[⑤]最后,从商标权的

---

① 参见秦洁:《数字时代动态标志的权利形态与法律回应》,载《西南民族大学学报(人文社会科学版)》2012年第10期。

② 参见杨延超:《声音商标的立法研究》,载《知识产权》2013年第6期。

③ 邓富国:《商标权网络运动三重性分析——后信息时代的商标权利运动构造轨迹》,载《法治研究》2009年第1期。

④ 参见黄汇:《商标使用地域性原理的理解立场及适用逻辑》,载《中国法学》2019年第5期。

⑤ 余玫:《网络经济下网络商标使用侵权研究》,载《江苏商论》2009年第11期。

取得来看,注册商标网上申请制度在世界范围内逐步建立。2006年通过的《新加坡商标法条约》规定商标注册信息可以采用电子申请方式。2009年我国国家工商行政管理总局商标局(现国家知识产权局商标局)公布了《商标网上申请试用办法》《商标注册网上申请流程》《商标注册网上申请填写要求》《商标数字证书申请流程》等一系列涉及商标网上申请的规范性文件,举办了相关培训,并于次年起定期发布领取"商标数字证书"的通知,开始实施商标注册网上申请制度。随后逐步放开注册商标网上申请限制,2013年修正《商标法》时正式在法律的层面确立了注册商标网上申请制①,次年修订的《商标法实施条例》和出台的《商标注册网上申请暂行规定》进一步细化网上申请注册商标的操作流程和相关规范。在配套服务和技术建设方面,除了商标网上申请系统,商标网上查询系统和商标网上服务系统也分别上线运行,集体商标和证明商标网上申请功能同时开通,我国网络商标制度和服务体系逐渐完善。

网络商标制度和服务体系全面展开的同时,网络商标保护的问题也日益突出,借助现代网络科技的新型商标侵权行为和商标与互联网交融产生的新型纠纷层出不穷,较为典型的有元标签与商标侵权、域名与商标侵权、链接与商标侵权、网络交易平台与商标侵权等问题。我国《商标法》并未针对网络商标侵权作出任何特殊规定,网络商标法律制度和法学理论存在大量的空白,因而在回答这些具体问题之前,有必要对网络商标侵权中存在的实体

① 《商标法》(2013年版)第22条第3款规定:"商标注册申请等有关文件,可以以书面方式或者数据电文方式提出。"

和程序问题进行一次总括性和系统性的梳理。

二、网络商标侵权中的实体问题

(一)网络商标侵权主体的确定

《民法典》第1194—1197条确立了网络侵权的一般规则,为网络商标侵权提供了法律依据。第1194条是关于网络直接侵权的规范,第1197条规定的是网络服务提供者帮助侵权(间接侵权)的责任承担,第1195—1196条构建网络侵权中的了"通知—移除"和"转通知—声明"规则。上述规范针对的是所有利用网络侵害他人民事权益的侵权行为,网络商标侵权行为理应适用,特别是在我国网络商标侵权特别法缺位的情况下,民法一般性的网络侵权规则和商标法一般性的商标侵权规则应当共同适用于网络商标侵权纠纷中。根据《民法典》第1194条和第1197条的规定,可以推知在立法者眼中,网络侵权的两大主体为网络用户和网络服务提供者。[①] 之所以只规定了这两类主体,不是因为只有网络用户和网络服务提供者可以成为网络侵权的"适格主体",而是因为这两类主体在网络侵权中尤为特殊,必须进行特别规定,网络侵权可能的行为主体远不止这两类。具体到网络商标侵权之中,网络交易平台服务提供者、搜索引擎服务提供者、商标侵权商品网络销售者、侵权信息发布者甚至消费者都有可能成为网络

① 《民法典》第1194条规定:"网络用户、网络服务提供者利用网络侵害他人民事权益的,应当承担侵权责任。法律另有规定的,依照其规定。"第1197条规定:"网络服务提供者知道或者应当知道网络用户利用其网络服务侵害他人民事权益,未采取必要措施的,与该网络用户承担连带责任。"

商标侵权主体。

首先,网络交易平台服务提供者、搜索引擎服务提供者等网络服务提供者如果直接利用网络实施侵犯他人商标专用权的行为,或帮助他人侵犯权利人的商标专用权,应当依据《民法典》第1194条、第1197条和《商标法》第57条的规定认定为直接或间接侵犯网络商标权,承担相应的侵权责任。有人基于“搜索引擎技术作为一种福利性技术,不应该被苛以严格的法律责任”①的理由,认为搜索引擎服务提供者将他人商标作为关键词出售给销售假冒商标商品的侵权信息发布者不构成商标侵权,这种观点显然是不妥的。任何一种网络服务技术的产生和发展客观上都具有促进社会福祉的积极作用,但也必须在法治的框架之内运行。如果搜索引擎服务提供者明知或应知对方销售假冒商标商品,仍将权利人商标作为关键词出售,至少应当构成间接侵权。网络服务提供者虽没有对所有发布的网络信息进行实质审查的义务,但也应当在其职责范围内负有主体准入身份核查、协助屏蔽侵权信息及其他相应的注意义务。当然,在具体个案中,应当针对具体的情形,以严密的法律推理论证为支撑,得出是否构成侵犯网络商标专用权以及承担何种程度侵权责任的结论。

其次,对于商标侵权商品网络销售者,应当直接依据《商标法》第57条第1款第3项的规定,认定为网络商标侵权主体。商标侵权商品网络销售行为只是销售侵犯商标专用权的商品行为在互联网上的延伸,与线下销售无异。还有网络交易中未经授权在同种或类似的商品上使用权利人相同或类似的商标的行为,应

① 张体锐:《追踪网络商标侵权责任主体研究》,载《东南学术》2014年第3期。

当直接依据《商标法》第 57 条第 1 款第 1、2 项的规定认定为商标网络侵权。上述侵权行为和侵权主体实际上就是传统侵权行为和主体在互联网上的直接延伸,互联网这一新的环境并未改变其本质,在法律适用上直接依据传统侵权认定规则即可,无须创设或运用新的法律规范。正如有学者所言:“网络上的商标使用与传统意义上的商标使用相比,都是‘商标的使用’,只不过是传统商标使用在网络领域的延伸,由此网络商标侵权亦是传统商标侵权在网络领域的扩张,其改变的只是形式和手段,但在法律适用上理应遵循相同的规律。”①

再次,侵权信息发布者如果同时是商标侵权商品网络销售者或使用者,则应当构成直接侵犯商标专用权的责任主体。侵权信息发布者如果单纯地进行信息发布,一般而言也可以依据主观状态认定为帮助侵权,但也不能一概而论。例如,作为侵权信息发布者的广告主发布比较性广告(comparative advertising)时,一般不认为构成商标侵权。因此,在认定侵权信息发布者的主体责任时,不能忽略个案的具体情况进行笼统的分析。

最后,在我国将消费者当作弱势群体进行保护的大环境下,将消费者作为网络商标侵权主体并让其承担侵权责任可能听起来匪夷所思,但在国外确有先例,特别是在“知假买假”的情形之中。意大利将“知假买假”行为认定为侵权行为,可作出没收侵权物品、罚款等行政处罚。法国更是直接对持有侵权商标商品进行处罚,《法国知识产权法典》第 716 – 10 条规定:“犯有下列行为

① 孙海龙、姚建军:《网络商标侵权问题研究》,载《电子知识产权》2007 年第 8 期。

者,处3年监禁及30万欧元的罚金:a)无正当理由持有、进口或出口侵犯商标权的商品……”[①]我国立法对于知假买假持肯定态度,《最高人民法院关于审理食品药品纠纷案件适用法律若干问题的规定》甚至赋予了知假买假的“消费者”在特定领域内享有惩罚性赔偿请求权。[②] 虽然早有学者提出,保护“知假买假”既不符合消费者权益保护法的立法宗旨,又违背诚信原则,还不符合法律的规定,[③]但应当清醒地认识到,在我国目前的体系和理念之下,消费者成为网络商标侵权的主体暂时不具有现实性和可能性。

(二)网络商标侵权的判断标准

与著作权和专利权不同,并非只有未经许可在核定使用的商品上使用核准注册的商标才构成直接侵犯商标专用权,在类似商品上非法使用与注册商标类似的商标并且“容易导致混淆”也构成直接侵犯商标权,这是出于保护消费者利益和维护商业信誉的需要。商标法的目的在于使消费者正确认识到商品与生产者、商品与商标、商品与市场之间的联系,准确识别商品来源,消除买卖双方的信息不对称,防止消费者对商品或服务来源产生混淆。因此,只要使一般消费者在一般注意力下对商品或服务来源产生混

---

① 《法国知识产权法典·法律部分》,黄晖、朱志刚译,商务印书馆2017年版,第230—231页。

② 《最高人民法院关于审理食品药品纠纷案件适用法律若干问题的规定》第3条规定:“因食品、药品质量问题发生纠纷,购买者向生产者、销售者主张权利,生产者、销售者以购买者明知食品、药品存在质量问题而仍然购买为由进行抗辩的,人民法院不予支持。”

③ 参见郭明瑞:《“知假买假”受消费者权益保护法保护吗?——兼论消费者权益保护法的适用范围》,载《当代法学》2015年第6期。

淆的可能性较高,便构成商标混淆侵权,属于直接侵犯商标专用权。混淆理论在判断是否构成商标侵权中具有基础性地位,在国际条约和各国立法中也得到了体现。《TRIPs 协定》第 16 条第 1 款规定:"注册商标的所有权人享有专有权,以阻止所有第三方未经该所有权人同意在贸易过程中对与已注册商标的货物或服务的相同或类似货物或服务使用相同或类似标记,如此类使用会导致混淆的可能性。"《欧盟商标条例》第 9 条第 1 款规定:"商标所有人有权阻止所有第三方未经其同意在贸易过程中使用:……(b)由于与欧盟商标相同或近似,同时与欧盟商标注册的商品或服务相同或类似的任何标志,其使用可能会在公众中引起混淆的;这种可能的混淆包括该标志和该商标之间可能引起的联想。"我国 2013 年修正《商标法》时正式引入混淆理论,将原第 52 条改为第 57 条,规定,未经商标注册人的许可,在同一种商品上使用与其注册商标近似的商标,或者在类似商品上使用与其注册商标相同或者近似的商标,容易导致混淆的。在科学技术高速发展、客观环境迅速变化的今天,为应对网络环境中商标侵权的判断问题,混淆理论也发展出了新的内涵。然而,任何一种理论都不是万能的,我们无法依靠一种理论解决所有的现实问题。面对层出不穷的新型网络商标侵权现象,我们同时需要其他理论进行有效补充,全面规制网络商标侵权行为,完善网络商标保护制度体系。

1. 混淆理论

传统意义上的商标混淆,主要是防止消费者对产品或服务的来源发生了混淆,即消费者以为该商品或服务源于某个经营者,而事实上它们源于另一个经营者。[①] 此时对消费者产生混淆可能性大小的判断，应综合考虑商标的显著性及知名度、商品或服务间的类似程度、商标所表达的含义及给消费者留下的印象、其他特定情况等多种因素。而以 1962 年美国修正《商标法》为时间节点，商标混淆理论经历了历史性的发展——在混淆时间上，从售中混淆延伸到售前混淆和售后混淆；在混淆内容上，从直接混淆扩张到间接混淆；在混淆主体上，从消费者放大到一般公众。自此，混淆的类型涵盖出处混淆（直接混淆）和赞助混淆（间接混淆）、正向混淆和反向混淆、售前混淆（初始兴趣混淆）和售后混淆。[②] 现行的美国《商标法》第 43 条规定："任何主体在商业活动中，在任何商品或服务或任何商品容器上商业使用任何文字、术语、名称、符号、图案或任何他们的组合或虚假来源表示，虚假或引人误解描述事实，虚假或误导性表示事实——（A）从而可能在确认该人与他人的关系或联系上，在确认该人的商品或服务或他人的商业活动的来源、赞助人情况或许可方面，引起混淆，产生错误或发生误解，应在任何认为自己由此受到或可能受到的损害的主体提起的民事诉讼中承担法律责任。"[③]该条规范沿袭了 1962 年的修正，删去了"消费者对该商品或服务来源的识别"的表述，从正面展现了混淆理论在主体、时间和内容上的拓展。

就网络商标侵权而言，混淆理论最重要的发展莫过于初始兴趣混淆（initial interest confusion）的提出。在司法实践中，初始兴

① 参见邓宏光：《商标混淆理论的扩张》，载《电子知识产权》2007 年第 10 期。

② 参见彭学龙：《商标混淆类型分析与我国商标侵权制度的完善》，载《法学》2008 年第 5 期。

③ 《美国商标法》，杜颖译，知识产权出版社 2013 年版，第 52—53 页。

趣混淆理论首次应用于 *Grotrian, Helfferich, Schulz, Th. Steinweg Nachf. v. Steinway & Sons* 案中，并由 *Brookfield Communications, Inc. v. West Coast Entertainment Corp* 案引入互联网领域。有学者认为，初始兴趣混淆理论在解决网络商标侵权纠纷中具有基础性的地位。[①] 所谓初始兴趣混淆，是指在消费者实际购买商品或服务之前，在挑选、搜索、查找商品或服务过程中，经营者擅自使用商标权人相同或近似的商标，致使消费者混淆或误认并产生初始购买兴趣，那么该经营者就应当承担商标侵权责任，至于消费者在实际交易时是否还存在这种混淆，则在所不问。初始兴趣混淆理论获得了我国不少学者的支持，例如有学者认为，"初始兴趣混淆"给商标权人带来了潜移默化的危害，从损害后果上看，"初始兴趣混淆"与"售中混淆"并无根本性的区别，因此"初始兴趣混淆"理当被纳入商标法的规制范围。[②] 但该理论也遭到了部分学者的反对，提出"该行为不符合商标侵权行为的一般样态，不宜作为商标侵权来看待，留给反不正当竞争法管辖较好"[③]，"就消费者和公共利益而言，引入初始兴趣混淆原则造成的总成本将大于总收益，因为增加的成本均是涉及所有消费者或者经营者的，而产生的收益仅是作为少数一方的商标权人"[④]。笔者认为，近代以来

---

① 参见邓宏光、周园：《网络商标侵权的新近发展》，载《重庆社会科学》2008 年第 5 期。

② 参见徐聪颖：《论"初始兴趣混淆"的法律规制》，载《时代法学》2010 年第 3 期。

③ 黄汇：《售前混淆之批判和售后混淆之证成——兼谈我国〈商标法〉的第三次修改》，载《电子知识产权》2008 年第 6 期。

④ 刘敏：《论"初始兴趣混淆"原则在中国司法中的适用》，载《法律适用》2014 年第 4 期。

的商标法律制度和商标侵权理论一直呈现扩张的态势，这是适应时代发展的必然取向，初始兴趣混淆对于混淆理论的发展符合商标法的基本原则，总体上应当予以肯定，特别是在如今“流量付费”的时代，初始兴趣混淆对于规范网络商标侵权行为具有重要作用。但是诚如研究者所顾虑的那样，互联网环境下商标侵权认定应当坚持“商标使用行为与公共利益的平衡”[①]的原则，因此对于初始兴趣混淆的适用条件应当有所限制。

初始兴趣混淆侵权的理论基础在于保护商标权人的商誉、节约消费者的搜寻成本以及维持公平的市场竞争环境。有学者依据节约搜寻成本理论，提出“商标法应当以消费者真实的购物状态和决策过程为依据，充分考虑消费者搜寻成本的大小，确定售前混淆规则的适用范围，以取得社会效益的最大化”[②]。笔者认为，上述观点具有一定的合理性，但不应当单以“消费者搜寻成本”来确定初始兴趣混淆的适用范围，而应当综合多种因素和具体情况进行判定，理论界具有代表性的观点如“判断是否存在初始兴趣混淆时，除了考虑商标的相似性、商标的知名度、消费者的注意力水平等判断商标混淆可能性的传统因素外，还需要考虑产品的相关性和被告欺诈的故意”[③]。在网络环境中，衡量消费者是否在实际交易前由于混淆或误认产生了初始购买兴趣的移转，完全

---

① 刘燕：《论互联网环境下商标侵权认定的标准及原则》，载《兰州大学学报（社会科学版）》2015 年第 1 期。

② 姚鹤徽：《论商标法售前混淆规则的适用边界》，载《西南政法大学学报》2018 年第 2 期。

③ 邓宏光：《商标混淆理论之新发展：初始兴趣混淆》，载《知识产权》2007 年第 3 期。

可以通过技术手段,根据其因误导在访问网站停留的时间长短、次级链接的点击情况、是否存在与交易相对方的交流等客观因素。

2. 联想理论

混淆理论虽随着时代的变化而不断发展,但其立足于消费者的基本立场,以及保护商标来源识别功能的根本宗旨却并未改变。混淆理论的适用以混淆可能性的判断为核心,只能规制相同或类似商品或服务之间的混淆行为,对于商标反向假冒、跨类别商标侵权等违法现象则显得心有余而力不足。联想理论的提出突破了"同类商标或商品"的限制,为跨类别商标侵权提供了理论依据。商标法意义上的联想,是指"隔离观察时,看到在后商标会立即联想到一个知名的在先商标并能感觉到是在刻意攀附在先商标,从而与在先商标存在一种衍生关系"①。联想理论认为,只要使用与先前商标相同或相似的商标或标记,使消费者产生了联想,无论是否属于同一类别的商品或服务,也无论混淆可能性的大小,都削弱了先前商标与生产者、商品和市场之间的联系,进而应当构成商标侵权。判断的核心在于"联想可能性"——如果先前商标的知名度和影响力较大,那么消费者产生联想的可能性就比较大,则可依据联想理论认定为商标侵权;如果先前商标的知名度和影响力较小,那么消费者产生联想的可能性就比较小,就不构成商标侵权,因而一般认为联想理论适用于有较高知名度和影响力的驰名商标保护之中。冯晓青教授指出:"联想理论立足于防止与制止行为人对驰名商标的不适当联想,以致攀附其所有人的商标

---

① 郑瑞琨:《驰名商标淡化与反淡化问题研究——以联想理论为视角》,载《电子知识产权》2006 年第 12 期。

信誉,并冲淡、减弱驰名商标与其负载的商品之间的特定联系。”①

根据上述定义,联想理论与淡化理论存在着密切的联系:商标联想与商标淡化是“商标与商品之间联系”这一问题的正反两面,即侵权人以违法手段使消费者对商品或服务与权利人的商标产生了不恰当的联想,进而在侵权商品或服务与权利人商标之间建立了与事实不符的联系,割断了权利人的商标与其提供的商品或服务之间的正当联系,前面使消费者产生不恰当联想并建立错误联系的过程是商标联想,后面割断权利人的商标与商品之间本来联系的过程是商标淡化。有学者认为,“联想理论的基点在于淡化”②,或认为“反淡化保护的基本依据是建立在避免联想的基础之上的,以联想作为商标保护的评判标准”③。上述观点有一定的合理性,但不准确,商标联想与商标淡化应当是过程与结果、内在原因与外在表现的关系,由此联想理论与淡化理论在内容构造上也各有侧重——不恰当联想是商标淡化的前提与原因,商标淡化是不恰当联想的表现与后果。商标淡化以被侵权商标弱化、退化或丑化为表现形式,并以“造成损害结果或可能造成损害”为构成要件,联想理论则无此要求,“联想理论的贡献在于,它为商标混淆和商标淡化提供了一种认知心理学的解释。正因有联想的存在,商标混淆和商标淡化才可能发生”④。

---

① 冯晓青:《注册驰名商标反淡化保护之探讨》,载《湖南大学学报(社会科学版)》2012 年第 2 期。

② 林山泉:《驰名商标与企业名称权冲突之解决——以“联想理论”为思考基准》,载《知识产权》2006 年第 3 期;郑瑞琨:《驰名商标淡化与反淡化问题研究——以联想理论为视角》,载《电子知识产权》2006 年第 12 期。

③ 蒋尉:《从混淆理论、反淡化理论到联想理论》,载《学术论坛》2007 年第 8 期。

④ 刘期家:《商标侵权认定理论考评与探索》,载《知识产权》2013 年第 6 期。

联想理论产生并主要在英美法系国家的司法实践中得到适用,我国理论界和实务界大都持谨慎态度,因为意欲采用联想理论对驰名商标进行保护,必须首先在立法层面对商标权人的利益诉求进行确立,①联想理论在我国缺少对应的制度基础。此外,就理论本身而言,联想理论保护范围过大,对商标权人有过度保护的嫌疑,最终将不利于充分释放市场经济的活力,不宜直接移植并运用于网络商标侵权之中。② 但是,联想理论所提供的"精神内核",以及商标权人利益保护之提倡,对于网络商标侵权具有借鉴意义——网络环境中的商标侵权规制与保护,无非也是各网络主体之间利益平衡的结果。

3. 淡化理论

淡化理论最早由美国学者弗兰克·斯凯特在《商标保护的理性基础》一文中提出,以 1995 年美国制定《联邦商标反淡化法》为标志在全美确立。《联邦商标反淡化法》规定了模糊和污损两种类型的淡化:"因模糊而淡化"(dilution by blurring)是指商标或商号与著名商标之间的近似所引发的损害著名商标的显著性的联想;"因污损而淡化"(dilution by tarnishment)是指商标或商号与著名商标之间的近似所引发的损害著名商标声誉的联想。③ 除此之外,《欧盟商标条例》第 9 条第 1 款规定:"商标所有人有权阻止所有第三方未经其同意在贸易过程中使用:……(c)与欧盟商标

① 参见张军荣:《驰名商标反淡化的误区和出路》,载《重庆大学学报(社会科学版)》2018 年第 6 期。

② 参见曾鹏、吕立君:《论网络商标侵权及其法律规制》,载《三峡大学学报(人文社会科学版)》2018 年第 4 期。

③ 王太平:《商标法:原理与案例》,北京大学出版社 2015 年版,第 427—428 页。

相同或类似，但使用的商品或服务与欧盟商标所保护的商品或服务不相类似的任何标志，如果欧盟商标在欧盟内享有声誉，但由于无正当理由使用该标志，会给商标的显著特征或声誉造成不当利用或损害的。”我国关于商标淡化的规定最早可以溯及 1996 年国家工商行政管理局[①]制定的《驰名商标认定和管理暂行规定》[②]，而后在最高人民法院 2009 年发布的《关于审理涉及驰名商标保护的民事纠纷案件应用法律若干问题的解释》（以下简称《驰名商标解释》）中得到进一步明确。2020 年修正的《驰名商标解释》第 9 条第 2 款规定：“足以使相关公众认为被诉商标与驰名商标具有相当程度的联系，而减弱驰名商标的显著性、贬损驰名商标的市场声誉，或者不正当利用驰名商标的市场声誉的，属于商标法第十三条第三款规定的‘误导公众，致使该驰名商标注册人的利益可能受到损害’。”

与联想理论一样，淡化理论一般被认为适用于影响力和知名度较大的驰名商标的保护之中，因为“商标反淡化保护的基础在于商标的广告宣传功能，如果（该商标）无名无誉，自然不会有什么被淡化的，也就没有被淡化的‘资格’”[③]。“如果对普通商标淡化进行法律规制，除要投入大量的立法成本外，关键是该项制度

---

① 2018 年改为国家市场监督管理总局，后文不再赘述。

② 《驰名商标认定和管理暂行规定》（已废止）第 8 条规定：“将与他人驰名商标相同或者近似的商标在非类似商品上申请注册，且可能损害驰名商标注册人的权益，从而构成《商标法》第八条第（9）项所述不良影响的，由国家工商行政管理局商标局驳回其注册申请……”第 9 条规定：“将与他人驰名商标相同或者近似的商标使用在非类似的商品上，且会暗示该商品与驰名商标注册人存在某种联系，从而可能使驰名商标注册人的权益受到损害的，驰名商标注册人可以自知道或者应当知道之日起两年内，请求工商行政管理机关予以制止。”

③ 杜颖：《商标淡化理论及其应用》，载《法学研究》2007 年第 6 期。

一旦确立其实施成本太高。"[①]虽然商标淡化与商标混淆存在着或多或少的联系，[②]但是二者的区别却是明显的：商标法基于欺诈理论通过反混淆机制保护普通注册商标，基于财产理论对驰名商标提供反淡化保护机制。[③] 因此，商标淡化与商标混淆是"平起平坐"的关系，在功能主义视角下是两条平行的商标保护路径。由于商标淡化具有"淡化行为对象不仅限于商标"[④]的特征，在网络环境下，商标淡化理论在域名侵权纠纷中得到了广泛的应用，对此不少学者也表示赞同。[⑤] 域名与商标权的冲突主要表现在恶意抢注的情形之中，该种类型的商标淡化强调：由于消费者搜索不到相关的网站，其情绪可能受挫，从而影响相关商标权人的商机，而使商标的显著性减弱。[⑥] 但有两点需要注意：第一，《最高人民法院关于审理涉及计算机网络域名民事纠纷案件适用法律若干问题的解释》第 4 条第 1 款第 2 项前半段"被告域名或其主要部分构成对原告驰名商标的复制、模仿、翻译或音译"的规定可以被认为商标淡化在域名侵权中的运用，但后半段"或者与原告的注册商标、域名等相同或近似，足以造成相关公众的误认"的规定却

---

① 任燕：《论驰名商标淡化与反淡化措施——再谈我国驰名商标保护的立法完善》，载《河北法学》2011 年第 11 期。

② 参见任毅：《商标淡化与商标混淆的比较研究》，载《四川师范大学学报（社会科学版）》2019 年第 5 期。

③ 参见刘维：《我国注册驰名商标反淡化制度的理论反思——以 2009 年以来的 35 份裁判文书为样本》，载《知识产权》2015 年第 9 期。

④ 曹静：《商标淡化理论若干问题的思考》，载《知识产权》2013 年第 8 期。

⑤ 参见冯小强：《域名与商标的冲突原因及其解决途径》，载《商业时代》2008 年第 23 期；梅术文：《网络知识产权法：制度体系与原理规范》，知识产权出版社 2016 年版，第 228 页。

⑥ 参见李小武：《我国域名纠纷案中的"商标淡化"》，载《电子知识产权》2010 年第 4 期。

是基于混淆理论，法官在适用该条文时应当准确分辨，究竟应当属于何种类型的侵权，分别予以适用。第二，淡化理论虽已历经几十年的发展，自身缺陷仍旧明显，包括商标淡化的概念和本质具有模糊性、商标反淡化保护的正当性尚未明确、商标反淡化制度的适用范围与证明标准尚不统一，甚至可能干涉或限制公众的表达自由。[①] 因此，我们在大胆引进淡化理论保护网络环境中的商标权时，也需要对商标反淡化保护的适用对象和条件进行严格的限制。

三、网络商标侵权中的程序问题

（一）网络商标侵权中的电子证据问题

随着 2012 年《民事诉讼法》将“电子数据”确定为证据的法定形式和互联网法院、法庭在全国范围内的建立，可以说我国已正式进入电子司法时代。“电子司法的意义并不仅仅是将信息化技术运用于司法程序之中，实现诉讼的技术性变革，其重要的功能追求在于，让司法活动这一原始的社会化行为匹配人类进入信息化时代后生活方式的变革。”[②]肯定电子证据的证据能力，提升电子证据的法律品格，是便利诉讼当事人、减少诉累的重要举措，是解决形色各异的网络纠纷的内在要求，是适应信息社会发展的必

---

① 参见姚鹤徽：《消费者心理认知视角下商标反淡化保护的反思与完善》，载《政法论坛》2020 年第 4 期；魏森：《论商标法对表达自由的保护》，载《法律科学（西北政法大学学报）》2020 年第 4 期。

② 刘哲玮：《民事电子证据：从法条独立到实质独立》，载《证据科学》2015 年第 6 期。

然方向。所谓电子证据，是指“存储或转换为电子形式的数据，并且能够被用于证明某个案件事实”[①]。在网络知识产权诉讼中，电子证据的真实性问题一直是争论的焦点，许多技术措施和证据理论也是围绕电子证据的真实性而提出的。与传统的物证、书证等证据种类相比，电子证据借助现代电子计算机技术将文字、图像、声音等转化为数字信号，储存于电子介质中，可以实现精确复制并能在虚拟空间中快速传递，人无法依靠自己的感官直接感知。有人据此认为，电子证据的上述特征决定了电子证据具有技术依赖性、不稳定性、易篡改性等具体特点。[②] 实则不然，认识电子证据的真实性必须把握两个理论前提：“（1）这是一个同传统证据相比较的问题。离开人们熟悉的物证、书证、证人证言、当事人陈述、笔录等各种传统证据作为参照物，电子证据根本无所谓‘更’容易或‘更’不容易造假。（2）就电子证据本身而言，这个问题不仅指电子证据是否可以被伪造或变造，而且是指被伪造或变造的电子证据是否容易被发现。”[③]据此，很难根据第一个认识前提认为电子证据就比传统证据更容易被篡改，最多只能根据第二个认识前提认为电子证据的造假更难以被一般方法察觉。笔者认为，这正为制度发展和技术进步指明了前进的道路。电子证据要想真正深入地在网络民事纠纷中发挥其应有的价值，不仅在于保证电子证据基本的真实性、合法性和关联性，还在于证据保全制度的完善和具有可操作性的证据判断标准及技术措施的发展。在

---

① 汪闽燕：《电子证据的形成与真实性认定》，载《法学》2017 年第 6 期。

② 参见苏志甫：《知识产权诉讼中电子证据的审查与判断》，载《法律适用》2018 年第 3 期。

③ 刘品新：《论电子证据的理性真实观》，载《法商研究》2018 年第 4 期。

电子证据“三性”的判断和认定上，应当严格依照《电子签名法》、《最高人民法院关于适用〈中华人民共和国民事诉讼法〉的解释》（以下简称《民事诉讼法解释》）等相关规范，不可任意拔高电子证据的审查认定标准和证明标准。①

关于电子证据保全制度和技术判断措施的发展，区块链和时间戳技术的出现及运用便是有力的证明。时间戳取证是指“一方当事人按照联合信任时间戳服务系统的程序自行取证后将相关取证过程和结果的电子数据上传到联合信任时间戳服务中心保存并能够保证自保存始起不被更改”②的过程。有学者对涉及“时间戳”的3626件民事纠纷进行了梳理和分析，在知识产权审判中运用时间戳取证的侵害商标权纠纷仅次于侵害作品信息网络传播权纠纷和侵害放映权纠纷，位居第三位。③ 区块链技术是分布式的网络数据管理技术，利用密码学技术和分布式共识协议保证网络传输与访问安全，实现数据多方维护、交叉验证、全网一致、不易篡改。④ 区块链技术与知识产权具有密切的联系，能够给网络商标权的保护提供巨大的技术支持——不仅可以帮助调整商

---

① 《电子签名法》第7条规定：“数据电文不得仅因为其是以电子、光学、磁或者类似手段生成、发送、接收或者储存的而被拒绝作为证据使用。”《民事诉讼法解释》第104条第2款规定：“能够反映案件真实情况、与待证事实相关联、来源和形式符合法律规定的证据，应当作为认定案件事实的根据。”

② 陈可欣、李然：《知识产权诉讼中时间戳证据效力分析》，载《福建师范大学学报（哲学社会科学版）》2018年第5期。

③ 参见罗曼、雒欣：《知识产权审判视角下时间戳取证模式的检视与完善》，载《电子知识产权》2020年第9期。

④ 参见中国信息通信研究院：《区块链白皮书（2020年）》。

标权的确权方式、助力证明商标侵权,[①]还可以起到证明商标使用、公示未注册商标、辅助认定驰名商标等作用。[②] 我国对于区块链和时间戳技术的规定可见于2018年最高人民法院出台的《关于互联网法院审理案件若干问题的规定》,其中第11条第2款规定:"当事人提交的电子数据,通过电子签名、可信时间戳、哈希值校验、区块链等证据收集、固定和防篡改的技术手段或者通过电子取证存证平台认证,能够证明其真实性的,互联网法院应当确认。"区块链和时间戳技术同时具有证据取得和证据保全两项功能,有利于网络知识产权纠纷的事实认定和争议解决,为网络环境中的商标侵权救济提供了坚实的技术保障。

(二)网络商标侵权中的管辖问题

侵权之诉由侵权行为地或被告住所地法院管辖。互联网上的信息传递打破了地区和国别的限制,削弱了知识产权的地域性,给网络知识产权纠纷的管辖规则带来了挑战。如何确定网络商标侵权中的地域管辖,既是一个国内法的理解和适用问题,也是一个国际法上的协调与平衡问题。许多学者借鉴域外的理论和实践,对于网络知识产权案件的管辖确定方法及原则提出了意见和建议,很多观点和研究都颇具有参考价值。例如,根据网站可登录性标准、滑动标准、针对性标准、真实且实质联系标准等确

---

① 参见黄武双、邱思宇:《论区块链技术在知识产权保护中的作用》,载《南昌大学学报(人文社会科学版)》2020年第2期。

② 参见张怀印、凌宗亮:《区块链技术在商标领域的证明作用》,载《知识产权》2018年第5期。

定网络知识产权纠纷管辖[①];再如,“目标规则”的宏观构建。[②] 但也有部分看法值得商榷,例如,认为在确定网络商标侵权的管辖法院时,权利人应当分情况进行。[③] 笔者认为,由于“分情况”的具体标准并不明晰且难以确定,也缺乏相应的理论支撑和制度基础,这种设想并不符合法的安定性要求,会给司法实践带来极大的不确定性和混乱。

从现有规范来看,在一般侵权规则的基础上,《民事诉讼法解释》和《最高人民法院关于审理商标民事纠纷案件适用法律若干问题的解释》(以下简称《商标纠纷解释》)确立了网络商标侵权地域管辖的一般原则。《民事诉讼法解释》第25条规定:“信息网络侵权行为实施地包括实施被诉侵权行为的计算机等信息设备所在地,侵权结果发生地包括被侵权人住所地。”《商标纠纷解释》第6条规定:“因侵犯注册商标专用权行为提起的民事诉讼,由商标法第十三条、第五十七条所规定侵权行为的实施地、侵权商品的储藏地或者查封扣押地、被告住所地人民法院管辖。前款规定的侵权商品的储藏地,是指大量或者经常性储存、隐匿侵权商品所在地;查封扣押地,是指海关、工商等行政机关依法查封、扣押侵权商品所在地。”有学者根据最高人民法院对于《民事诉讼法解释》第25条所作出的说明,认为“信息网络侵权行为”所适用的范

---

① 参见孙尚鸿:《涉网知识产权案件管辖权的确定》,载《法律科学(西北政法大学学报)》2010年第1期。

② 参见许偲:《互联网环境下知识产权侵权的管辖权路径选择》,载《东南学术》2021年第4期。

③ 参见刘贵增、陈雪娇:《网络商标侵权涉及的法律问题分析》,载《中华商标》2014年第1期。

围应该限制在“信息网络侵害人身权益民事纠纷”和“侵害信息网络传播权民事纠纷”两种案件类型之中,不应作任意性的扩大解释,不包括网络知识产权侵权纠纷。[①] 笔者认为,首先根据文义解释,《民事诉讼法解释》中的“信息网络侵权行为”是指通过信息网络实施的民事侵权行为,其含义与《民法典》第1194条规定的“利用网络侵害他人民事权益”没有本质区别。同时,最新的《民事诉讼法解释》是在《民法典》通过以后,于2022年3月22日根据《最高人民法院关于修改〈最高人民法院关于适用《中华人民共和国民事诉讼法》的解释〉的决定》修正,同一法律体系内部的规范表述应当保持一致含义,在作为效力层级较高的《民法典》中“网络侵权”的含义包括网络知识产权侵权的前提下,《民事诉讼法解释》第25条所涵摄的范围也应当包含利用互联网进行的知识产权侵权案件。其次,最高人民法院在说明时只是列举了两种司法实务中应当重点关注的纠纷较多的侵权类型,这不是一种完全式列举,最多只能体现对部分实践困境的回应。从效力上说,这样的说明也并非规范性文件,系属“学说理论”的范畴,在审判时只能作为参考,并无实定法上的效力。综上所述,网络商标侵权纠纷除了可由侵权行为地和被告住所地法院管辖,计算机等信息设备所在地、被侵权人住所地以及侵权商品的储藏地或者查封扣押地的人民法院也应享有管辖权。

实践中,被侵权人往往是作为诉讼中的原告,因此《民事诉讼

---

① 参见寇颖娇、吴献雅:《涉网络知识产权侵权案件的地域管辖问题研究——以〈民诉法司法解释〉第25条为中心》,载《法律适用》2018年第5期;王艳芳:《信息网络环境下相关知识产权案件管辖法院的确定》,载《知识产权》2017年第7期。

法解释》实际上确立了网络侵权纠纷中的“被告就原告”的地域管辖规则。在以往的关于域名、计算机网络著作权以及信息网络传播权的司法解释中，其实早已经出现了这种向原告（权利人）倾斜的取向，但还较为保守，规定的是在无法确定侵权行为地和被告所在地时，原告发现侵权内容的计算机终端等设备所在地法院也享有管辖权，并且是用“侵权行为地”的概念进行解释的。[①] 在网络商标侵权兴起的早期，这种法律拟制也得到了部分研究者的认可。[②] 笔者认为，相较于以往的司法解释，《民事诉讼法解释》对于信息网络侵权地域管辖的规定向前迈出了一大步，不失为一种勇敢的尝试。但是这次步子可能迈得有点太大，产生了许多隐患：(1)在法律体系上，与“原告就被告”的基本民事诉讼管辖原则不符；(2)将原告受到损害地作为管辖法院的连接点不符合知识产权相关司法解释以“侵权行为直接产生的结果发生地”为连接点的宗旨和目的；(3)在涉外案件中，以原告住所地作为连接点确定

① 《最高人民法院关于审理涉及计算机网络域名民事纠纷案件适用法律若干问题的解释》(2001 年版)第 2 条第 1 款规定：“涉及域名的侵权纠纷案件，由侵权行为地或者被告住所地的中级人民法院管辖。对难以确定侵权行为地和被告住所地的，原告发现该域名的计算机终端等设备所在地可以视为侵权行为地。”《网络著作权解释》(2006 年版)第 1 条规定：“网络著作权侵权纠纷案件由侵权行为地或者被告住所地人民法院管辖。侵权行为地包括实施被诉侵权行为的网络服务器、计算机终端等设备所在地。对难以确定侵权行为地和被告住所地的，原告发现侵权内容的计算机终端等设备所在地可以视为侵权行为地。”《最高人民法院关于审理侵害信息网络传播权民事纠纷案件适用法律若干问题的规定》(2012 年版)第 15 条规定：“侵害信息网络传播权民事纠纷案件由侵权行为地或者被告住所地人民法院管辖。侵权行为地包括实施被诉侵权行为的网络服务器、计算机终端等设备所在地。侵权行为地和被告住所地均难以确定或者在境外的，原告发现侵权内容的计算机终端等设备所在地可以视为侵权行为地。”

② 参见朱云：《网络商标侵权分析》，载《中华商标》2009 年第 3 期。

管辖不符合“便于当事人诉讼,便于法院查清事实”的两便原则;(4)以原告住所地作为连接点会鼓励当事人通过制造连接点挑选法院,甚至会助长恶意诉讼和虚假诉讼的发生。[①] 笔者认为,针对这些局限和冲突,可以通过以下方式解决:(1)民事诉讼法和知识产权诉讼管辖基本理论在网络环境中的改造与重构。传统的“原告就被告”原则通过增加原告起诉的成本,以防止滥诉的发生。但互联网的虚拟性特征,使被告身份确认比较困难,机械适用“原告就被告”和“侵权行为地”的一般管辖规则,会让原告面临“起诉难”的困境,其合法权利难以得到有效的保护和救济。涉外网络知识产权纠纷中,当我国公民或法人的商标专用权受到外国主体的侵犯时,确立我国法院对此享有管辖权,是维护司法主权、彰显国家尊严、保障人民利益的必然要求。因此,在网络侵权案件选择法院管辖这个问题上,将原告住所地法院作为一个选项符合我国民事诉讼两便原则,在立法层面,这样的制度设计和安排也不存在任何障碍。[②] (2)适用“被告就原告”管辖规则的网络知识产权诉讼的特别限制及法经济学评估。为兼顾诉讼中被告的利益,平衡原被告双方的诉讼权利,遵循“先试点、再推广”的基本经验,在当前阶段,应当将网络知识产权纠纷“被告就原告”管辖规则的适用限制在互联网法院,并在选取全国的某几个地区的中级人民法院和知识产权法院进行试点。这样一来,一方面互联网法院从受理到裁判全程通过网络的司法模式可以最大限度减少被

① 参见王艳芳:《信息网络环境下相关知识产权案件管辖法院的确定》,载《知识产权》2017 年第 7 期。

② 参见石峰、蔡杰:《原告住所地与网络侵权案件的法院管辖》,载《上海大学学报(社会科学版)》2011 年第 2 期。

告的诉累,另一方面通过对一定期限后试点法院“被告就原告”管辖规则适用情况的法经济学评估,综合分析成本收益,制定下一步的推广方案和完善计划。

四、特定场景中网络服务提供者的商标侵权责任——以关键词推广为例

虽然网络活动中的参与主体众多,但在侵权法的领域中,主要涉及的主体可以概括为网络用户和网络服务提供者两类,网络服务提供者又可以进一步细分为网络技术服务提供者(ISP)和网络内容提供者(ICP)两类。如果是网络用户利用网络实施商标侵权行为,则主要是现实中商标侵权在互联网上的延伸,基本上不存在理论难题和司法困局。一般情况下,网络服务提供者的商标侵权责任也可以依据《民法典》关于网络侵权的一般规定,结合《商标法》及其配套规范予以认定。网络服务提供者商标侵权责任的一般构成要件检讨及法律条文理解,在《民法典》实施之前就已有详细阐释,在此不再赘述。①

网络服务提供者在其职责范围内对发布、传输、下载的各种类型网络信息负有的注意义务是其承担责任的基础,这种注意义务包括但不限于审查义务和控制义务。在不同环境中,网络服务提供者应当负担的注意义务种类和程度并不相同:“网络服务提供者在网络社会交往中负有一定注意义务以维持网络环境中的

---

① 参见钱玉文、张加林:《论网络服务提供者商标侵权的法律责任》,载《知识产权》2013 年第 2 期;冯术杰:《网络服务提供者的商标侵权责任认定——兼论〈侵权责任法〉第 36 条及其适用》,载《知识产权》2015 年第 5 期。

知识产权秩序,但该注意义务不能被一般和笼统地确定,而需要视具体情况综合考虑'网络服务类型'、'行为类型'以及'权利客体类型'等因子设定。"①在"权利客体类型"已经固定的网络商标侵权纠纷中,需要考虑的便是"网络服务类型"和"行为类型",基于二者之间存在着紧密的联系,笔者将它们统称为"场景"(scene)。目前,网络商标侵权中需要解决的主要问题便是,在信息技术介入后出现的特定场景中,商标使用行为如何界定,以及网络服务提供者如何承担责任。因为在这些场景中,往往加入了其他的元素:要么涉及新型行为的性质认定,要么涉及其他主体的加入,要么涉及法律部门之间的竞合,或者三者兼有,大大加剧了法律适用的复杂性。所谓的特定场景,主要有元标签、域名、链接、关键词推广、网络交易平台等,笔者将以关键词推广为例,阐述该场景下涉及主体的多样性、法律部门的交叉性以及新型网络商标侵权认定的疑难性,深入剖析关键词推广中网络服务提供者的商标侵权责任。

(一)关键词推广问题的复杂性

关键词推广,又叫作竞价排名,adwords 服务,是指广告主②与

---

① 司晓:《网络服务提供者知识产权注意义务的设定》,载《法律科学(西北政法大学学报)》2018 年第 1 期。

② 《广告法》第 2 条第 2 款规定:"本法所称广告主,是指为推销商品或者服务,自行或者委托他人设计、制作、发布广告的自然人、法人或者其他组织。"随着 2016 年《互联网广告管理暂行办法》的出台,关键词推广的广告性质得到明确。《互联网广告管理暂行办法》(已废止)第 3 条规定:"本办法所称互联网广告,是指通过网站、网页、互联网应用程序等互联网媒介,以文字、图片、音频、视频或者其他形式,直接或者间接地推销商品或者服务的商业广告。前款所称互联网广告包括:(一)推销商品或者服务的含有链接的文字、图片或者视频等形式的广告;……(三)推销商品或者服务的付费搜索广告;……"

搜索引擎服务提供者协议选定某些关键词，置于搜索引擎内部储存之中并与广告主提供的网页链接相连，当网络用户在该搜索引擎键入这些关键词时，相连的网页链接便会在搜索结果列表中靠前显示或在特殊区域（一般是右侧）进行推广，这些网页链接一般会注明“广告”“推广”“推广销售”等字样。与搜索引擎单纯运用算法技术，按照网页链接与关键词的关联性和匹配度高低自动生成的自然排名不同，竞价排名是人工干预的结果。那么在关键词推广中使用商标专用权人的商标，是否侵犯了权利人的商标权呢？以关键词推广中涉及的各方主体展开：（1）广告主。广告主向搜索引擎服务提供者支付一定的费用，通过关键词推广向消费者宣传自己的产品或服务。广告主在推广自己的产品或服务时，可能在两个地方使用权利人的商标。第一，将商标作为关键词置于搜索引擎服务提供者的推广系统中，这是一种内部单纯的机械式使用（内部使用、隐性使用）；第二，将商标作为关键词放置于搜索结果页面的推广标题、推广信息（上述两者可合称为推广链接）以及点击推广链接跳转的网页中，即外部使用（显性使用）。[①] 两种使用方式是否都构成商标法意义上的“使用”，如果构成，是否应当承担商标侵权责任？这一问题，是关键词推广中商标侵权问题的核心。（2）搜索引擎服务提供者。就搜索引擎服务提供者而言，关键词推广已经成为其获取利润的主要方式。在关键词推广中，搜索引擎服务提供者的法律地位既属于《民法典》中的网络服

---

① 参见姚志伟、慎凯：《关键词推广中的商标侵权问题研究——以关键词推广服务提供者的义务为中心》，载《知识产权》2015 年第 11 期。

务提供者,也属于《广告法》中的广告发布者。[①] 根据我国《商标法》第57条的规定,搜索引擎服务提供者在关键词推广中不构成商标直接侵权。需要判断的是,如果广告主构成直接侵权,搜索引擎服务提供者是否构成"帮助侵权"形态下的间接侵权。(3)商标专用权人。商标专用权人的商标专用权是否因关键词推广中未经许可的商标使用而受到损害,是衡量广告主和搜索引擎服务提供者是否构成侵权的重要尺度,是法官在裁判时认定是否构成侵权的主要说理依据之一。如果受到了损害,这样的损害是否应当得到法律的救济——良好的政策应当让损害停留在发生的地方,除非有特别干预的理由存在。(4)网络用户。虽然网络用户不是诉讼中的适格当事人,但是关键词推广对于网络用户也造成了现实的影响,特别是作为消费者的网络用户,法院在审理时也应当予以考虑,根据知识产权法利益平衡之原则,消费者的正当利益理应受到保护。问题在于,关键词推广到底是增加了消费者的搜寻成本还是为消费者提供了多样化的选择?综上所述,关键词推广是一个复杂的法律判断和利益衡量问题,必须回归《商标法》中商标使用和商标侵权的基础含义上,针对不同的情况具体分析。

(二)广告主的行为是否属于商标使用行为

商标侵权以商标使用为前提。我国《商标法》第48条规定:"本法所称商标的使用,是指将商标用于商品、商品包装或

---

① 《广告法》第2条第4款规定:"本法所称广告发布者,是指为广告主或者广告主委托的广告经营者发布广告的自然人、法人或者其他组织。"

者容器以及商品交易文书上,或者将商标用于广告宣传、展览以及其他商业活动中,用于识别商品来源的行为。”由此可见,商标使用的构成要件有二:第一,客观上将商标用于商业活动之中,即商标使用是一种商业使用。第二,正当的商标使用主观上具有用于识别商品来源的特定使用目的,即商标使用是“在商标意义上使用”①。

对于第一个构成要件,无论是广告主单纯地将他人商标用作关键词的隐性使用,还是将他人商标用作关键词并在广告链接或链接跳转的网页中进行展示的显性使用,无疑都是将商标用于广告宣传,属于商业使用的范畴。当然,如果关键词指向的搜索链接内容属于新闻报道、公共知识一类,既不属于商业使用,也不属于商标法意义上的使用,不构成商标使用行为。

对于第二个构成要件,笔者认为,无论是隐性使用还是显性使用,主观上都具有搭他人商标便车的故意,不正当地利用了他人商标的显著性。在司法实践中,法院对于具有“傍名牌”“搭便车”的主观故意的商标使用行为,往往也认定为商标侵权行为。②就使用目的而言,这种使用不是用于“识别商品来源”;恰恰相反,是用于“模糊商品来源”,因为这是一种不正当的使用,具有造成商标混淆或商标淡化的可能性。有观点认为,仅将他人商标用作关键词的内部使用不构成商标使用,因为内部使用并没有向消费

① 汪泽:《民法思维与商标权救济》,商务印书馆2020年版,第84页。

② 参见《中华人民共和国商标法·案例注释版》(第4版),中国法制出版社2019年版,第62—63页。

者展示商标,没有发挥商标识别商品或服务来源的功能。[①] 这种理解是对“用于识别商品来源”的误读,商标使用中的来源识别功能应当只从商标使用人的角度判断,因为“商标使用与否以及如何使用是商标权人的一项权利,与消费者能否识别其为商标并没有必然的联系”[②],如果以作为消费者的网络用户能否“看到”被使用的商标作为是否发挥商标来源识别功能的依据,那么很多新型的网络商标侵权将无法得到规制(如元标签侵权)。何况,虽然商标并没有被展示在推广链接之中,但网络用户还是能清楚地看到商标关键词,进而可能误以为二者存在某种联系,正如学者所言:“关键词商标(商标权人)和广告主商品和服务信息(广告主)整体出现在屏幕中的这种状况,不仅是关键词设置者所追求的,更是其策划完成的,只是中间假借网络用户的手而已。”[③]综上所述,在关键词推广的场景中,无论广告主是隐性使用他人商标,还是显性使用他人商标,一般而言都属于《商标法》第 48 条规定的商标使用行为。

(三)广告主的商标使用行为是否构成直接侵权

在明确广告主的行为构成商标使用的基础上,我们就可以进行下一步的讨论,即这种商标使用行为是否直接侵犯了权利人的商标专用权,只有在广告主的商标使用行为构成直接侵权时,搜索引擎

---

① 参见刘润涛:《关键词推广使用他人商标的反不正当竞争法规制》,载《上海财经大学学报》2016 年第 4 期。

② 张德芬:《商标使用界定标准的重构》,载《知识产权》2012 年第 3 期。

③ 张韬略、张倩瑶:《后台型竞价排名的商标侵权及不正当竞争认定》,载《同济大学学报(社会科学版)》2017 年第 6 期。

服务提供者才可能成立间接侵权。除了“商标使用行为”之要件，一般商标直接侵权的构成还要求该商标使用行为可能导致混淆，即“混淆可能性”要件。如果该商标使用行为是针对驰名商标作出的，且具有“淡化可能性”，也可以依据淡化理论判定为商标侵权。

首先，对于广告主显性的商标使用行为，就算明确标有“广告”“推广”等字样，不会造成消费者在实际交易时产生混淆，也可能导致潜在消费者在搜寻商品或服务（浏览网页）时产生购买兴趣的移转，由此产生初始兴趣混淆，进而构成商标侵权。但是，关键词推广的场景中广告主显性使用驰名商标很难具有淡化可能性。淡化的本质在于商标与服务来源、商品、市场三者之间联系的降低，广告主的商标使用行为同样也是广告行为，而广告行为一般只会增强商标与三者间的联系。单纯的关键词推广也不会导致被使用驰名商标退化、弱化或丑化，只可能由后续的其他侵权行为导致（如冒名行为、销售行为），因此不能依据淡化理论认定侵犯商标专用权。有学者认为：“就商标关键词搜索排名行为论，并不存在混淆消费者的可能性。如果定位于售前混淆的售前机会损失，也难以有确切的证据证明因商标关键词的使用而削减了其交易量。商标的商誉因搜索排名也没有发生贬损和弱化，并不存在淡化的可能。”①笔者认为，上述观点具有一定的局限，虽然广告主显性使用他人商标的行为很难导致被使用商标淡化进而构成淡化侵权，却具有相当的混淆可能性。与售中混淆一样，初始兴趣混淆并不要求消费者产生实际的混淆，只要具备混淆可能

---

① 李士林：《商标关键词搜索服务竞价排名的侵权问题分析》，载《理论探索》2014年第4期。

性即可。初始兴趣混淆中混淆可能性的判断,不能仅仅因为无法证明关键词的使用削减了交易量而径直否定,应当综合考虑消费者搜寻时间的长短、产品的相关性、广告点击情况、广告浏览时间长短等因素。

其次,对于广告主隐性的商标使用行为,在一般情况下不认为是商标侵权。这是因为虽然隐性使用他人商标的行为属于商标使用,但是这种情况下的商标使用造成消费者混淆的可能性较低,消费者大多从一开始就不会产生混淆,初始兴趣混淆也就无从谈起。当私法中的侵权法无法满足诉求时,商标权人便退而求其次将目光投向公法中的反不正当竞争法,“反不正当竞争法自身的制度逻辑决定了作为一种对自由的限制其必须保持足够的谦抑性,回归其相对于市场调节的补充性和辅助性的应有地位”①。那么,广告主隐性使用他人商标的行为是否属于不正当竞争行为呢?《互联网广告监督管理暂行办法(征求意见稿)》曾将隐性使用行为列为不正当竞争行为②,但在2016年正式公布并施行的《互联网广告管理暂行办法》中删除了该条,体现出了在立法层面的摇摆。在司法活动中,对广告主隐性的商标使用行为是否受反不正当竞争法规制也充满争议。③ 笔者认为,对此不能一概而论。广告主隐性的商标使用行为并不属于我国《反不正当竞争

① 张占江:《论反不正当竞争法的谦抑性》,载《法学》2019年第3期。

② 《互联网广告监督管理暂行办法(征求意见稿)》第15条第2款规定:“互联网广告活动中不得有下列形式的不正当竞争行为:……(五)使用他人商标、企业名称作为文字链接广告、付费搜索广告的关键字、加入网站页面或源代码提高搜索度,诱使消费者进入错误网站……”

③ 参见陶乾:《隐性使用竞争者商标作为付费搜索广告关键词的正当性分析》,载《知识产权》2017年第1期。

法》第2章明确规定的任何一种不正当竞争行为，因此在一般情况下不属于不正当竞争行为。但是还需检视《反不正当竞争法》第1章总则的规定，如果符合“扰乱市场竞争秩序”“损害其他经营者或者消费者的合法权益”的不正当竞争行为实质要件，或者违反自愿、平等、公平、诚信以及商业道德的根本准则，就应当认定为不正当竞争行为。“如果对付费推广不加限制，商标所有人的链接就可能被淹没在各种‘搭便车’者的链接中，无法正常展示，那么此时恐怕就无法评价其是一种正当竞争行为了。”①

综上所述，广告主显性的商标使用行为导致消费者产生初始兴趣混淆，构成商标侵权；隐性的商标使用行为不构成商标侵权，是否构成不正当竞争行为则需视具体情况而定。

（四）搜索引擎服务提供者的发布推广行为是否构成间接侵权

广告主显性的商标使用行为成立商标侵权，符合了搜索引擎服务提供者构成商标间接侵权的前提条件。根据我国《商标法》第57条第6项的规定②，商标帮助侵权、间接侵权的构成要件有二：其一，客观上具有帮助行为；其二，主观上具有帮助故意。具体分析如下：客观上，搜索引擎服务提供者对关键词广告的推广行为和对含有关键词商标的搜索结果的发布行为（以下统称发布

---

① 周樨平：《商业标识保护中“搭便车”理论的运用——从关键词不正当竞争案件切入》，载《法学》2017年第5期。

② 《商标法》第57条第6项规定：“有下列行为之一的，均属侵犯注册商标专用权：……（六）故意为侵犯他人商标专用权行为提供便利条件，帮助他人实施侵犯商标专用权行为的……”

推广行为)为广告主的侵权行为提供了必要的条件,积极推动了侵权结果的发生,符合第一个要件。对于第二个要件,有学者认为:“法院应该考虑搜索引擎服务商究竟是一般性地知道还是具体地知道第三人正在进行商标侵权。如果搜索引擎服务商只是一般性地知道,那么该公司不应该承担共同侵权责任。”[①]笔者认为,对于帮助侵权的主观故意应当解释为包含直接故意和间接故意两种,即使搜索引擎服务提供者不具有“希望”的直接故意,也可能具有“放任”的间接故意,法院应当根据搜索引擎服务提供者的主观状态、是否履行了相应义务,以及作为关键词的商标的知名度等情况综合认定。具言之,认定搜索引擎服务提供者主观上具有帮助故意的情形主要有以下几种:(1)搜索引擎服务提供者明知或应知关键词涉及使用他人商标;(2)接到侵权通知后,搜索引擎服务提供者不履行删除、屏蔽、断开链接等法定义务;(3)搜索引擎服务提供者未恰当履行核实广告主身份、明确告知不得侵犯知识产权、定期更新操作系统中的过滤标准等注意义务;[②](4)如果关键词使用的商标对象是知名商标,推定搜索引擎服务提供者明知或应知,当然这种知名应当达到全国范围内“一般公众”的程度。

有学者试图以“技术中立”为搜索引擎服务提供者提供抗辩——技术中立是指技术在被第三人使用时没有人为的干扰,竞价排名的运作是搜索引擎本身的程序、adwords 服务程序在自动

① 阳东辉:《论互联网关键词广告的商标侵权认定规则》,载《政治与法律》2016年第9期。

② 参见杜颖:《搜索引擎服务提供商关键词广告商标侵权责任之认定》,载《法学》2015年第6期。

地进行,不存在人为干扰,至于其是否收费则与技术中立不具有关联性。[①] 但这一观点没有得到学界的普遍认同,主流观点认为关键词推广中搜索引擎服务提供者的间接侵权责任不适用“技术中立”免责,[②]甚至有学者直接提出搜索引擎服务提供者对关键词具有审查义务。[③] 笔者认为,包括搜索引擎服务在内的网络服务发展至今,早已非当初萌芽初始阶段需要政策给予特别的关照,而应当被赋予更多的社会责任,为打造健康的网络环境作出更多的贡献。我们要求搜索引擎服务提供者履行各种各样的义务,不是对他们的严苛要求,只是回归到本来的秩序上来。“人类社会从未像今天这样受益于科技的进步,也从未像今天这样面对科技所引发的如此棘手的难题”[④],技术中立并不影响追究中立技术违法使用的侵权责任,因为对中立技术的使用不具有法律上的中立性。

---

① 参见陶乾:《中欧搜索引擎关键词引发的商标侵权案件分析》,载《知识产权》2011 年第 4 期。

② 参见黄武双:《搜索引擎服务商商标侵权责任的法理基础——兼评“大众搬场”诉“百度网络”商标侵权案》,载《知识产权》2008 年第 9 期;袁秀挺、胡宓:《网络搜索引擎商标间接侵权行为的认定及责任承担——网络环境商标间接侵权“第一案”评析》,载《法学》2009 年第 4 期;张玲玲:《竞价排名服务提供商侵权责任认定》,载《知识产权》2011 年第 4 期。

③ 参见李春芳、范淑贤:《论搜索引擎服务商的关键词审查责任》,载《知识产权》2011 年第 9 期。

④ 郑玉双:《破解技术中立难题——法律与科技之关系的法理学再思》,载《华东政法大学学报》2018 年第 1 期。

第三章 网络专利权保护问题

信息革命对专利制度的影响不仅体现在信息技术与专利某一内容或某几方面内容之间点与点的碰撞，如计算机软件的可专利性审查、3D 打印技术中的专利保护、商业方法专利保护的可能性等，而且在整体上呈现面与面的影响与冲击。这种影响与冲击不是单方面的数字时代给专利带来机遇和挑战，而是互联网与专利双向的互动与适应，最终开启一个全新的网络专利时代。一方面，网络给专利权体系带来的变化主要包括专利主体的扩张化、专利客体的丰富化、专利申请的便捷化以及专利侵权的复杂化。另一方面，专利制度对网络技术的影响主要体现为整合功能、激励功能和保障功能三个方面。[①] “网络专利”一词，可释为“网络环境下的专利”，在词语构造上系属偏正

① 参见梅术文：《网络知识产权法：制度体系与原理规范》，知识产权出版社 2016 年版，第 236 页。

结构，而非“网络”与“专利”的并列结构。因此，在考察网络专利的相关问题时，应着眼于“网络给专利权体系带来的变化”这一侧面，要先系统检视以信息技术为核心的现代科技对专利制度和专利权利体系造成的影响。

一、网络环境下专利体系的变化

“科技发展和时代变迁所引起的经济利益格局和社会需求变化，导致了专利保护政策在不同时期和社会都有不同的变动。”[①]以英国为例，1624 年英国《垄断法令》(The Statute of Monopolies)本质上作为一种人才吸引战略，在当时特殊的历史环境下发挥了限制王权的客观作用。工业革命之后，随着专利授权数量的急剧增加和专利发明人的推动，英国近代意义上的专利制度逐渐形成。[②]就生产力发展的历史脉络而言，从蒸汽时代、电气时代、信息时代到如今的智能化时代，每一次革命都给专利体系带来了翻天覆地的变化，科技创新与更迭所涉及的范围越来越广。与之对应，专利制度的运行与实施也“搭上了时代发展的快车”，专利世界表现出一种膨胀的趋势。

(一)专利主体的扩张化

与著作权的主体著作权人和商标权的主体商标专用权人不同，专利制度中的发明创造的主体存在一种“二元构造”：实际从

---

① 刘迪：《第四次工业革命背景下专利权限制制度的整体重塑》，载《科技与法律》2020 年第 4 期。

② 参见张南：《英国工业革命中专利法的演进及其对我国的启示》，载《当代法学》2019 年第 6 期。

事发明创造的设计、实验、修改、完善，实现发明创造从无到有这一过程的主体是发明人，包括狭义的发明人（创造发明和实用新型的主体）和设计人（创造外观设计的主体）。发明人完成发明创造的过程属于事实行为，并不必然享有申请专利的权利，更不用说获得专利授权、成为专利权的主体。发明创造完成之后，享有申请专利的权利的专利申请人提交请求书、说明书、权利要求书等法定文件，经国务院专利行政部门审查之后，获得专利授权的主体是专利权人。与著作权、商标权等其他知识产权一样，专利权是一种垄断性权利，即他人未经专利权人许可不得实施受该专利权控制的特定行为。由此可见，专利法中的发明人和专利权人完全不同，发明人的主体资格源于发明创造的事实，专利权人的主体资格来自法律的赋予。但当我们言及广义上的专利主体时，既包括专利的事实行为主体——发明人，也包括专利的法律权利主体——专利权人。在网络环境下，作为事实行为主体的发明人和权利主体的专利权人的内涵发生了一定程度的扩张。

发明人和专利权人的扩张主要发生在人工智能领域。不少学者提出在专利主体的“二元构造”下，应当赋予部分人工智能发明人的专利主体地位。一般而言，只有自然人才能成为发明人，不管多么优秀的人工智能也不过是人类进行发明创造的工具。但随着人工智能技术的不断成熟，其信息收集和处理能力越发强大，并且拥有较高水平的自我学习能力和模拟思考能力，“人类作为进行发明创造的主体”的论断正在发生动摇。“专利法意义上的发明人不再局限于自然人，对发明的实质性特点作出创造性贡献的人工智能系统，也可以成为发明人。人工智能的发明人身份有两种类型：在独立生成发明中，人工智能可以视为单一发明人；

在智能机器和自然人的共同发明中，人工智能可以具有‘共同发明人’身份。”[①]甚至有学者认为参照法人人格拟制的立法技术，赋予人工智能“电子人格”，直接授予其专利权。[②] 实际上，已经有部分国家和地区承认人工智能在法律上的主体地位，2017 年人工智能 Sophia 被沙特授予公民身份便是最好的例证。发明人内涵的扩张趋势直接反映了科学技术发展给现行专利制度和规范带来的影响和挑战，人工智能被专利法赋予成为发明人的资格，可能不在遥远的将来，而在很近的将来。

（二）专利客体的丰富化

对于专利客体，《专利法》采取了国际上普遍施行的“分离式专利权例外客体规范模式”[③]，即首先对专利法意义上的智力成果作出总括性规定，而后反向规定专利客体之例外。我国《专利法》第 2 条对专利客体进行了一般性的规定，即受专利法保护的智力成果必须属于技术方案或工业设计。《专利法》第 2 条规定：“本法所称的发明创造是指发明、实用新型和外观设计。发明，是指对产品、方法或者其改进所提出的新的技术方案。实用新型，是指对产品的形状、构造或者其结合所提出的适于实用的新的技术

---

① 吴汉东：《人工智能生成发明的专利法之问》，载《当代法学》2019 年第 4 期；曹建峰、祝林华：《人工智能对专利制度的影响初探》，载《中国发明与专利》2018 年第 6 期；孜里米拉·艾尼瓦尔、姚叶：《人工智能技术对专利制度的挑战与应对》，载《电子知识产权》2020 年第 4 期。

② 参见李宗辉：《人工智能生成发明专利授权之正当性探析》，载《电子知识产权》2019 年第 1 期。

③ 参见宁立志、郭玉新：《专利权权利客体例外制度研究》，载《河南师范大学学报（哲学社会科学版）》2020 年第 1 期。

方案。外观设计,是指对产品的整体或者局部的形状、图案或者其结合以及色彩与形状、图案的结合所作出的富有美感并适于工业应用的新设计。"而后在第二章"授予专利权的条件"中进一步规定了发明和实用新型的新颖性、创造性、实用性"三性"要件,以及外观设计的"明显区别"要件。最终规定了专利授权的排除情形,包括第 25 条第 1 款反向列举的 6 种不授予专利权的客体[①]、第 5 条第 1 款违反法律和公序良俗原则的发明创造和第 5 条第 2 款违法获取或利用遗传资源完成的发明创造 3 种。

"正向定义 + 反向列举"的分离式立法模式为网络环境下可专利主题的丰富化留下了空间,计算机软硬件、商业方法等客体被纳入专利授权的对象,并扩散至网络技术与其他新兴技术的交叉领域。"从世界专利体系的演进来看,专利客体范围逐渐扩展,促进了专利保护强度的提升。专利保护逐渐强化的历史,其实也是人类的近现代科技发达史。"[②]2019 年,国家知识产权局决定修改《专利审查指南》(公告第 343 号,已废止),[③]在《专利审查指南》第二部分第九章"关于涉及计算机程序的发明专利申请审查的若干规定"中增加第 6 节"包含算法特征或商业规则和方法特征的发明专利申请审查相关规定",对涉及人工智能、"互联网 +"、大数据以及区块链等的发明专利申请作出特殊规定,明确

① 《专利法》第 25 条第 1 款规定:"对下列各项,不授予专利权:(一)科学发现;(二)智力活动的规则和方法;(三)疾病的诊断和治疗方法;(四)动物和植物品种;(五)原子核变换方法以及用原子核变换方法获得的物质;(六)对平面印刷品的图案、色彩或者二者的结合作出的主要起标识作用的设计。"

② 易继明、王芳琴:《世界专利体系中专利客体的演进》,载《西北大学学报(哲学社会科学版)》2020 年第 1 期。

③ 2023 年修订的《专利审查指南》维持 2019 年修改的内容。

提出了"不应当简单割裂技术特征与算法特征或商业规则和方法特征等,而应将权利要求记载的所有内容作为一个整体,对其中涉及的技术手段、解决的技术问题和获得的技术效果进行分析"的审查基准。因此,在我国虽然纯粹的算法、商业方法或计算机程序本身因为属于"智力活动的规则和方法"而被排除在专利保护的客体之外,但是如果这些算法、程序和方法与其他技术相结合,同时符合专利授权的"三性",那么这些包含技术特征的算法、程序和方法是能够获得专利授权的。具体而言,计算机软件发明的类型包括装置、系统、计算机可读取记录媒体(computer readable medium)、计算机程序产品(computer program product)、数据结构产品(data structure product)和相关方法发明。①

（三）专利申请的便捷化

专利申请不仅是一项权利,也是获得专利授权的必经程序。现代信息技术的发展为专利的申请与审批提供了捷径,专利电子申请具有申请方式便捷、审查周期较短、无纸化环保节能等诸多优点,大大方便了申请人,减轻了申请人的负担。在规范层面上,《专利法实施细则》"国务院专利行政部门规定的其他形式"②的手续要求为专利电子申请的开展做好了铺垫。在此基础上,国家知识产权局2010年公布的《关于专利电子申请的规定》,针对专利电子申请的程序和

① 参见陈健:《互联网环境下的知识产权制度变迁》,中国政法大学出版社2017年版,第142—145页。

② 《专利法实施细则》第2条规定:"专利法和本细则规定的各种手续,应当以书面形式或者国务院专利行政部门规定的其他形式办理。"第15条第2款规定:"以国务院专利行政部门规定的其他形式申请专利的,应当符合规定的要求。"

要求作出了系统的规定。并且,《专利审查指南》(2010 年版,已废止)第五部分第 11 章“关于电子申请的若干规定”也专门对电子申请的含义、电子申请用户、电子申请用户注册、电子申请的接收和受理、电子申请的特殊审查规定和电子发文等内容进行了规范。

在操作层面上,享有申请专利权的申请人可以通过访问“中国专利电子申请网”①,按照提示自主进行专利电子申请。专利电子申请的具体步骤为:(1)用户注册,自然人、法人或代理机构应当在电子申请网站办理电子申请用户注册手续;(2)下载客户端,登录外网申请网页下载电子申请客户端并解压,按照提示操作完成安装以及后续的升级;(3)获取数字证书,使用正式的电子申请用户名和密码登录,进行信息维护和密码修改之后,对证书进行下载、更新、注销、查看和对证书权限的操作;(4)制作申请文件,打开电子申请客户端,编辑新申请案件以制作新申请文件,以及以答复补正的方式或主动提交的方式提交中间文件;(5)检查文件,通过电子申请系统提交文件的格式应符合《电子申请文件格式要求说明》《关于外观设计专利电子申请提交规范注意事项》的规范;(6)数字签名,在相应界面中勾选提交案件,点击界面上方的签名按钮,而后在弹出的界面中选中和案件匹配的数字证书,点击签名按钮;(7)提交申请文件,签名通过后,将新申请案件发送并上传,及时接收电子申请回执;(8)接收通知书,案件经相关业务处理完成后,申请人可以收到专利申请受理通知书和缴纳申请费通知书;(9)网站查询,申请人可以根据案件提交时间、电子申请案卷编号或者申请号在电子申请网站上查询电子申请案卷

---

① http://cponline.cnipa.gov.cn.

的提交文件清单、电子发文和申请号是否被赋予等情况。

（四）专利侵权的复杂化

科技作为一把“双刃剑”，在提升物质精神生活品质的同时，也为社会规则运行带来了新的难题。在以技术特征为核心的专利领域中尤其如此：技术发展一方面扩大了专利的保护范围，加速了专利的实施和运作，促进了专利制度的发展；另一方面，云计算、“互联网＋”、人工智能等新兴技术与专利的结合领域涌现出了大量的理论和实践问题，运用技术手段进行专利侵权的纠纷呈现复杂化的发展趋势。具言之，网络专利侵权的复杂性有以下表现：第一，网络专利侵权行为多种多样，移动互联网环境下侵权成本和难度显著降低，侵权现象层出不穷，行为类型更加复杂。第二，网络专利侵权大多涉及多个领域和多种技术，共同侵权行为频发，以“专利范围”（scope of protection for the patent）为核心构建的“字面侵权”（literal infringement）和“等同侵权”（infringement under doctrine of equivalents）的直接侵权体系[①]显得苍白无力，行为认定更加复杂。第三，网络专利侵权纠纷往往涉及的影响范围广，遍及全国多个省市，网络环境下产品销售扩散快，权利人如不能得到快速解决机制的救助，损失往往难以弥补，行为影响更加复杂。[②]

以云计算中的专利侵权为例，云计算是一种服务的交付和使

---

① 参见何怀文：《专利法》，浙江大学出版社2016年版，第231—253页。

② 参见宗艳霞：《网络专利侵权的行政法保护制度考察及建议》，载《湖南社会科学》2016年第4期。

用模式,完全建立在自我维护和管理的虚拟资源层上,用户可以按需获得资源和服务,具有超大规模、资源与服务虚拟化和透明化、性价比高、自助性强等特点。[①] 虽然我国尚未针对云计算技术专利审查和专利侵权作出明确的规范,致使我国云计算技术的专利保护缺乏依据,但是云计算方法专利和云计算系统专利的侵权规制在域外已有判例。"云计算技术条件下的专利侵权,涉及多方主体,不是简单的直接侵权情形,要结合分离式侵权、引诱侵权及帮助侵权理论分析。"[②]美国《专利法》第271(a)条规定了专利直接侵权,即除本篇另有规定外,在专利有效期内,在美国境内未经授权制造、使用、许诺销售或出售任何专利发明,或向美国进口任何专利发明,均属于侵犯专利权。[③] 第271(b)条规定了引诱侵权,即积极引诱他人专利侵权的,应当承担侵权责任。[④] 第271(c)条规定了帮助侵权,即在美国境内许诺销售、销售或向美国进口属于产品专利重要组成部分的机器构件、产品组合物或化合物,或者用于实施方法专利的材料或装置,且明知上述物品是为侵犯专利权而特别制造或特别改造,而非用于实质性非侵权用途的商品的情况下,应当承担侵权责任。[⑤] 司法实践中,美国法院分别在

---

① 参见董少平:《云计算知识产权问题研究》,载《科技进步与对策》2014 年第 9 期。

② 陈明涛:《云计算技术条件下专利侵权责任分析》,载《知识产权》2017 年第 3 期。

③ See United States Code Title 35 – Patents, 35 U. S. C. 271 Infringement of patent (a).

④ See United States Code Title 35 – Patents, 35 U. S. C. 271 Infringement of patent (b).

⑤ See United States Code Title 35 – Patents, 35 U. S. C. 271 Infringement of patent (c).

*Crowell v. Baker Oil Tools*案、*Metal Film Co. v. Metlon Co.*案和*Pellegrini v. Analog Devices, Inc.*案等案件中确立了"代理标准"(agency standard),在*Faroudja Laboratories v. Dwin Electronics*案、*Hill v. Amazon. com, Inc.*案和*Classen Immunotherapies, Inc. v. King Pharmaceuticals, Inc.*案等案件中确立了"某些联系标准"(some connection standard),在*BMC Res., Inc. v. Paymentech*案、*Muniauction, Inc. v. Thomson Corporation*案和*Akamai Techs, Inc. v. Limelight Networks, Inc.*案等案件中确立了"控制或指挥标准"(control or direction standard),意图提出新型复杂专利侵权案件中的共同侵权人之间关系认定的解决方案。[①] 笔者认为,美国法院的上述探索为解决复杂的网络专利侵权纠纷作出了有益的探索,但在以云计算方法专利侵权为代表的多主体网络侵权纠纷中,厘清各侵权主体之间的关系并确定各自侵权责任的承担,还是需要回归到传统的直接侵权和共同侵权规则之中。我国《专利法》虽然没有明确规定共同侵权制度,但在《民法典》第七编"侵权责任"中,对各种形态的多数人侵权责任和网络共同侵权都有明确的规定。[②]《最高人民法院关于审理侵犯专利权纠纷案件应用法律若干问题的解释(二)》(以下简称《侵犯专利权纠纷解

---

① 参见刘友华:《云计算专利法律问题研究》,法律出版社 2018 年版,第 97—116 页。

② 《民法典》第 1168—1172 条规定了一般情况下的共同侵权行为和分别侵权行为,第 1195 条第 2 款、第 1197 条规定了网络共同侵权行为。《民法典》第 1195 条第 2 款规定:"网络服务提供者接到通知后,应当及时将该通知转送相关网络用户,并根据构成侵权的初步证据和服务类型采取必要措施;未及时采取必要措施的,对损害的扩大部分与该网络用户承担连带责任。"第 1197 条规定:"网络服务提供者知道或者应当知道网络用户利用其网络服务侵害他人民事权益,未采取必要措施的,与该网络用户承担连带责任。"上述规范为规制网络环境下专利共同侵权提供了法律基础。

释(二)》)第21条也明确规定了帮助侵权和教唆侵权:“明知有关产品系专门用于实施专利的材料、设备、零部件、中间物等,未经专利权人许可,为生产经营目的将该产品提供给他人实施了侵犯专利权的行为,权利人主张该提供者的行为属于民法典第一千一百六十九条规定的帮助他人实施侵权行为的,人民法院应予支持。明知有关产品、方法被授予专利权,未经专利权人许可,为生产经营目的积极诱导他人实施了侵犯专利权的行为,权利人主张该诱导者的行为属于民法典第一千一百六十九条规定的教唆他人实施侵权行为的,人民法院应予支持。”我们可以积极参考借鉴域外先进的立法和司法经验,但在“法教义学”的基本立场下,还要回到本国的法律规范之中,否则容易沦为“法律虚无主义”。在具体个案的裁判中,必须逐步审查各项构成要件,详细进行法律推理论证和个案判决影响评估,使之符合我国的实定法和所追求的价值伦理。

二、3D打印中的专利实施与保护

3D(3D printing)打印技术,又称“添加制造”(additive manufacturing)技术,也称增材制造或增量制造,是一种与传统的材料加工方法截然相反,基于三维CAD模型数据,通过增加材料逐层制造的方式,采用的是直接制造与相应数学模型完全一致的三维物理实体模型的制造方法,具有数字制造、降维制造、堆积制造、直接制造、快速制造的特点和优势。[①] 简言之,3D打印是将

① 参见李小丽、马剑雄、李萍等:《3D打印技术及应用趋势》,载《自动化仪表》2014年第1期。

CAD 文件通过特殊的 3D 打印机（SLA、SLS、FDM、DLP 等）进行“三维立体打印”的过程。2015 年，世界知识产权组织将 3D 打印、纳米技术（nanotechnology）和机器人技术（robotics）称为“具有未来突破潜力的创新”（innovations with future breakthrough potential）。事实证明确实如此，3D 打印技术已经由萌芽走向相对成熟，并给知识产权制度造成了极大的影响。就专利法而言，3D 打印不仅对专利审查①、制度目的②等方面产生巨大冲击，更对整个专利制度的利益平衡体系提出了挑战。有学者认为，“承认 3D 打印所代表的新型生产方式和由此催生的新型商业模式，其实质是把传统专利法，特别是专利侵权规则的‘默认值’，进行彻底‘反转’——把‘未经许可实施他人专利推定侵权’规则，转变为赋予未经许可实施他人专利的广泛自由，并对获取经济利益实施者或网络服务商课以对专利权人进行经济利益分割的法定义务”③。另有学者主张通过拓宽保护对象、简化授权程序和灵活化的专利申请文件等途径增强专利授权机制的灵活性，降低专利的授权门槛，同时辅之以强化专利权人专利实施和信息披露的法定义务，以应对 3D 打印背景下的专利制度变革。④

在专利实施和保护方面，核心问题是专利侵权的认定问题。

---

① 参见张晓龙：《3D 打印技术下我国专利审查制度研究》，载《河南大学学报（社会科学版）》2016 年第 6 期。

② 参见罗勇：《论 3D 打印技术背景下的专利法创新激励》，载《经济体制改革》2019 年第 3 期。

③ 巩姗姗：《3D 打印时代的技术利益平衡论——兼及网络时代知识法典的未来图景》，载《西南民族大学学报（人文社会科学版）》2016 年第 11 期。

④ 参见刘强、罗凯中：《3D 打印背景下的专利制度变革研究》，载《中南大学学报（社会科学版）》2015 年第 5 期。

如前所述,3D 打印由“获取 CAD 基础设计文件”的准备环节和“将 CAD 文件通过打印机转化为三维立体模型”的打印环节组成,当所打印的三维立体模型属于专利产品时,整个过程就可能落入专利权控制的范围之内。进言之,由于获取 CAD 基础设计文件的方式和来源不同,前一个环节可能涉及间接侵权;由于打印的目的和用途不同,后一个环节可能涉及直接侵权。

(一)3D 打印中的专利直接侵权

专利直接侵权是指未经专利权人许可实施其专利的行为,《专利法》第 11 条明确了“实施”的具体行为类型,即对于发明和实用新型专利产品,包括为生产经营目的制造、使用、许诺销售、销售和进口;对于发明专利方法,包括使用、许诺销售、销售和进口;对于外观设计专利产品,包括为生产经营目的制造、许诺销售、销售和进口。在 3D 打印的打印环节中,可能涉及发明或实用新型专利产品的直接侵权,“‘3D 打印’技术的实质是‘增材制造’,与其说它是一种打印行为,不如说它是一种制造行为”[①]。而在我国现行《专利法》中,以制造的方式实施直接专利侵权,必须“为生产经营目的”,这是理论上争议的焦点。

3D 打印技术完全改变了原来专利权人基于专利这项法定垄断权对专利产品生产制造的强有力的控制局面,使任何个体都有可能独立制造专利产品,进而损害专利权人的利益,以前确立的利益分配的格局将被打破。特别是当用户的独立制造行为不是

---

① 罗娇:《“3D 打印”服务的知识产权风险及其应对策略》,载《图书馆建设》2018 年第 9 期。

“为生产经营目的”，而是“为个人目的”时，按照现行法律规定不属于专利侵权。于是学界就“为生产经营目的”这一要件展开了激烈的争论，主要有以下三种观点。

第一种是反对说，即站在专利权人的立场上，建议直接取消“为生产经营目的”作为实施专利侵权的构成要件。“随着3D打印技术的推广并进入消费者家庭，这种利益冲突将不可避免并会愈演愈烈，广泛存在的个人3D打印行为将不受约束，仍然坚持将经营目的作为主观要件将不合时宜”①，因为在“非生产经营”目的的掩护下，消费者可以将他人的专利、商标等进行自用，而权利人却无法起诉相关消费者，从而维护自己不断流失的商业利益②。另有学者指出，《TRIPs协定》第28条规定的产品专利权人享有的制造权也并未以生产经营目的为前提，“依据TRIPs原则要求并结合3D打印时代个人制造‘井喷’的现实，‘以生产经营为目的’这一直接侵权要件在不合理损害专利权人合法利益的情况下应被取消或有更为明确的定义”③。

第二种是赞成说，即保留“为生产经营目的”要件，相应地“为个人目的”实施专利则不构成专利侵权。赞成说对“为个人目的”实施专利作出了明确的界定：主要是指“私人领域非为经营目的”或“属于个人行为且为非商业目的”打印和使用行为，具体包括

---

① 刘强、冯晓青、武志孝：《3D打印给知识产权保护带来冲击》，载《检察日报》2015年1月15日，第3版。

② 参见袁博：《论3D打印运动鞋的知识产权保护》，载《电子知识产权》2017年第1—2期。

③ 刘鑫、余翔：《3D打印技术对专利实施的潜在挑战与对策思考》，载《科技进步与对策》2015年第10期。

3D 打印者为个人或共同生活的家庭成员的生活、研究、观赏、娱乐等目的的打印和使用,而不包括为赠与、买卖、借用、租赁等目的的实施行为。[①] 世界范围内,有不少国家将"为个人目的"实施专利不作为专利侵权处理。德国《专利法》第 11 条规定:"专利权对下列行为不具有效力:1. 个人非营利目的的行为……"英国《专利法》第 60 条规定:"本款规定属于专利侵权的行为,在下列情况下不构成专利侵权:(a)非商业性目的的个人行为……"法国《发明专利法》第 30 条规定:"下列各项不属于专利权利范围:甲、行为之完成限于私人范围内并无营利目的……"

第三种是折中说,即通过对"生产经营目的"进行扩大解释,或者法律改造的方式,实现知识产权制度与 3D 打印的新样态下的契合。折中说的目标是寻求 3D 打印环境下专利权人、用户和社会公众三者间的利益平衡,其逻辑核心在于:除非个人的打印行为将实质性地影响专利权人的利益,否则专利法不应加之干预;反言之,倘若个人的打印行为实质影响专利权人的利益,则不能因为不具有"生产经营目的"而免责。[②] 在具体路径上,有对现行规范进行解释的"解释论"和对现行规范进行修改的"立法论"两种方式。解释论的代表性观点有:"对专利法中'以生产经营为目的'的规定进行扩大解释,不从'经营资格'而是从'经营行为'的角度解释,不管是否有营业执照,只要从事了市场行为,就构成

---

① 参见吴广海:《3D 打印中的专利权保护问题》,载《知识产权》2014 年第 7 期。

② 参见伍春艳、焦洪涛:《3D 打印技术发展与专利法回应》,载《科技与法律》2014 年第 4 期。

经营者”①,“专利权人控制的行为范围不再局限于营利性生产,非营利性、非竞争性个人制造行为和传播行为也属于专利权范畴,但是法律会规定合理使用的特殊情形”②。立法论的代表性观点有:“从专利质量诉求的角度入手,根据利益平衡及权利限制原则,将专利侵权构成要件之‘为生产经营目的’改为‘牟利目的’,并恰当适用‘合理使用’规则,既可增强专利权保护以应对3D打印技术下专利保护受到的冲击,又可将专利保护限制在一个合理范围,从而满足公众的正当利益诉求,并有利于社会对优质专利之诉求的实现”③,“僵硬地恪守‘出于经营或商业之目的’作为知识产权侵权行为的构成要件显然已经失去了合理性,可以在立法上将其修改为‘出于经营或商业之目的,或给权利人带来利益损害的’而未经权利人许可使用他人专利或商标,均应当视为侵权”④。

笔者认为,制度评价应当立足于该部门法的立法目的,我国《专利法》第1条规定专利法的立法目的有四个:(1)保护专利权人的合法权益,鼓励发明创造;(2)推动发明创造的应用;(3)提高创新能力;(4)促进科学技术进步和经济社会发展。这四个立法目的不是完全的平级并列关系,而是由微观到宏观、由基本到根本的逐层递进关系,这就要求我们在制定具体规范时,要尽量兼

① 马秋芬:《3D打印产业发展与专利制度变革》,载《电子知识产权》2018年第7期。

② 梅术文:《基于3D打印技术的网络知识产权制度变革》,载《科技进步与对策》2017年第7期。

③ 刘毕贝:《3D打印冲击下专利侵权制度应对的新思考——专利质量视角的逻辑及解释》,载《科技管理研究》2017年第18期。

④ 马忠法:《3D打印中的知识产权问题》,载《电子知识产权》2014年第5期。

顾各个目的。反对说立足于专利权人的角度,有利于保护专利权人的利益,但对公众自由苛以严格的限制,不利于推动发明创造的应用。建议删去“为生产经营目的”的学者只看到了3D打印技术给专利权人带来的消极影响,而忽视了3D打印背景下专利发展的全新舞台和空间——“3D打印技术不仅使权利人受侵害的可能性大大增加,也为权利人带来了空前的机会,为大范围挖掘社会潜在的人才和创意提供了无限的可能”①。折中说中的解释论和立法论两条路径相比较而言,应当优先采用解释论的视角,因为法律解释比法律修改成本更低,也更有利于法的安定性价值实现。而详细对比折中说中的解释论路径和赞成说两种观点,可以发现二者本质上殊途同归,都在对“为生产经营目的”进行解释,只不过所处视角不同。解释论主张从正面对“为生产经营目的”进行扩大解释;赞成说通过限定“为生产经营目的”的反面“为个人目的”,排除不属于“为生产经营目的”的专利实施方式,间接阐释了“为生产经营目的”的适用范围。笔者认为,这两种思路都是可行的,解释的过程实际上就是平衡“保护专利权人的合法权益”和“推动发明创造的应用”两个立法目的的过程。但是,在实际运用中可能会遇到一些障碍:如果正向解释“为生产经营目的”,无论是采用概括式还是列举式的方法,都难免挂一漏万,预设兜底条款又会陷入新一轮的解释之中;如果反向解释“为个人目的”的含义进而间接阐释“为生产经营目的”,在逻辑上存在的问题是“为个人目的”是“为生产经营目的”的全部反面,还是

① 何天翔:《开放式创新与3D打印知识产权问题》,载《中国政法大学学报》2018年第3期。

只是"为生产经营目的"的反面之一？因此，无论单独采用哪种解释方法都可能存在疏漏，直接后果便是对专利权人造成损害。笔者建议采用"正向概括+反向列举"的综合解释方式，最大限度平衡专利权人、用户和社会公众三者之间的利益。当然，此种方式对专利权人的维护肯定不如直接删去"为生产经营目的"这一要件，但是我们应当谨记保障专利权人的利益并不是专利制度的唯一目的，毕竟"技术创新作为知识战略的一种手段，其终极目的是实现个体的知识能力并由此促进人类更广泛的自由"①。

（二）3D打印中的专利权用尽

如果说关于"为生产经营目的"的讨论涉及专利直接侵权的主观构成要件，那么对于3D打印中的客观行为要件，可以从专利权用尽原则进行理解。所谓专利权用尽，是指"专利产品经专利权人或被授权人首次销售后，产品上的专利权用尽，专利权人不得再行主张权利，而买受人得自由使用、再销售所购得产品，不受专利权人控制"②。《专利法》第75条规定："有下列情形之一的，不视为侵犯专利权：（一）专利产品或者依照专利方法直接获得的产品，由专利权人或者经其许可的单位、个人售出后，使用、许诺销售、销售、进口该产品的……"专利权用尽原则作为对专利权这项合法的垄断性权利的重要限制，其核心还是在于实现"利益平衡"这一知识产权制度的根本要求。在3D打印中，专利权用尽原

① 巩姗姗：《3D打印技术对专利合理使用的影响》，载《知识产权》2015年第9期。

② 刘强、沈伟：《专利权用尽的售后限制研究——以专利权保留规则的构建为视角》，载《知识产权》2016年第2期。

则的作用有三:第一,用于论证以生产经营为目的的打印行为构成专利直接侵权。专利权用尽原则只对合法获得专利产品后的使用和再次销售行为提供豁免,但并不免除后续的制造行为的侵权责任。区分制造行为与使用行为的标准有二:一是在行为对象上是否作用于既有的专利产品,如果是,则通常属于使用;二是在行为结果上是否产生新的专利产品,如果是,则一般属于制造,二者中又以"结果标准"作为最终判断标准,这便是所谓的"制造与使用"二分法。① 目前通说认为,打印行为是一种制造行为,而非使用行为,因为打印生成了新的专利产品。因此,以生产经营为目的的打印行为在专利权的控制范围之内,未经专利权人许可且无其他法定免责事由,构成专利侵权。

第二,有利于规范 3D 打印技术中的"自我复制"现象。自我复制问题最早出现在转基因专利种子领域,"鲍曼诉孟山都案"便是典型的案例。在专利权人将被授予专利的种子出售给买受人之后,由于专利种子的后代种子同样具备初代种子的基因遗传特征,买受人可以通过留种和复种的手段对专利种子及其后代种子进行反复种植和利用,那么这样一种留种和复种行为属于"使用"还是"制造"呢?可以看出,专利产品的自我复制对于"制造与使用"二分法的判断标准造成了一定冲击,在自我复制的情形中,制造行为与使用行为融为一体。但是,其实这种冲击并未使专利权用尽原则发生根本性动摇,因为既然自我复制同时包含使用行为和制造行为,而制造行为是不受权利用尽原则制约的侵害专利权

① 参见刘强:《自我复制专利侵权问题研究——以 3D 打印等自我复制技术为视角》,载《法商研究》2015 年第 5 期。

人合法权益的侵权行为,那么法律对于这种“制造性使用”行为应当持有否定性的评价。[①] 3D 打印领域同样会出现专利产品的自我复制现象,例如,用户可以使用一台 3D 打印机“打印”出一台同样的打印机。如前所述,这样的打印行为应当构成专利法上的制造,侵犯了专利权人的专利权。但与转基因种子领域主动地留种和复种不同,3D 打印中的自我复制可能并不是出于用户的故意或过失,而是由于专利产品正常使用过程中自动地自我复制。如果对这样的“制造性使用”行为仍然定性为制造行为而追究用户的侵权责任,则显得极为不合理,此时类似于网络著作权中的临时复制现象,自我复制是实现该专利产品正常使用功能的必经过程且不受用户主动控制。因此,评价 3D 打印技术中的自我复制现象,必须严格区分“用户主动”和“产品自动”两种情况,前者属于制造行为,构成专利侵权;后者属于使用行为,在专利权用尽原则的豁免范围之内。正如美国联邦最高法院在鲍曼案中所言,“鲍曼案的判决仅适用本案的情形,不能延及每个具有自体复制功能的技术领域,因为这些技术领域已经变得非常普遍、复杂和多样化”[②]。

第三,作为区分专利产品修理与再造的逻辑前提。正是因为

---

① 也有学者持反对意见,认为专利权用尽原则在自我复制的情形中不能适用,应当通过专利许可合同中的违约责任条款保护专利权人的利益,参见王淑君:《自我复制技术语境下专利权用尽原则的困境及消解——以鲍曼诉孟山都案为视角》,载《学术界》2014 年第 8 期;另有学者认为,专利权用尽原则仍适用于自我复制技术,合同亦不能排除专利权用尽的适用,但为保护农民群体的利益,结合我国现阶段的实际情况,应将农民对于转基因种子的自繁自用不视为侵权,参见阙占文:《自我复制技术与专利权用尽原则的适用》,载《法学家》2015 年第 2 期。

② 李菊丹、宋敏:《美国基因专利权利用尽原则的适用与启示》,载《知识产权》2015 年第 2 期。

专利权用尽原则的存在,对于专利产品的修理和再造才有了截然不同的法律后果——修理系为保证所购买的专利产品的正常使用而对其中部分零件或组件的更换、维修,由于使用行为是合法行为,那么附属于使用行为的修理行为也应当是合法行为;再造则对专利产品的修理超出了限度,已经达到制造的程度,不受专利权用尽原则调整,属于侵权行为。那么,修理与再造之间的限度在哪里呢?在实践中,修理与再造的区分是一个十分复杂的问题,长期缺乏统一的判断标准。在3D打印技术的背景下,学者们提出了"重要部分"标准①、"全部技术特征"标准②等区分标准,莫衷一是。之所以如此难以制定出令人满意的区分标准,是因为在标准制定的背后是各方主体利益的权衡与博弈,在3D打印技术中主要是专利权人和用户之间的利益交锋。此外,技术快速地更新换代和多元化地发展也加大了制定统一标准的难度。因此,有学者建议"对专利产品的修理与再造的区分可以规定一些参考因素,但不宜确定明确的标准"③,给予了法官较大的自由裁量权。

(三)3D打印中的专利间接侵权

除了打印环节可能构成直接侵权,在3D打印获取CAD基础设计文件的过程中也可能构成间接侵权。网络时代下,获取CAD

① 参见范长军、郭志旭:《3D打印对专利产品修理与重作规则的挑战》,载《华中科技大学学报(社会科学版)》2014年第5期。

② 参见吴广海:《3D打印背景下专利产品修理与再造的区分标准》,载《知识产权》2017年第3期。

③ 石必胜:《专利权用尽视角下专利产品修理与再造的区分》,载《知识产权》2013年第6期。

文件的途径多种多样，除了自己建模作图、通过合法途径购买，通过网络搜寻到“免费资源”直接下载已经越来越普遍。由于“反映专利产品的 CAD 文档是一种为生产而绘制的产品设计图，它本身并非专利产品”①，因此对其最多只能提供著作权法上的保护，而不在专利法所保护的专利范围之中，不受直接侵权的规制。但非法获取承载专利产品的 CAD 设计文件可能构成间接侵权，特别是《侵犯专利权纠纷解释（二）》发布之后，3D 打印设备提供者、CAD 文件提供者、CAD 文件共享平台网络服务提供者都可能成为间接侵权的主体。根据现行规定，间接侵权的客观行为要件为“未经许可提供或诱导”，主观责任要件为“明知 + 为生产经营目的”，同时符合主客观要件的行为构成帮助侵权或教唆侵权。我国的间接侵权制度仍在共同侵权的框架之内，帮助侵权或教唆侵权以存在直接侵权为前提。

有不少学者主张，我国目前专利间接侵权规范的范围太窄，应当构建独立的间接侵权制度，即间接侵权的成立不以存在直接侵权为前提，间接侵权人与直接侵权人也不承担连带责任。② 笔者认为，间接侵权独立说强化了专利权的保护，权利人可以直接起诉间接侵权人而无须证明直接侵权的存在，制度设立上也有域外的立法经验可以参考借鉴。但是这样一来会加大滥诉的风险，使我国并不宽裕的司法资源被浪费的可能性进一步增加，而且法

---

① 刘文琦：《3D 打印中 CAD 文档侵权问题研究：理论逻辑与立法反思》，载《浙江工商大学学报》2016 年第 5 期。

② 参见宋智慧：《3D 打印背景下专利间接侵权研究》，载《学术论坛》2017 年第 4 期；翟业虎、许峻实：《3D 打印带来的知识产权挑战与应对》，载《首都经济贸易大学学报》2019 年第 3 期。

律根本性重构的成本和社会影响不容小觑。并且在3D打印中，间接侵权独立说存在自相矛盾之处，即如果用户获取CAD文件后并没有实施“打印”这一直接侵权行为，依据独立说3D打印设备提供者、CAD文件提供者、CAD文件共享平台网络服务提供者仍然构成间接侵权。而CAD文件本身并不在专利范围之中，那么3D打印设备提供者、CAD文件提供者、CAD文件共享平台网络服务提供者何以侵犯他人专利权呢？

综上所述，笔者认为整体上还是应当在共同侵权说的体系内对间接侵权进行构造和调整。在现有的法律语境下，CAD文件并不是专利产品，CAD文件提供者单纯的销售或许诺销售的行为不构成直接侵权，CAD文件共享平台网络服务提供者、3D打印设备提供者也不构成间接侵权。① 只有当用户既非法获取了CAD文件，又利用对该文件进行3D打印（直接侵权）的时候，CAD文件共享平台网络服务提供者等主体才可能成立间接侵权。考虑到实践中权利人证明实际侵权发生的难度较大，应当适当降低证明标准，只需要提供直接侵权可能存在的初步证据即可推定直接侵权的存在。同时，建议将数字版权领域广泛应用的权利管理措施移植到专利权领域，使专利权人得以获得事前的救济。因为“仅仅依靠知识产权法律制度可能无法解决科技发展带来的各种问题，合理运用数字权利管理措施在一定程度上可以阻却他人的侵犯行为”②，“用科技打败科技”或许是网络时代下保护专有权利、

---

① 参见刘迪：《刍议电子商务平台服务提供者专利间接侵权中“通知—删除”规则的完善》，载《电子知识产权》2015年第6期。

② 伍春艳：《试论3D打印技术背景下专利间接侵权的认定》，载《华中科技大学学报（社会科学版）》2014年第5期。

促进社会发展的一条思路。

三、“通知—移除”规则在专利领域的适用

根据《电子商务法》的规定，电子商务领域的参与主体主要有电子商务经营者和网络用户消费者，其中电子商务经营者包括电子商务平台经营者（如“淘宝网”）、平台内经营者（如淘宝网中的“万方官方旗舰店”）以及通过自建网站、其他网络服务销售商品或者提供服务的电子商务经营者（如“华为商城”）。在网络知识产权的保护活动中，上述主体需要承担的法律义务、可能造成的侵权类型和侵权导致的法律后果都不相同。具体而言，平台内经营者、自建网站提供服务的电子商务经营者和网络用户消费者可能发生未经许可销售、进口或使用专利产品的行为，直接侵犯权利人的专利权；电子商务平台经营者作为网络经营场所、交易撮合、信息发布等服务的提供者，既可能直接侵犯他人专利权，也可能帮助其他主体侵害专利权人的合法权益，构成间接侵权。直接侵权应当适用《民法典》第 1194 条和《专利法》中的相关规定予以规制，较为清晰明了。实践中和理论上的主要难点在于电子商务平台经营者的间接侵权问题，特别是“通知—移除”规则能否适用于专利领域，理论上争议颇大，立法上也摇摆不定。《中华人民共和国专利法修订草案（送审稿）》曾在第 63 条增加了专利领域的“红旗”标准和“通知—移除”规则，但在 2020 年《专利法》正式出台时却被删去，反映了立法者的犹豫，只得暂时进行回避处理。

（一）“通知—移除”规则能否适用于专利领域之争

“通知—移除”规则最早由美国 1988 年颁布的《数字千年版

权法》首创，旨在“明确网络服务商无须刻意对网络用户上传的信息进行审查，只要在知晓网络侵权行为后立即删除侵权相关内容或屏蔽对他的访问即可免除自己的侵权责任”[①]。我国2006年制定《信息网络传播权保护条例》时进行了立法参考，在第14—17条确立了我国著作权领域的“通知—移除”规则和“反通知—恢复”规则，而后《侵权责任法》(已废止)第36条第2款和《电子商务法》第42条在法律的层面上将“通知—移除”规则扩展至整个民法领域。2021年1月1日起施行的《民法典》基本沿袭了《侵权责任法》(已废止)和《电子商务法》的规定，并将“应当及时采取必要措施”的要求调整为“根据构成侵权的初步证据和服务类型采取必要措施”，适当减轻了网络服务提供者的责任，以更好地平衡网络服务提供者、网络用户和权利人三者之间的利益，回应了现实的关切。虽然实务中早已将“通知—移除”规则适用于专利领域，但是理论上仍存在很大的争议。

反对将“通知—移除”规则适用于专利领域的主要理由有以下两点：(1)网络环境下著作权侵权与专利权侵权存在较大区别，著作权与专利权的保护客体不同，互联网环境下侵权行为判断难易度也不相同，直接将著作权领域的“通知—移除”规则移植到专利领域，会导致电商平台专利审查义务的不合理加重；(2)“通知—移除”规则的实际效用弱，反而容易导致“通知—移除”规则的滥用，即专利权人为打击竞争对手恶意通知，电商平台经过简单的形式审查之后便采取移除措施，对合法的产品销售者产生不

---

① 刘廷华：《避风港规则植入专利法的问题与出路》，载《科技与法律》2020年第2期。

公平的结果，并使“诉前禁令”制度在网络环境中失去意义。[①] 基于上述理由，有学者对于电子商务领域的专利侵权规则提出来两点看法：第一，电子商务平台经营者作为私法意义上的民事主体，在网络专利侵权纠纷中，不具有专利侵权的审查判断和采取移除措施的责任和义务，只负有积极协助专利权人维权和提供涉嫌侵犯专利权的平台内经营者基本信息的义务；第二，当电子商务平台经营者作为平台内专利侵权纠纷的第三方当事人时，只有其行为构成间接侵权时，才应该与平台内经营者共同对专利权人的损失承担连带赔偿责任。[②]

与之对应，主流的民法学者和立法者并未觉得专利领域有何特殊之处，认为“通知—移除”规则不仅可以适用于专利领域，还可以适用于所有的网络侵权行为，这正是《电子商务法》《民法典》中制定“通知—移除”规则的思路，当然也符合现行法律体系下的整体解释。[③] 有研究者指出：“专利权人适用‘通知—移除’规则能最有效率地恢复专利权的完整支配力。‘通知—移除’规

---

① 参见张先雨：《论电商平台专利侵权之“通知—删除”规则》，载《华北水利水电大学学报（社会科学版）》2020年第4期；王迁：《论“通知与移除”规则对专利领域的适用性——兼评〈专利法修订草案（送审稿）〉第63条第2款》，载《知识产权》2016年第3期；刘润涛：《完善网络交易平台专利侵权“通知与移除”规则探讨》，载《学术交流》2017年第12期；易玲：《网络交易平台专利侵权中“通知—删除”规则适用问题研究——兼论〈专利法修订草案（送审稿）〉第63条第2款的完善》，载《湘潭大学学报（哲学社会科学版）》2017年第2期。

② 参见张德芬：《〈电子商务法〉中“通知与移除”规则评析——以专利侵权纠纷中电商平台责任为例》，载《知识产权》2019年第3期。

③ 参见杨立新：《〈侵权责任法〉规定的网络侵权责任的理解与解释》，载《国家检察官学院学报》2010年第2期；张新宝、任鸿雁：《互联网上的侵权责任：〈侵权责任法〉第36条解读》，载《中国人民大学学报》2010年第4期；王利明：《论网络侵权中的通知规则》，载《北方法学》2014年第2期。

则若不能适用于专利领域,既会违背《侵权责任法》(已废止)第36条促进网络产业发展的目的,又会不当地限制专利权。"[①]

(二)"通知—移除"规则可以适用于专利领域

笔者认为,"通知—移除"规则可以适用于专利领域,理由有四:第一,从制度起源上看,虽然"通知—移除"规则始创于著作权法中,但这不意味着"通知—移除"规则只能适用于著作权领域。虽然各种类型网络侵权具有其特殊性,但是更具有网络侵权的普遍性特征。在适用"通知—移除"规则规制网络著作权侵权取得良好效果的情况下,将之推广到包括网络专利侵权在内的所有网络侵权行为中,符合从特殊到一般、先试点后推广的唯物辩证法理念和历史经验。

第二,随着电子商务的飞速发展,电子商务平台经营者迅速壮大,对社会生活产生了举足轻重的影响,甚至关系着国家经济发展状况。或许十年之前认为"专利侵权,其专业判断难度很大……被动通知的处理或主动审核的要求,对网络服务提供者都不合时宜"[②],是出于促进和保护电子商务发展的客观需要,那么在电子商务已经趋于成熟的现在,应当给予电子商务平台经营者更多的法律义务和更大的社会责任,以维护社会整体经济运行的平衡的稳定。正如有学者所言:"赋予网络服务提供者专利权审查义务具有正当性,这为当事人利益以及当事人利益和社会利益

---

① 刘建臣:《"通知—移除"规则适用于专利领域的理论困境及其破解》,载《知识产权》2019年第1期。

② 吴汉东:《论网络服务提供者的著作权侵权责任》,载《中国法学》2011年第2期。

之间的平衡作出了不小的贡献,秉承权利与义务相适应的原则,也应对网络服务提供者专利权审查义务进行一定的限制。"[①]在电子商务高度发达的当今,电子商务平台经营者不仅应当负有事前的注意义务,即"为防止和制止专利侵权承担一定的提醒和谨慎义务"[②],还应当负有发生侵权时的专利审查义务和重复侵权情形中的事后注意义务。

第三,赋予电子商务平台经营者专利审查义务不仅具有法律上的可行性,也具有事实上的可行性。事实可能性体现在:①电子商务平台经营者承担审查义务的代价不会高于其获得的经济利益,符合经济学规律;②在国家、社会和国际普遍越来越重视专利权的背景之下,电子商务平台经营者承担审查义务符合专利权保护的发展趋势和客观需求。[③]

第四,反对者们并非根本性地全盘否定"通知—移除"规则适用于专利领域,而是反对现行规范下残缺和模糊的"通知—移除"制度本身。相较于赞成者们,持反对意见的专家学者更加积极地进行制度构建和完善,提出了"增设反通知规则"[④]、"将'通知—

---

① 黄薇君、李晓秋:《论网络服务提供者的专利权审查义务——兼评〈专利法修订草案(送审稿)〉第63条第1、2款》,载《重庆大学学报(社会科学版)》2017年第4期。

② 冀瑜、李建民、慎凯:《网络交易平台经营者对专利侵权的合理注意义务探析》,载《知识产权》2013年第4期。

③ 参见李伟:《大数据背景下电商平台专利审查义务研究》,法律出版社2019年版,第60—62页。

④ 谢嘉图:《〈专利法〉上"通知—删除"规则的挑战与应对》,载《西安电子科技大学学报(社会科学版)》2016年第5期。

移除'规则转变为'通知—转通知'规则"[①]、"构建分层的'通知—处理'系统"[②]、"将'通知—移除'规则改造为'通知—必要措施'规则以适用于专利领域"[③]、"根据不同类型知识产权的特性、电商平台的角色定位及自身能力、技术可行性、电商产业发展的特点分别采取'通知与移除—反通知与恢复'和'通知—转通知—反通知—依申请介入处理'两种模式"[④]等诸多建议。这恰恰说明,并不是制度本身和专利体系无法共存,而是不完善的制度导致了一系列的问题。正如他们虽然主张"通知—移除"规则会不合理地加重电商平台的责任和义务,但也能清晰地意识到"从长远角度分析,这种'加重'的义务将会鞭策我国的电商平台不断完善革新自己的平台管理政策与手段措施,将使其在未来面对来自国际专利纠纷时占据优势地位"[⑤]。

(三)专利领域"通知—移除"规则的完善

如前所述,在应然层面上,"通知—移除"规则应当适用于专利领域;但在实质层面上,现行规范存在模糊和缺陷之处,致使规则实施存在障碍,必须进一步完善。具体而言,在宏观上应当进

---

① 姚志伟、沈一萍:《网络交易平台的专利侵权责任研究》,载《中州学刊》2017年第8期。

② 姚志伟、沈一萍、陈文煊:《超越避风港:网络交易平台专利侵权处理机制重构》,载《学术探索》2017年第11期。

③ 詹映:《"通知—移除"规则在专利领域的适用性分析》,载《法商研究》2017年第6期。

④ 苏冬冬:《论〈电子商务法〉中的"通知与移除"规则》,载《北京理工大学学报(社会科学版)》2019年第6期。

⑤ 徐实:《我国网络专利侵权纠纷中电商平台责任认定中的困境与解决——以美国相关发展为鉴》,载《电子知识产权》2019年第4期。

行配套机制建设,构建电子商务领域知识产权协作保护机制;在微观上应当进行法律解释,进一步明确"必要措施""合格的通知""合格的声明""合理期限""知道或应当知道"等要件的具体内容。

1.宏观层面上:构建电商领域知识产权协作保护机制

赋予电子商务平台经营者专利审查义务并不代表着一定要其自身进行审查,毕竟就算经营者积极建立内部知识产权保护机制,他们本身仍然难以具备审查琳琅满目的专利的条件和能力,因此更重要的是构建电子商务平台经营者与专利行政部门或第三方机构的知识产权协作保护机制。有学者分析,电子商务领域知识产权保障机制由监管机制和维权机制组成,平台外监管机制可以通过设立第三方认证机构的方式进行完善。[①] 实际上,不仅可以让第三方认证机构发挥行政监管的部分职能,还可以指派或聘请专门的专利审查人员,使其行使专利审查的权限。这与机构的性质并不冲突,专利审查与行政监管也不冲突,因为专利审查本来也属于行政机关的职权。在具体实施上,有三点建议:第一,可以先单独建立"专利权判定合作机制"[②]或"电子商务领域专利侵权联动执法机制"[③],而后整体性构建包括著作权、商标权、专利权、商业秘密等在内的电商领域知识产权协作保护机制,促使电

① 参见刘斌、陶丽琴、洪积庆:《电子商务领域知识产权保障机制研究》,载《知识产权》2015 年第 2 期。

② 徐敏、刘友华:《电商平台专利间接侵权的注意义务研究》,载《电子知识产权》2016 年第 5 期。

③ 姚志伟、沈一萍:《电子商务领域专利侵权联动执法机制中的错误处理责任研究》,载《知识产权》2017 年第 7 期。

子商务平台经营者、第三方机构和行政机关三者合作解决各个领域突出的实践难题。第二,不要急于修改和创制法律,可以在电子商务较为发达的北京、上海、深圳、广州、杭州等地先行试点,先由国家知识产权局出台指导意见,再由地方知识产权局制定实施细则,积累一定的经验之后再向全国推广。第三,由国家知识产权局牵头,开发出一套网上知识产权协作保护系统,建立知识产权纠纷解决的统一电子合作平台。具体的做法可以是将该系统先行开放给试点省市,实现试点省市的知识产权局与电商平台内部的知识产权保护系统"案件数据交互的技术对接"①,而后逐步实现全国范围的电子商务知识产权协作保护体系构建。

2. 微观层面上:进一步阐释各个规范要件的具体内涵

除了在宏观层面构建电商领域知识产权协作保护机制,还应当在微观层面对法律规范进行解释,进一步明确法条中字、词的具体内涵。以"必要措施"为例,对于"必要措施"内容的理解,应当结合《民法典》和《电子商务法》的规定予以阐释。法律明文规定的必要措施包括删除、屏蔽、断开链接、终止交易和服务等,对"等"的解释关键在于电子商务平台经营者接到通知后如何应对。《电子商务法》中规定的是"应当及时采取必要措施,并将该通知转送平台内经营者",《民法典》中规定的是"应当及时将该通知转送相关网络用户,并根据构成侵权的初步证据和服务类型采取必要措施"。由此可见,转送义务是电子商务平台经营接到侵权通知后的法定义务,但是关于采取必要措施的时间点和自主性,

① 徐楠轩:《电子商务领域专利保护协作机制的构建——基于对阿里巴巴集团的调研》,载《科技管理研究》2015 年第 2 期。

两部法律规定不完全相同。实际操作中,“先转送后采取措施”或“先采取措施后转送”的影响并不大,但电子商务平台经营采取措施是否具有自由裁量的余地却至关重要。法律适用的绝对顺序原则也无法进行判断,二者都是法律,且分别是新的一般法和旧的特别法,于是必须引入价值判断因素。笔者认为,应当对“必要措施”进行扩大解释,不局限于法律明确规定的类型,特别是在专利侵权中,应当将寻求第三方机构或行政机关的专业帮助认定“必要措施”,使协作保护机制在现行法律框架下顺畅运行、发挥实效。理论上甚至有观点认为,“网络服务提供者在收到权利人的通知后应当承担有条件的移除义务,而不是立即移除义务,该条件为权利人提供生效法律文书”①。可见,随着《民法典》的通过,网络服务提供者的强制移除义务得到缓和。

① 徐棣枫、孟睿:《网络服务提供者专利法规制——〈侵权责任法〉第36条在专利法领域的具体化和专利法四修修正案草案第71条的完善》,载《重庆大学学报(社会科学版)》2020年第1期。

第四章　网络知识产权行政法保护

网络知识产权作为网络时代知识产权的重要形式，其内涵和特征与传统知识产权相比有较大改变。知识产权的行政法保护在我国由来已久，且具有正当性，其相较于民法与刑法具有比较优势，能更好地呼应网络知识产权保护现实需求，弥补民法与刑法保护的不足。但是传统的知识产权行政法保护体系已然无法满足新时代的需求，各类网络知识产权侵权事件层出不穷，我国也意识到了这一问题，并积极作为，在立法、执法和司法等各个方面都取得了不少成果，但是目前网络知识产权行政法保护体系仍有不足。

保护网络知识产权是一种促进资源合理共享的办法，也是提高信息质量、增强知识生产积极性的关键措施，促进了人类文明发展，其弊端则是一旦知识产权人的权利受到侵害，其损失难以估计且很难挽回。

一、网络知识产权行政法保护之正当性与必要性

我国目前对知识产权实行的是双轨制保护,知识产权的行政法保护是知识产权保护体系中的重要一环。互联网时代下,知识产权的内涵扩大,其特点也随之变化,在这样的背景下,行政法保护相对于刑法保护和民法保护有其独特的优势。

(一)网络知识产权行政法保护之内涵

我国的行政规范法,是对我国其他行政主体在依法履行行政监督义务、行使行政职权过程中,与行政相对人、行政监督工作主体之间以及行政主体内部之间所发生的各种法律关系的法律性行政规范的总称。那么,针对本书所说网络知识产权受国家有关行政法规,其基本法律内涵是指在国家知识产权行政管理机构依法履行行政管理职权并接受行政监督的过程中,国家知识产权行政管理机构与行政相对者、行政监督实施主体之间以及可能共同发生的各种基本关系所共同形成的法律制度。各种基本关系,可以区分为国家知识产权保护行政法的基本关系与国家知识产权行政监督管理行政法的基本关系。知识产权与行政法的法律关系的具体意义包括行政许可、行政处罚、行政诉讼判决、行政诉讼确认、行政诉讼调解、行政诉讼审理,还包含了监督行政复议、行政诉讼等其他的各种行政性民事诉讼救济。

值得一提的是,对于网络知识产权的行政法保护包含了“事前”“事中”“事后”。因此,对于网络知识产权行政法保护体系的研究不应仅仅局限于“事中”,事前的预先保护,各种预防机制的

构建，对于损失难以估计的网络知识产权的保护至关重要；“无救济则无权利”，网络知识产权的行政法救济不能仅仅停留在讨论，需要更加细致公开的程序。

(二)网络知识产权行政法保护具有正当性

知识的凝聚力是整个人类发展与进步的结果，它的精神价值主要体现在最后是否能够将社会价值转化为经济效益，服务于全国各地的人民。知识产权经济价值的具体实现，取决于谁能够分享这种经济权利，无论是通过股份转让还是其他方式，分享这种经济权利的个体数量越多，这种经济权利所产生的经济社会价值就越高，这也是知识产权经济社会价值产生发展的基础。依据有关专家学者的观点，知识产权的归属应该是“个人权”而非“人权”。人权应该是每一个人都可以真正拥有的权益。只有部分的人依法具备这些权利，而不是行使人权，而是特殊的权利，而是个别的权利。

若是按照知识产权为所谓“个人权”的说法，民法应当是网络知识产权保护最核心的法律。但是实际上，在价值取向多元化、市场失灵等现象严重的当今社会，“私法”与“公法”之间的壁垒并非牢不可破，“私法公法化”“公法私法化”，公法与私法相互交融已然是当代法律研究发展的一个重要趋势。公共权力并非绝对不可能干涉私人权利。从公共权力的来源角度看，公权力主要源于私权力，公共权力主要是指特定的政治群众或者团体中的成员依照宪法和其他相关法律所赋予的公共组织权力。它的根本目标是充分地保障和实现对人权的保护。这种对委托制度的公权力存在着异化倾向，可能会直接导致对公民权益的损失。所以,宪法把它限定在了一个规则的范围内。个人私人权利的实施和行使都必须具有合法之目的。否则,也可能损害自己的公共利益和别人的利益。所以,加强公权力的规制与维护个别私权利行使的正常秩序显得非常有必要。行政权力是一种自我赋予的公共权力,它主要源于公民的赋予。在行政知识产权方面的问题上,行政保护的本质属性与公权干预个体私权的基本理论属性是一致的。从某些意义上讲,知识产权并非仅仅代表着自己的私有权。由于知识产权本身就是整个社会的"公共产品"。对于"公共产品"的获得、转让或淘汰,政府部门都需要研究制定行为准则,建立正常的秩序,合理使用。若知识产权的权利人滥用自己专有、垄断的优势,滥用自己的权利,势必妨碍别人正确地使用"公共物品",结果将有可能影响社会的进步与发展。另外,权利人在依法行使自己的权利时都应该尊重或不受到损害,这就迫切地需要各级行政机关的介入。当然,这种干预方式也可能仅仅被视为维护自己的知识产权在国家中的运作秩序,在保障各个权利人利益的同时也能够促进整个社会的发展。因此,行政法保护不仅保护权利人的利益,还包括他人的利益和社会公共利益。①

事实上,国家"十四五"规划中已经明确提出,要完善科技创新体制机制,深化科技管理体制改革,健全知识产权保护运用体制。知识产权保护,早已与公共利益密不可分。因此,公共利益不仅是行政法介入之理由,更是其介入之边界。公共利益可以防止行政法保护越界,脱离行政法保护发挥作用的必要前提。因

---

① 曲三强、张洪波:《知识产权行政保护研究》,载《政法论丛》2011 年第 3 期。

此，我们需要对公共利益加以界定。

作为确定我国知识产权受到行政法保护的一种边界尺度的标准，公共利益本身应该具有以下几种基本特征：第一，开放性。作为一定的历史阶段和时期的国家治理秩序的合法话语，“公共利益”必须是具有共时性的、开放性的，随着我国社会经济、政治、文化环境等条件的更新与变化它们的内涵日益丰富多变，还要严格地遵循特殊的内在逻辑，公共利益并非所有人利益的总和，也并非所有人类的一种普遍利益，而是个人的社会活动与合作所创造出来的东西价值总和。[①] 这种观点表示公众的利益主要来自两部分，即共享需求和对共同要求的有效调节手段。第二，可还原性。公共利益运用于社会中的结果终究回归给了一个特定的个体。正如罗尔斯所言：“我们的利益，无论是个人的还是集体的，最终都必须做到像饥饿或痒一样作为我们这个人的一种感觉而存在，没有不能转化成一种国家利益或者整个社会的一种集体利益。”[②]第三，层次性。公共利益并不是处于同一位阶的，针对不同位阶的公共利益需要给予不同层次的保护，而不是一概而论，否则一方面会造成资源的浪费，另一方面可能会导致有的公共利益无法得到充分的保护。[③]

---

① [美]E. 博登海默：《法理学：法律哲学与法律方法》，邓正来译，中国政法大学出版社 1998 年版。

② 李雨峰、邓思迪：《知识产权行政保护的未来》，载《江苏师范大学学报（哲学社会科学版）》2018 年第 3 期。

③ 参见邓建志、单晓光：《我国知识产权行政保护的涵义》，载《知识产权》2007 年第 1 期。

（三）网络知识产权行政法保护之必要性——比较优势

1. 网络知识产权刑法保护

为了严厉要求惩戒违法犯罪，保护广大人民，根据我国宪法，并结合当下我国与违法犯罪组织工作人员进行政治斗争的具体实践经验和实际工作情况，从而制定了刑法。我国刑法的两个重要根本任务，其中之一就是公民要明确保障其合法人权、打击他们的违法犯罪，包括对待或剥夺他的国家和地区公民的正常生活、人身自由、财产、政治等合法权利，这样的权利显然属于人权，并且是人权的重要部分。依据刑法划分规则中的具体内容，只有当公民的一些基本权益如个人和财产权益被保护或者受到侵害，或者虽保障了个人权益的一些基本条件，但为了保护国家安全、经济秩序、社会行政秩序等时，我国刑法才能够介入。否则，刑法应当遵循其谦抑性。而网络知识产权，作为私权的一种，只有穷尽了民法与行政法，无他法可代替时，刑法才能介入。正如学者所说："即使刑法侵害或威胁了他人的生活利益，也不是必须直接动用刑法。可能的话，采取其他社会统制手段才是理想的。可以说，只有在其他社会统制手段不充分时，或者其他社会统制手段（如私刑）过于强烈、有代之以刑罚的必要时，才可以动用刑法。这叫刑法的补充性或者谦抑性。"①

2. 网络知识产权民法保护

民法，是调整平等主体之间民事法律关系的法律规范的总

---

① 张明楷：《论刑法的谦抑性》，载《法商研究（中南政法学院学报）》1995 年第 4 期。

称。对于网络知识产权之民法保护,大多要诉诸司法。但是随着网络的快速发展,网络知识产权案件逐渐频发,在民事司法保护方面遇到了许多困境。主要包括:第一,有些网络知识产权出现权属认定困难,一些网络短视频的权属定性困难,各种新型网络知识产权案件不断出现,法律适用存在困难;第二,在网络环境下,网络知识产权侵权行为呈现技术性、隐蔽性的特点,导致权利人举证困难,即使诉诸法院,也要承担较高的败诉风险;第三,对于损失的界定也存在困难,若赔偿数额过低,甚至难以抵扣诉讼的时间金钱成本,被害人往往不愿寻求司法的帮助。

3. 网络知识产权行政法保护

(1)保护优势。

相较于刑法保护,行政法保护的适用条件更加宽泛。刑法保护受其谦抑性原则的影响,适用范围较窄,难以适应互联网日新月异的变化。行政法保护相较而言更加灵活广泛,可以较好地适应互联网时代知识产权保护的需要。

相较于民法,行政法的优点主要表现在:第一,更加富有法律主动性。在这个信息时代,网络信息资源容易被相关知识产权人恶意复制,而且这些数字复制件很容易被盗用。知识产权在人际网络中难以获得广泛的快速信息传递,严重危害了相关知识产权人的正当性和合法利益。我们一旦看到了民法侵权非常严重的损害后果,民法侵权保护所谓的要求我们及时提供的"事后救济"和"事后制裁"就可能会逐渐变得无济于事。因此,如何从目前传统的"事后救济"处理模式中逐渐转向"事前预防",这无疑是当前我国知识经济产权制度改革发展在适应数字信息技术发展形势下所需要面临的新技术课题。而对于负责这些网络相关知识产权相关行政执法监督检查管理的相关部门而言，只要我们通过各种法律途径给予其执法权，就应该能够更加积极主动地对这些网络相关知识产权进行依法保护。对于一些网络相关知识产权的违法侵犯处理行为，特别是对于群体性网络侵权、重复网络侵权、恶性或者大规模网络侵权等行政执法部门都能够及时作出迅速、敏锐的法律反应，以利于相关权利人以及时、高效、低廉的费用和较小成本更有效地、更有针对性地进行处理和解决，而不必拘泥于事后环节，可以在事前、事中环节发挥其积极作用，并且在互联网时代，事前和事中环节的保护显得更为重要。

第二，效益更高。网络知识产权的行政管理部门所解决的纠纷没有受到民事诉讼程序的严格限制，可以说是采取了比较简单的程序准则。相比于传统的民事诉讼程序，行政部门所解决的网络知识产权争议问题可以极大地节省时间、费用。当行政判决作出以后，相关部门会要求侵权者自己承担某种形式的行政责任。该类行政处罚的实施能快捷有效地为被侵权者提供救济，保护他们所受侵犯的知识产权。而那些选择直接索赔或者寻求民法保障即其他民事诉讼方式途径的权利人，时常会面临着审理周期太长。侵权损害赔偿金数额不大等情况，这些因素会导致权利人的损失往往难以获得有效的补偿。若是网络上的知识产权或者侵犯行为全部通过民事诉讼的司法手段来解决，几乎很难达到保护的目标。并且，网络上的知识产权违法犯罪行为往往具有无形性、隐蔽性、维权举证困难等特征，通过由行政部门或者机构主动依法执法，就可以使权利人的地位逐渐转化为被动，进而极大地降低了维权的成本，提高了侵权的成本，缩小了网络上的知识产权违法保护的实际效果和创新型市场主体所期望的价值差距，提升了市场主体对于网络上的知识产权违法保护的自觉性和信心。

第三,更为严厉。在网络环境下,网络作品的知识产权侵犯已经变成一种广泛和大众化的行为,P2P 技术促进了在网络中知识产权信息传递的进一步发展,网络知识产权侵犯行为的数量也在急剧增加。逐一搜查和寻找这些被害人的侵权方,并通过民事诉讼程序来追究他们的民事法律责任,不仅耗时费力,而且很难从案件中获得足够的经济赔偿。当前,网络知识产权受害人的侵犯行为和违法侵犯模式已经呈现多元化的趋势,这些侵犯行为规模巨大,手段更隐蔽,造成的损失也更严重。通过各级行政机构和知识产权的行政监督管理机构主动执法,行政部门查处恶性或者大规模侵犯网络知识产权的违法行为,可以有效地发挥知识产权行政执法及时、快捷、高效的特点和优势,实现对于网络知识产权的综合保护,又能够促进各级行政部门和机构依法行政、提升执法能力,在有效地打击网络知识产权的违法行为、保护知识产权受害者的合法权益、维持市场秩序等方面都起了重要和积极的作用。①

(2)现实需求。

目前,互联网已经逐渐成为推动中国社会和经济增长的重要引擎,中国的网络文学、网络音乐、网络广播、网络电视都已经呈现快速增长和发展的趋势。然而,随着我国互联网产业的迅猛发展,互联网已经逐渐成为侵犯版权利益的重灾区,网络上的版权利益问题纠纷也不断增多。在我国,互联网行业正在向社会提出

---

① 参见宗艳霞:《论网络著作权行政法保护的正当性与必要性》,载《电子知识产权》2017 年第 8 期。

更多的号召来加强对网络版权的保护。为此,国家版权局每年都会根据网络盗版和受到侵权的各种类型来制定一套相应的防范措施,并把“剑网行动”工程作为重点工作进行开展。虽然该行动遭到了“行动执法”的怀疑,但其实际效果是显而易见的。自2005年以来,我国连续19年实施了打击互联网上的侵权和盗版犯罪专项行动,重点加强了对互联网上盗版犯罪的打击。地方知识产权行政执法机构的执法工作成效明显。截至2015年年底,共累计查处涉嫌犯罪案件4681起,查处罚款1135万元。在移动互联网技术进步和飞速发展的大背景下,网络知识产权相关行政立法的保障不仅有利于及时地维护广大网络知识产权者的合法权益,也有利于防范和遏制广大网络知识产权受到侵犯的行为,还有利于净化我国互联网空间中的各种类型网站,客观上推动了我国的互联网产业的繁荣与发展。基于互联网在信息传递等各个领域的巨大优势,知识产权受到侵犯的行为已经严重地扰乱了市场的正常竞争。但因它的无形、隐蔽等特性,被发觉且被调查变得更加困难。

在科学技术革命带来的网络知识产权受到侵犯高发的现代社会,由于其审判的周期较长、程序烦琐、赔付金额较低以及司法官员缺乏等诸多因素,网络知识产权的民法保障面临两难。受限于互联网环境,传输速度快,侵权方分散,损害的后果很难控制。由此,债权人的实际经济损失常常很难进行计算,这就使一部分债权人几乎很难通过民事手段进行获得补偿。如何有效地打击和遏制这种互联网上的盗版犯罪行为,维护互联网上知识产权个体的合法权益,无疑是互联网给知识产权保护带来的一大难题。因此,在“双轨制”模式下充分运用行政权力,充分发挥行政法对网络著作权的保护作用,有利于对网络版权侵权人形成威慑。

二、网络知识产权行政法保护体系现有成果

(一)法律制度逐步完善

随着我国经济社会的不断发展与进步,知识产权也逐渐深入我们日常生活中的方方面面,我国也逐步修改并完善了相关法律。在信息时代,网络知识和财产权的重要法律体现及其形式,一方面包括我国现有传统的网络知识和财产权的法律保护和适用规定,如国际著作权法、专利法以及国际商标法等;另一方面包括一些针对网络知识产权的立法。我国也有一些针对集成电路网络布图设计、动植物新类型、计算机软件、知识产权海关等方面的保护,并且颁布专门的保护条例和知识产权方面的单行法。此外,还有一些相关的国家行政纪律法规和各个部门的行政规章。《计算机软件保护条例》第 24 条规定了 5 类损害公共利益的侵权行为须承担行政责任。2005 年 4 月,《互联网著作权行政保护办法》发布,为有效保护各媒体著作权人的相关个人信息以及网络媒体信息传播与版权权益创造了一个良好的法律环境,填补了国内关于加强我国网络互联网媒体著作权相关行政法律保护的空白。该办法第 11 条进一步明确了信息网络服务内容提供者的相关侵权性质和行政责任,著作权保护的行政技术监督考核管理机构或者有关主管部门认为应当针对使用互联网上的信息服务者“未采取措施移除相关内容,损害公共利益”等相关违法行为,责令其立即停止所有相关侵权行为,并予以相应的行政处罚。2006

年 5 月,2006 年《信息网络传播权保护条例》第 18 条、第 19 条分别赋予了著作权行政管理机构和有关部门依法对网络著作权的侵权行为、违法行为进行行政惩戒和处罚的义务。第 25 条则对间接侵权行为的具体行政责任作出了规定,网络服务的提供方不能积极地配合进行调查,拒绝提供与涉嫌侵权网络服务的对象有关信息的,可以由著作权行政监督管理机构给予警告,情节严重的,没收用于向提供网络服务的电脑等设备。2009 年,国家版权局发布的《著作权行政处罚实施办法》对行政处罚行为的处罚程序作出了详细规定,包括立法、调查取证、作出处理决定、处罚等。《专利行政执法办法》于 2010 年 12 月 29 日以国家知识产权局令第 60 号发布,根据 2015 年 5 月 29 日国家知识产权局令第 71 号《国家知识产权局关于修改〈专利行政执法办法〉的决定》修正。该办法分总则、专利侵权纠纷的处理、专利纠纷的调解、假冒专利行为的查处、调查取证、法律责任、附则等 7 章 53 条,由国家知识产权局负责解释。2013 年,《著作权法实施条例》第 37 条明确赋予地方人民政府著作权行政管理部门行政查处的权力。

(二)行政执法卓有成效

各级知识产权行政主体管理机构根据相关法律法规所赋予的执法权,对于侵害知识产权的违法行为实施了严厉的打击和惩罚,以确保所有知识产权权利人的正当合法权益都不受到侵害。为了进一步加强对于知识产权保护工作的宏观指导,国务院特别成立了统筹整治知识产权的保护工作小组,在全国范围内针对性地推进知识产权的保护工作。自 2006 年起,我国每年都要组织编制年度《保护知识产权行动计划》,并且已经连续多年实施多种形式的知识产权保护专项行动。下面依照著作权、专利权、商标权的分类依次介绍其行动与成果。

首先是对于著作权的保护。在著作权领域的行政工作中,有关部门不断完善著作权法治体系,通过深化著作权行政执法,软件正版化水平有了很大提高。著作权行政管理职能部门对市场实行常态监管与专项管理相结合的执法方式,加强重点领域执法。文化行政主管部门在文化市场治理和完善中发挥了不可替代的重要作用,取得了显著成效。在执法模式创新方面,文化主管部门和职能部门加大创新力度,重点有效打击了互联网领域的侵权行为。行政管理和执法部门在打击侵权盗版行动中发挥了不可替代的作用。版权管理职能部门一直保持着打击侵权盗版的高压态势,有效遏制了违法行为的蔓延。

其次是针对专利权的保护。在执法过程中,专利行政管理部门通过"雷雨""司法"等区域专项行动,在执法和打击犯罪的各个环节,多次对侵犯著作权和专利权的案件进行有效打击。执法水平大幅提升,形成了强大的力量,从而增强了知识产权权利人、创新群体和消费者的信心,为创新发展创造了良好的社会环境。从专利法第三次修改来看,在制度设计上,专利行政保护力度明显加大,专利行政执法手段得到加强。

最后是关于商标权的保护。商标所有者在市场经济活动中一直具有独特的意义和地位。近年来,全国各级市场监督管理部门积极地开展了商标权益保护的专项行动,依法打击了商标的侵权或者伪造行为,切实维护了商标权拥有者的合法利益和广大消费者的利益,通过建立健全行政领导地区联合执法,有针对性地解决了一些热点问题,加大了对唯利是图的商标违法行为的综合打击力度，查处了众多影响极其恶劣的严重商标违法行为，有效地保护商标权与消费者的合法权利。①

三、网络知识产权行政法保护体系之不足与未来发展

受各种客观因素的影响，我国的网络知识产权行政法保护体系仍然存在许多争议和不足，仍然有许多学者认为知识产权的行政法保护应当限缩其范围甚至没必要存在。对于网络知识产权行政法保护的正当性和必要性，本书已有论述，但此处仍要指出我国网络知识产权客观存在的不足，以对其未来的发展有所启发。

（一）相关法律法规

1. 相关法律法规之不足

目前，我国知识产权领域尚无统一法典，只有如《著作权法》《商标法》《专利法》之类的单行法。在没有统一标准的情况下，我国只能采取分散立法的形式，各部门的法律规定在不同的法律法规甚至部门规章中制定，无法达到统一的标准。

行政处理在著作权、商标权以及专利权中有明显的区别。在运用行政手段处理知识产权纠纷时，著作权纠纷的解决是最薄弱的环节。因为我国的著作权监督管理机关只能依靠调解方法来处理这些民事争议。在专利权纠纷解决中，专利管理部门对涉嫌假冒专利行为可以进行主动查处。虽然尚未赋予其处理

① 参见李浩成：《完善我国知识产权行政保护制度的路径选择》，载《齐鲁学刊》2015 年第 3 期。

群体性重大侵权和严重故意侵权行为的行政处罚权,但就整体上而言,专利权行政处理手段强于著作权行政处理手段。到目前为止,我国的相关法律法规还没有明确赋予国家专利侵权行政执法机构和专利侵权行政执法管理机构对专利集体伤害侵权行为、再次伤害侵权行为,特别是严重扰乱专利市场秩序的故意伤害侵权行为或者专利违法行为进一步进行查处的司法权限。三者中,市场监督部门处理商标侵权纠纷的力度最大。市场监督部门在处理商标侵权纠纷时,不仅仅通过调解、裁判的方式处理。《商标法》明确规定,市场监督部门不仅可以依法强制涉嫌侵权者暂时停止其他涉嫌侵权行为,没收、销毁其他涉嫌侵权的相关产品和信息服务,也应当在国家相关的商标法律和行政规范内对其行为进行行政惩戒。相比之下,专利侵权行政执法机构仅仅只能依法责令相关专利权侵权者立即停止其非法行为,其执法力度远低于市场监督部门。而且,其对于专利侵权人的诉讼行为仅仅作出了应当承担相关民事责任的规定,并未具体明确其他责任。这使一些不法分子心怀侥幸,这对于专利权的保护十分不利。①

此外,专利权、商标权、著作权的行政查处力度也不同,各自的行政权力机关有所不同。导致这种情况的根本原因是三者之间没有统一管理,查处力度、处理措施和管理对象存在明显差异。《商标法》赋予商标管理部门最高权力查处行政事项。2008 年修正后的《专利法》第 64 条明确赋予了管理专利工作的各级职能机

---

① 参见李浩成:《完善我国知识产权行政保护制度的路径选择》,载《齐鲁学刊》2015 年第 3 期。

构查询调研权、现场审核和复制权、审查和保护权、发放和收缴专利证书时的查处和扣押权，但本条只局限于发放和查处所有涉嫌伪造专利的行为。专利行政机关在处理相关专利侵权争议纠纷时，没有被赋予调查取证或者现场检查的权力。

2. 相关法律法规未来发展路径

《知识产权强国建设纲要（2021—2035 年）》提出牢牢把握加强知识产权保护是完善产权保护制度最重要的内容和提高国家经济竞争力最大的激励。要实现这一目标，就必须加强法律法规建设，显著提高执法效率和水平。继续加强知识产权保护，符合我国经济社会发展和建设创新型国家的目标，配合司法体制和政治体制的改革建设，符合知识产权发展阶段。要体现我国的特色，借鉴国际上有益的经验。

首先，加快知识产权法典化的进程。《民法典》已经出台，但是其中并未容纳知识产权各单行法。为了统一标准，增强知识产权保护力度与权威性，发挥统筹作用，有必要加快知识产权的法典化进程。从知识产权本质上来说，专利权、商标权、著作权仅仅是不同形式下知识产权的一部分，随着我国特色社会主义市场经济和信息化等科学技术的进步和发展，会不断地涌现出各种新的知识产权形态，但其内在逻辑是一样的，所以各种形式下的知识产权不应该被松散地放置在相互独立的知识产权立法中，而应作为一个有机的整体。制定统一的知识产权法典，能够在国际知识产权法律体系的统一中，消除冲突、统筹兼顾。

其次，当前要迅速出台知识产权的法典并不现实，因此，需要进一步完善现有的法律法规。可以增加单独的法律规定，提高立法层次，将某些成熟的法规规章提升为法律。例如，在集成电路技术领域,集成电路是现代信息技术的基础,也是发展最快、最活跃的技术领域。从权益程度上讲,集成电路的布图设计权和传统的商标权、专利权、著作权都处于相同水平。目前,我国《集成电路布图设计条例》仅仅是国务院制定的一部政府条例。与《商标法》《著作权法》《专利法》等相比,法律的范围层面明显偏少。《集成电路布图设计行政执法办法》的内容很多,但也只是简单地规定,有必要把它纳入法律,并在未来的"集成电路布图设计法"中予以统一。同样,《植物新品种保护条例》也应由"植物新品种保护法"取代,国务院将出台具体实施细则。另行制定"商业秘密法"和"企业名称法"等法律,从而丰富知识产权政治保护的法律体系,更重要的是改变法律法规保护知识产权效力参差不齐的现状。

(二)管理机构问题

1. 管理机构问题之不足

对于网络知识产权的行政法保护,我国并无统一的管理机构,导致管理权不明,容易导致管理机关之间的冲突,不利于网络知识产权的统筹保护。

目前我国对著作权、专利权以及商标权的管辖机构及其权限均各有不同。在研究如何设立和完善网络著作权机关管辖权制度方面,2013 年《著作权法实施条例》第 37 条明确了各级著作权行政监督管理机关对其行政查处实施区域性管辖的基本原则。但是,目前我国地方版权行政保护组织的基本设立一般仅限于省级以下层面,省级以下版权行政保护组织的基本设立也不完全。这样会使当事人向他们寻求行政上的保护。此外,根据《著作权行政处罚实施办法》第5条第2款的规定，侵权者住所地、侵权行为发生地的网络服务器等装备或者被侵权者住所地的著作权行政管理机关下被登记为注册的侵权者网站都应当有权力依法查处其他侵害信息和网络媒体传播权的违法行为。该项权力的管辖参照民事诉讼管辖原则，即遵循属地管辖原则，包括一般属地管辖和特别属地管辖。目前，《专利法》的相关实施细则明确规定了我国专利纠纷诉讼处理的法律规则，明确了专利当事人的主要专利管理机构，便于帮助专利当事人依法合理寻找相关行政法律保障。《专利行政执法办法》第29条规定了管辖权争议的处理制度，在本事业单位与负责管理有关专利行政工作的各个部门之间已经发生了指派管辖权上的纠纷或者争议，则由其他单位上级人民政府法定主持人向管理有关专利行政工作的各个部门提出指派管辖。一级负责指派部门管辖或者由所属国家知识产权局另一级负责指派部门管辖。根据国家相关法律规定，消费者可以自由选择向经营企业所在地或者第三方市场贸易服务平台所在地的省级工商行政商品管理机构提起商品投诉，最先主动接受当地消费者投诉的机构是当地工商行政商品监督服务管理机构，他们主要负责依法依规进行投诉问题的调查处理。因从事网络信息交易而直接发生的违法举报，由第三方交易平台服务运营商及其所在地县级以上的地方工商行政管理主管部门直接负责实施管辖。①

在这样多元化、多层次的知识产权行政保护结构中，知识产

① 参见宗艳霞：《网络知识产权行政法保护制度面临的冲击与应对》，载《河南财经政法大学学报》2017年第1期。

权行政保护的总体有效性正在不断降低。就权益而言，知识产权的保护必须依靠多个政府机构。例如，在处置专利侵权争议纠纷的过程中，当地的专利管理机构若发现其中存在非法的商标侵权或者盗版等违法犯罪行为，也只能处置专利侵权争议。对于处理专利权纠纷过程中发现的商标权以及著作权争议，只能由国务院的其他管理部门或者商标权、著作权专门管理部门处理，这直接导致了知识产权保护工作效率的降低和维权成本的上升。同时，每个组织都设有相应的人事、财政、后勤等负责管理和服务的部门，大量人力资源、设施、财务资源下发。每个机构之间无法进行资料交换和信息共享，在申请授权注册的程序中易出现权利上的冲突，以及重复授权、审查标准不统一等问题，不可避免地增加了执法的行政费用。行政费用的增加直接引起了公众获得公共服务费用的增加，也偏离了对知识产权实施行政保护高效益的要求。这种多样化的体制设置严重影响了知识产权保护工作。政府的行政机构过于分散，使权利所有者主体乃至专业技术人员难以了解知识产权的具体监督管理组织机构和每一个部门的基础性功能。在世界贸易组织的法律框架下，知识产权这个领域往往必须依靠国际合作和协调。外国政府往往无法确定在我国众多监督管理机构中哪一个更适合沟通，这带来了很多不便。根据现有的制度，如果一些外国企业想与我国的中小企业建立起良好的知识产权服务伙伴关系，那么他们就必须与我国中小企业不同地区的知识产权服务管理组织或者机构进行长期的合作。①

---

① 参见聂洪涛：《知识产权行政保护的发展趋势及我国相关制度的完善》，载《江西社会科学》2014 年第 5 期。

2. 管辖机构问题未来发展路径

统一的管辖机构是提高行政效率，加大行政法保护力度的有效措施，具体方面可以参考外国经验，并结合本国实际推进。

美国已经被认为是世界上对知识产权保护得最严格的国家。如何有效地整合政府部门之间的行政执法资源，提升知识产权行政执法工作能力，提升行政执法水平，一直以来都是美国知识产权行政政策关注的问题和焦点。1999 年，美国设立了联邦和国家知识产权执法协调委员会，负责协调联邦和其他外国组织之间的国内和国际知识产权的执法，并向美国总统拨款委员会和众议院就各个部委之间行动的执法协调问题分别提出建议，向美国司法委员会主持人提交年度工作报告。2005 年，美国国会颁布一项新的法律，扩大该委员会的义务和职责。2005 年 7 月，美国政府设立了国际知识产权执法协调员一职，其工作职责之一就是协调美国联邦政府的知识产权资源，以便于加强对美国和国外的知识产权管理和保护，其也曾担任联邦和国家知识产权执法协调委员会的主任委员。2010 年 6 月 22 日，美国正式颁布了《知识产权执法联合战略计划》。其中明确规定，美国知识产权执法协调办公室应当与农业部、商务部、卫生和公众服务部、食品和医药管理部、国家安全部、司法部、总统办公室及其他有权调查知识产权的假冒和剽窃等违法侵权事件的部门协作，以进一步加强联邦组织之间的协调和合作，实现信息共享，减少资源的重复性和执法组织之间的矛盾。这表明美国知识产权政治保护进入了一个新的发展阶段。以战略的形式整合了美国全国、跨部门、跨地区的知识产权执法资源，并继续加大知识产权保护力度。从保护程度来看，美国已经建立了多层次、一体化的知识产权保护体系。

韩国政府高度重视与知识产权管理局联手执法。韩国的知识产权管理局是一个打击侵犯知识产权和维护自身利益的主体性管理机构。在韩国联合实施违规执法中,为了积极协助其他地方政府机关开展违规假冒执法活动,韩国知识产权管理局将办公室开在检察官办事处、警务局、海关总署等。如果未开设办公室但发生了有关情况,将及时指派一批专人前往当地有关单位协助其执法。2009 年 7 月,韩国正式通过《实现知识产权强国战略》,以进一步加强对知识产权的保护工作为目标和重点,采取以下措施:一是建立从中央向地方、从政府至协会、从地区到协会的协调保护知识产权的机制,即韩国知识产权管理局、地方知识产权保护处、韩国知识产权保护协会与韩国地方政府、公安机构和其他相关部门进行了合作,定期组织召开联盟会议,进行全国各地区域的打假活动;二是进一步加强对违反知识产权的边境安全监管,加强与中国海关、法院、贸易理事会之间的沟通和协调;三是进一步加强假冒或者盗版商品的监督和管理,建立网上追溯信息系统,落实奖励和举报制度;四是进一步加大对执法人员的培训和指导力度。

因此,结合当前实际,我国可以考虑在国务院的直属部门中设立一个新的国家知识产权监督管理总局,作为国务院进行整体知识产权监督管理的权威性组织,集中原有的隶属于所辖区内的各级行政机关。在国家知识产权监督管理总局下设立工业产权司、版权司。工业产权司负责全国性的专利与商标使用管理,其中包含了集成电路的布图设计、商品名称、企业秘密等工业技术产权。工业产权司的设立可以最大限度地提高管理效率,体现组织的运作是相互关联的,协调与合作的必然性也有利于协调管理权利之间的冲突。版权司负责保护著作权的工作。由于对版权的管理具有非授权管理和思想政治管理两种特点，与工业产权管理相结合是不合适的。版权司不再隶属于其他政府机构，成为专门的独立版权管理机构。此外，原来的新闻出版署、国家质量技术监督检验检疫总局、商务部等 20 多家专门涉及企业知识产权依法保护和监督管理的政府机构的专门人员应相应地归入新的部门。鉴于事项管理工作的专业化、便利化，农业农村部、国家林业和草原局依然要对各类植物新品种进行管理，海关总署、公安部的最初功能依旧保留。地方的知识产权监督管理机制也要进一步整合。设立县级以上的人民政府知识产权管理局，主管本地方行政区域内的知识产权活动；在地方知识产权局辖区内设立工作产权局、版权局，主管本行政区域内的工作产权事务和版权事务。此外，我国还应继续加大对地方的知识产权管理和执法工作力度，加大对地方知识产权管理机构设立的力度，统一从国家和地方财政中调拨地方知识产权管理和执法的专项资金，加强对知识产权的执法，加大力度，提高知识产权的保护水平。①

（三）行政程序法问题

1. 行政程序法之不足

阳光是最好的防腐剂，有必要将行政法保护通过具体的程序加以规定，从而更加明确各机构的职权，避免相互推诿或争抢，也能使权利人更好地寻求和获得帮助。

---

① 参见聂洪涛：《知识产权行政保护的发展趋势及我国相关制度的完善》，载《江西社会科学》2014 年第 5 期。

以我国行政处罚程序为典型实践案例，我国虽然于 1996 年颁布了《行政法》，明确了较为完整的行政处罚程序，确定了行政处罚程序的基本原则和制度，并创造了具体行政领域的行政法统一程序方法的成功实践范例；然而，统一的行政管理模式很难满足复杂多变的行政管理事项活动发展的需求，也很难解决行政处罚过程中的某些特殊性。这就必然需要依据相关的法律规章来对各项具体的行政惩戒措施进行规范。这种"去中心化"的法律模式将所有行政违法的行为、所有行政责任、所有行政惩戒及其过程联系到一起，具有灵活性和适宜性。然而，从我国知识产权法现行条款规定来看，只有针对专利管理的行政性惩罚的相关行政手段比较详细。为了能够严格遵循高效率的原则，更好地保护其专利权，《专利管理执行办法》还明确规定，行政性的查处即对于假冒专利案件的审理结案时间和期限，应当从案件被发现之日起 1 个月内进行审理。对著作权侵权的刑事侦查处罚时间没有具体的规定，对于商标侵权刑事侦查处罚的程序也充分地表明不同种类的知识产权实施执法过程也会有很大不同，且这不符合我国法律治理的道路。由实体控制向流程控制转变的趋势也不符合知识产权法内部统一的基本要求。

此外，更为重要的还有证据规则。行政过程证据是指在行政执法过程中对行政机构的调查和收集，或由当事人向行政机构提供的证据。其是制定具体行政行为的基础，也是行政合法性与合理性的基础及保障。行政程序性证据制度制约着行政权力，而行政程序性证据收集制度是行政程序性证据制度建立的前提基础。然而，从目前我国知识产权立法情况来看，规范网络行政执法证据的相关法律和程序很少，对于我国网络知识产权立法和行政程序中的相关证据准确性规则更是匮乏。以网络商标侵权的线上执法为典型案件,表现出以下特征:一是企业和行政监督管理部门难以获得足够的证据,线下跟踪造假困难。这类案件的证据被发现后较难收集和修复,而且网络证据极易丢失。违法经营金额、违法所得金额往往很难查清,难以依法追究刑事责任。执法队伍和技术人员存在着较少的专业知识且基础较为薄弱,技术人员也无法跟上实际的需求。过去,针对网上销售的假货,通常的取证办理方式都是将内容以纸质形式打印下来,由相关当事人签字予以确认。然而,这种类型的电子化证据往往具有很强的时间敏感性,只要稍微发生延迟,第一个证据便很有可能被当事人故意篡改。二是一些企业的监督者在对网络商标的监管中毫无控制权,有时甚至根本没有办法识别侵权行为,更加谈不上保存和固定侵权的证据。行政机关在接到商标侵权投诉后,当场发现侵权物品未及时受到处理的,侵权人可以继续购买或快速地转移其他侵权物品,并将自己的侵权物品全部销毁。加之,鉴定报告虽可以描述一个案件的特点,但很难在调查现场获得准确的鉴定结果。如果在未完全取得鉴定结果之前急于没收、销毁侵权商品,将面临非常大的执法风险,但未能及时处理又可能导致执法效率降低,在申请的过程中,调查、收集证据及评估是较为耗费时间的。线上所有的商标侵权均伴随着线下的商标侵权,对于受害者进行侵权物品的抽样调查是我国市场监督管理部门开展的对于商标侵权调查工作过程中最重要的一种取证方式。

2. 行政程序法未来发展路径

建议由国家市场监督管理部门和知识产权监督管理部门共同颁布具体的规则,对如何正确确定自己在办案过程中所涉及的侵权行为作出规定。同时,明确商标登记者和注册机构出具其他鉴定报告的期限,以确保其他执法部门和人员在商标权利人无法或不能有效地提供必要的证明资料和材料时,或其不能够按照法律要求提供必需的证明资料或材料时,出于主动地位,让执法办案人员避免相关法律风险。此外,应尽快公布有关规定,明确抽样操作原则和评估,并充分考虑科学性和可操作性,执法人员依照此程序所作出的抽样评估会被司法机关采纳认可。①

要完善电子取证规范,建立统一的电子证据收集标准,包括计算机硬件及其配套设备存储的证据,以及图片、图像等相关媒体信息。另外,计算机软硬件及其运行环境数据的保存也比较重要,毕竟我们需要获取第三方的电子数据和相关信息。特别是第三方服务器平台上提供的证据和信息,物证清单的制作要更加规范。行政执法机关在编制物证清单时,应当对收集到的证据的数量和属性进行统计,并以此作为编制清单、固定证据的主要依据。处理物证时,行政执法机关负责人应当在物证清单上签字批准。②

(四)网络知识产权行政法救济

1. 网络知识产权行政法救济之不足

“无救济则无权利。”对网络知识产权来说,既然行政法保护是法律保护的重要一块,那么行政法救济的重要性也毋庸置疑。目前,知识产权行政法保护是一个包括行政救济在内的大概念,

---

① 参见宗艳霞:《网络知识产权行政法保护制度面临的冲击与应对》,载《河南财经政法大学学报》2017 年第 1 期。

② 参见李浩成:《完善我国知识产权行政保护制度的路径选择》,载《齐鲁学刊》2015 年第 3 期。

忽视行政法保护与行政法救济的区别,淡化行政法救济的功能。因此,必须认真厘清行政法保护与行政法救济的关系。行政法的保护主要是从维系科技创新的社会福利和经济效益两个角度规范和管理知识产权,而行政法的救济主要是事后行政执法救济。通过监督和约束自己的权力,可以更加公平有效地完成知识产权的保护。我国从建立对知识产权的法律保护制度之初便注意强调对行政法的保护,这导致在行政和司法管理的实践中出现了一些价值观念上的偏差和对其他保护方式的忽视。在行政法救济方面,很多实务部门直接将知识产权行政法救济理解为行政保护的内容之一,知识产权行政法保护与行政法救济的关系悬而未决,行政法救济形同虚设。①

2. 网络知识产权行政法救济未来路径

我国公民行政损害救济救助制度主要包括公民行政复议决定救济、公民行政诉讼决定救济和公民行政损害赔偿决定救济这三种制度。知识产权行政法的救济中存在三项救济制度应用不充分、行政赔偿责任的缺失。根据目前我国《国家赔偿法》的规定,行政赔偿的适用范围应当局限于所有公民、法人或者其他团体的生命健康权、人身自由和其他财产权被国家行政部门或者机构非法侵犯。尽管我们一一列出的行政损害赔偿范围清单中有基于知识产权违法行为而导致个人财产损失的条款,但由于侵权的类型、赔偿金额和标准的确定以及《国家赔偿法》对赔偿作出了比较严格的解释,如仅赔偿直接损失,不赔偿间接损失,将使司法

① 参见姜青富:《知识产权行政保护制度研究》,西南政法大学 2005 年硕士学位论文。

部门难以根据实际情况处理知识产权受到的行政侵害。因此，有必要对《国家赔偿法》进行修订，把对于行政侵权和知识产权损害的赔偿责任全部纳入其中。此外，还要积极地营造一个全社会尤其是双方当事人都必须尊重知识、享受本国的知识产权和遵守本国的知识产权立法的良好环境，依法保护、保存和管理知识产权，维护国家知识产权秩序。知识产权行政保障机构应该通过各种方式和手段，采取各种形式进一步加强对普法及相关的法治宣传教育，积极地引导广大公民、法人和其他团体依法保障自身的权益，逐步建立起良好的经济社会气氛。我们要协助和教育权利人增强自我保护的意识，充分利用各种法律措施，切实地保护自己的合法权益。地方政府应当切实保障行政执法必须具备的资金、装置等物质条件，保障知识产权行政环境保护事业发展。①

（五）行政执法与刑事司法衔接

1. 行政执法与刑事司法衔接之不足

国务院办公厅转发知识产权管理局等机构《关于进一步落实国家知识产权战略性行动方案的意见和通知》规定，加强知识产权执法与刑事司法衔接，加大对涉嫌犯罪案件的移送力度。特别是在我国网络知识产权受到侵害打击的水平相对较低、网络上的知识产权违法犯罪猖獗的现状下，行政执法和刑事司法之间的有效衔接仍然是工作重点之一。行政执法机构如何有效地加强行政执法和刑事司法的衔接，充分调动和利用知识产权管理组织机

---

① 参见曲三强、张洪波：《知识产权行政保护研究》，载《政法论丛》2011 年第 3 期。

构的工作积极性,仍然是一个亟待妥善解决的社会现实课题。

目前,行政执法与刑事司法的衔接主要存在以下问题:第一,依据缺乏司法属性。我国现行的知识产权执法法律法规涉及面过广,缺乏指导。关于网络知识产权违法犯罪刑事和司法关系很少有明确规定。只有《互联网著作权行政保护办法》第16条明确规定了是否适用国务院《行政执法机关移送涉嫌犯罪案件的规定》,但是对于其他网络知识产权的侵犯行为却没有作出明确的规定。这导致了执法部门和组织人员在办案工作过程中应当依据的法律并不清晰,执法者在实施执法工作的过程中很难直接参照和适用。此外,知识产权与行政执法相互衔接的规范性文件具有较高的专业化,效力覆盖层次广,颁布的主体较多,效力水平低。相应法规的严重缺失也导致了政府和执法部门陷入执法困境。第二,案件移送标准不够明确。《最高人民法院、最高人民检察院关于办理侵犯知识产权刑事案件具体应用法律若干问题的解释》针对著作权侵权罪和违法所得数额的确定,提出了三种计算方法。然而,在实际工作中,运用这些方法进行计算得到的侵权金额结论却大相径庭。而且,在互联网空间中,通过非法侵害知识产权来获取利益的途径和方式变得越来越多样化,这就会使非法经营活动收入金额的确定变得越来越复杂,进而导致我国行政执法机关与司法机关之间在确定案件的性质等问题上存在着较大的分歧。2011年《关于办理侵犯知识产权刑事案件适用法律若干问题的意见》针对违法活动人员通过互联网络方式传播的侵权作品定罪和惩治标准的问题,规定了非法经营数额、传播被侵权作品的数量、实际点击及登记的被侵权作品次数和犯罪成员等可能属于“其他严重情节”的情况。这四个定罪标准并不以轻重缓急来进行区分，而是同时适用、相互补充。点击量和登录注册成功人数只是适用于互联网空间的一种新定罪标准，是对互联网犯罪现实的一种积极反映。然而，有统计结果显示，在选取的一起网络著作权违法犯罪案件中，司法机关可以选择根据非法从事经营活动的数量或者侵权性文件的数量进行定罪，这说明了司法机关在审理此类犯罪时所采取的方式接受度相对较低。司法部门都是这样，行政部门更加难以把握，对此司法解释也难以进一步判断和及时更新行政部门的执法。根据国务院制定和颁布的《行政执法机关移送涉嫌犯罪案件的规定》第 3 条的有关规定，将移送涉嫌犯罪案件的限期性界定为：当检察机关在调查过程中发现了违法的事实而构成的犯罪，依法应当追究刑事责任。该条规定在要求行政执法者在对案件进行移送时，对于互联网环境中的知识产权违法犯罪情况进行判断。新形势下不断涌现新型的犯罪活动模式，使行政执法工作者工作时在一定程度上面临困难。[①]

2. 行政执法与刑事司法衔接未来发展路径

在我国，在对知识产权保护双轨制设计不进行巨大修改的框架下，完善知识产权行政与司法保护的联衔接机制是解决"双轨制"保护制度中冲突的有效途径，也是加强网络知识产权保护的重要制度。

首先，应当强化执法部门与司法机构之间的沟通协作。在中国现有的知识产权体系和制度框架下，知识产权问题往往涉及许多个部门，若各个部门之间协作得比较好，就能够更快、更好地发

① 参见邓建志：《中国知识产权行政保护特色制度的发展趋势研究》，载《中国软科学》2008 年第 6 期。

现问题和处理问题。目前,我国正在不断地探索和完善建立知识产权行政和司法保护的衔接与协作机制,包括建立知识产权保护救济援助中心,以及建立知识产权行政救济和司法保护的衔接协作机制。知识产权的保护,促进了有关行政主管部门与企业之间的知识产权保护等方面的联系和协作;成立了一批打击侵犯知识产权、制造假冒伪劣商品的工作组织,并开展了知识产权防范保护的专项活动;构建了跨越区域的知识产权协同执法机制,提高了办案的效率,节约了权利人自主维权的成本;建立了行政调解和司法确认的对接机制,探索了知识产权的行政保护和司法确认的有效对接,不仅能够极大提高知识产权争议行政调解的公共性和社会效益,也可以为人民法院等司法机关提供一个实践性的平台,共同处理和解决了知识产权争议问题。①

其次,要完善相应的法律法规。但是,在实际工作中,行政执法者很难在其执法过程中直接参照并适用各种效力和不同发放主体的法律文书。因此,建议由国家知识产权管理局负责牵头,制定统一的技术规范性文件。一方面,可以明确现行统一的规则;另一方面,针对当前网络新形势下我国知识产权行政执法存在的问题进一步精简和细化了规则,对我国网络著作权、商标权、专利权等违法犯罪行为的标准也作出了具体的规定,以便保障我国知识产权行政执法机关在办理其他涉嫌违法犯罪的案件时能够在有证据支持的基础上进行案件移送。

最后,能够依据互联网知识产权的特征,明确具有针对性的

---

① 参见姜芳蕊:《知识产权行政保护与司法保护的冲突与协调》,载《知识产权》2014 年第 2 期。

案件移送标准。如前所述，最高人民法院、最高人民检察院解释规定了三种不同计算违法操作人数量的方法。在互联网环境下发生的知识产权违法犯罪活动通常都具有一种新颖的侵权方式、隐藏的侵权方法和手段以及复杂的科学技术联系。此外，随着联系方式和信息传播渠道途径的虚拟化，非法收入个人数额的认定也将面临更加复杂的问题，这也会使我们采用传统的非法经营个人数额估计方法不能全面、准确地评估其危害性。因此，有必要针对当前的新形势进一步完善现有的标准。我们建议各级相关主管部门根据互联网知识产权违法犯罪发生的新趋势和特征，出台具体的指导意见，细化违法经营金额的计算办理方法，明确涉案金额。对执法资料进行整理和归档，对执法过程中使用的证据和移送的案件材料进行统一归类，如关于案例简报的信息；案卷移交材料；案件调查报告；支持犯罪事实的相关证明材料，主要包括物证、书证等相关材料；公安部门出具的回执单及其他与案件有关的材料。上述材料移交后，行政执法机关应当留存复印件备查。①

网络知识产权的保护，不仅事关知识产权人的合法权益，更是国家与社会发展的迫切要求。网络知识产权的行政法保护作为网络知识产权的重要保护方式，必然需要与时俱进，要积极回应网络时代给知识产权保护带来的诸多变化与挑战，针对互联网时代知识产权侵权行为的新特征，不断完善网络知识产权行政法保护体系。

---

① 参见宗艳霞：《网络知识产权行政法保护制度面临的冲击与应对》，载《河南财经政法大学学报》2017 年第 1 期。

第五章　网络知识产权刑法保护

一、网络知识产权刑法保护的必要性

网络技术的高速发展和信息资源的非线性膨胀,使当下社会越来越重视信息资源和知识的重要性。在这种大环境下,通过网络实施知识产权侵权的案件只会成倍增加,因此对网络知识产权的保护非常具有紧迫性。互联网的出现给知识产权的保护带来了复杂的一系列的问题,尽管几乎每条互联网上的信息都会标明"未经允许,请勿转载"的话语,但网络上的侵权现象还是屡见不鲜。在现在这个"万事皆可大数据"的时代,通过网络来复制他人成果或者窃取专利等这些侵权行为轻而易举,如果不对网络上的知识产权进行保护,最终磨灭的是公众对自主创新的热情。对于创作者来说,可能花费了不少时间和精力才产出了一件智力成果,但是其成果却不能得到充分的保护,可以被轻易地复制使用,甚至在网络环境中有时即使发生了被侵权的情况也很难找到侵权人,以至于纠纷很难得到解决,久而久之创作者对于创作的热情也会随之消减,社会中的原创作品、原创设计等这类创新产品会逐渐减少甚至消失,而对于除了创作者以外的第三方来说,通过网络获取其想要的资源简单且成本极低,很多企业甚至不再进行研发创新,而选择直接照搬别人的成果并投入使用。这对于一国的经济发展是百害而无一利的。一直以来对于知识产权的保护很少有"同等保护"的观念,不管是司法实践还是公众本身首先会倾向于适用民法手段或者行政执法手段来解决纠纷问题,而很少适用刑法,但事实上,很多时候知识产权的侵权行为给社会、给权利人带来的危害性并不低于一些传统的刑事犯罪行为。[①] 公众对于知识产权侵权缺乏法律意识或者潜意识认为这是一项成本极低的侵权行为,这种情况在网络环境中尤为盛行,在互联网上不管是下载电子书、电影等影视作品,还是传播信息资源的操作都十分快捷,往往轻触一下按键就完成了操作,因此很多时候连行为者自身都没有意识到这是一种侵权行为,甚至有人认为自己是花钱上网的,那么网上的资源就应该免费享有。对网络知识产权的保护不仅是对自主创新作者的保护,也是增强公民保护知识产权法治意识的一种重要途径,因此对于网络知识产权的刑法保护是非常合理的。[②] 对于网络知识产权保护的必要性还应当明确的一点是"网络"在知识产权中所扮演的

① 参见齐爱民:《论知识产权保护水平》,载《苏州大学学报(哲学社会科学版)》2010 年第 2 期。

② 参见谢望原、张雅:《略论中国内地的知识产权刑法保护》,载《现代法学》2003 年第 5 期。

角色问题。“网络”在知识产权的保护中到底应当被认为属于一种权利承载的手段、载体还是属于和权利相结合,并会影响法律适用的一个实质因素,两者最大的区别在于是否承认网络知识产权产生了一个全新的权利类型。也有观点认为,如果仅仅将网络作为知识产权的客体所依赖的一种新型的手段、载体或者一种新型的信息传播的方式,那么对于网络知识产权保护的讨论是没有意义的,其理由在于,不管网络技术如何发展,它都是作为知识产权传播的一种手段和方式,手段和方式的更新换代并不意味着权利本身发生了变化,知识产权权利的本质属性以及社会关系也没有发生变化,因此对网络上的法律关系的调整还是应当依照传统的法律体系,对于网络知识产权的保护继续适用原有的知识产权法就足够了。但笔者认为,不论“网络”这个要素在知识产权的保护中充当怎样的角色,如果将网络当作一种实质影响因素,和知识产权相结合形成了一种全新的权利类型,那么讨论网络知识产权保护的必要性是无可厚非的,但即使将网络作为一个新的传播方式、权利载体,其也是有保护必要性的。理由在于,网络技术的发展虽然没有带来新的权利属性,但是给权利的保护带来了不少问题。以知识产权的刑法保护为例,《刑法》第三章第七节关于知识产权犯罪的各项罪名中,都包含有犯罪客体、犯罪客观方面、犯罪主体、犯罪主观方面的构成要件,判断某项侵犯知识产权的行为是否构成犯罪,需要从四个构成要件来确定,通常如果客观方面或者客体等这些方面并不符合某项罪名的构成要件,该行为是不能构成该罪的。而网络技术的发展通常会带来行为方式的变化和行为对象的变化,当侵犯知识产权的行为模式发生变化,如网络游戏中架设私服的行为、开发使用外挂的行为等这些新型的行为模式都不符合侵犯著作权罪的客观方面,都无法适用侵犯著作权罪来进行规制,但是从其行为的本质来说,架设私服和使用外挂都是一种侵犯著作权的行为。[①] 然而,在司法实践中却常常用非法经营罪来规制。不仅如此,网络技术的发展产生了新的客体,这也让知识产权的保护陷入僵局,如电子数据库现在被当作汇编作品来保护,但在刑法明文列举的几种保护客体中却不包含在内。如果不对网络知识产权进行特殊规制,将来会出现如非法经营罪,生产、销售伪劣商品罪等这些一般罪名滥用,而知识产权的特殊罪名被架空的情况。

二、我国刑法体系对知识产权的保护现状

(一)现行刑法对著作权的规制

从1994年我国正式接入国际互联网开始,我国的互联网技术一直处于高速发展趋势,截至2018年,我国网民规模达到8.29亿人,全年新增网民5653万人,互联网普及率达59.6%,超过全球平均水平(57%)2.6个百分点。除此之外,我国手机网民规模也达8.17亿人。而1997年我国《刑法》修订时,我国的互联网正处于起步阶段,因此立法者在修订时并不能预料到网络环境中侵犯著作权案件的频发和复杂性,对著作权的保护也相对较弱。随着互联网的蓬勃发展,网络环境中著作权侵权案件数量的不断增

---

① 参见陈强等:《关于网络游戏中"外挂"行为的刑法思考》,载《山东警察学院学报》2009年第1期。

长也凸显了《刑法》(1997 年版)无法适应网络环境中著作权保护的冲突问题。直到《著作权法》(2001 年版)修订,新增了信息网络传播权,这意味着网络著作权正式获得了法律的确认,开启了我国保护网络环境中著作权的先河。《著作权法》(1990 年版)中关于著作权侵权的责任只规定了民事责任和行政责任,并没有规定相关的刑事责任。在 2001 年的第一次修正中,才在第 47 条规定了相关的刑事责任,规定“构成犯罪的,依法追究刑事责任”。《刑法》(1997 年版)第 217 条规定了侵犯著作权的独立的罪名,将侵犯著作权的行为通过法典的形式确定了下来,很大程度上保障了著作权人享有的权益,打击了著作权侵权的行为。但是《刑法》(1997 年版)对著作权保护的类型多数集中在传统的著作权侵权类型上,并没有涉及网络著作权的侵权问题,而 2020 年通过的《刑法修正案(十一)》中对侵犯著作权罪进行了大幅度的修改,不但修改了原有的行为方式,还新增了新的行为类型。根据原有的刑法规定,侵犯著作权罪中的客观行为方式只有四种类型,第一类是第 1 项和第 3 项规定的“复制发行”行为。第二类是针对美术作品而言的“制作”和“出售”行为。第三类是第 2 项规定的针对图书来说的“出版”行为,而在《刑法修正案(十一)》通过之后,第 1 项和第 3 项的“复制发行”行为之后都增加了“通过信息网络向公众传播”的行为。传统意义上的“发行”行为中的一个核心要素便是要求存在有形物质载体的转移,而在网络环境中,作品的传播复制发行不再依靠有形物质载体,更多是通过数字化的形式来进行,因此在司法实践中,很多侵害著作权的犯罪行为并不符合该法条中的“复制发行”的要求,导致明明是侵害著作权的行为却无法用侵犯著作权罪来进行规制。第四类是“通过信息网络向公众传播”,增加这种行为方式之后,对于网络上的侵害著作权的行为也能够适用该法条进行规制,也不会出现之前的尴尬局面。不仅如此,针对表演者的权利,《刑法修正案(十一)》还在第217条新增了第4项,规制了通过信息网络向公众传播表演者的表演的行为,解决了网络上影视盗版视频泛滥的问题。在增加新的行为类型方面,对于影视作品的盗版问题,还存在很多通过技术手段破解视频网站的付费措施,传播影视作品的行为,如在“单某某侵犯著作权罪案”中,被告人就是通过解析工具程序,在未经著作权人许可的情况下,利用该解析工具程序,避开权利人设置的广告及付费会员技术措施,从各大视频网站链接影视作品,或者通过技术链接到其他盗版资源网站获取盗版视频,嵌入其租借的服务器数据库,通过上述视频播放链接向用户提供在线观看服务,而这种行为方式已经成为目前网络上传播盗版影视作品主要的方式。针对越来越多的类似案件,《刑法修正案(十一)》在第217条新增了第6项,将故意避开或者破坏权利人为其作品、录音录像制品等采取的保护著作权或者与著作权有关的权利的技术措施的行为也纳入刑法规制的范围内。除此之外,《刑法修正案(十一)》关于整个知识产权的修订也呈现出一种重刑趋向,对于著作权的最高法定刑由7年上调至10年,这在一定程度上也提高了著作权犯罪的成本。

(二)现行刑法对商标权的规制

我国对于商标权的刑法保护开始时间是整个知识产权权利体系中最早的,可以追溯到1904年颁布的《商标注册试办章程》。之后在1979年《刑法》中,对于侵犯商标权的犯罪也有了规定。

《刑法》(1979年版)第127条规定:违反商标管理法规,工商企业假冒其他企业已经注册的商标的,对直接责任人员,处3年以下有期徒刑,拘役或者罚金。但从该条文可以明显看出《刑法》(1979年版)对商标权的保护范围极其狭窄,犯罪主体只限于工商企业,且保护模式非常单一,对商标权保护模式只注重商标权人对其商标权的“专有”和“独占”,而对于其他形式的商标侵权行为均未涉及,这也逐渐不再适用社会经济的发展。《刑法》(1997年版)虽然对关于商标权犯罪行为的规定进行了修正,将一罪分为假冒注册商标罪、销售假冒注册商标的商品罪和非法制造、销售非法制造的注册商标标识罪三个罪名,并提高了最高法定刑,将3年有期徒刑提高到7年有期徒刑,但对商标权的保护依旧存在不少漏洞。我国“互联网+”技术的快速发展带来知识经济的高速发展,过去网络知识产权侵权的案件主要以著作权案件为主,但是近年来商标权侵权的现象频发。从目前来看,我国的刑法体系对于侵犯网络商标权的犯罪行为并没有设置专门的法条来进行规制。网络环境下的侵犯商标权的犯罪行为不同于传统的侵犯商标权的犯罪行为,网络商标权的侵权行为不管是从行为模式还是从行为主体来看都异常复杂,渠道隐秘,很难被发现,即使被发现也很难进行取证,如网络上常见的域名侵权、“App”名称侵权、关键词侵权等。网络环境中,域名作为现在企业的一个重要资源,是用户鉴别不同服务提供商的重要标识,很多时候也是一个企业的竞争优势,但是随着网络的普及,很多不法分子将一般的驰名商标或者商号抢先注册为域名,来要求商标权人通过高价来购买该域名或者获得该域名的使用权。据悉,小米公司曾花费2000多万元买回“mi.com”的域名,京东公司也曾花费高额的费用收购“jd. com”的域名。而“关键词”侵权则是不法分子将某些家喻户晓的知名商标当作自己网页的关键词,用户在检索该关键词时会优先跳转到该网页中。而通常这些网页中要么销售一些假冒商品,要么销售一些其他种类的商品,诱导消费者误认为该网页是那些知名商标的官方网站。这些行为不仅严重损害了商标权人的利益,也破坏了知识经济的发展秩序。2020年的《刑法修正案(十一)》没有将侵犯网络商标权的犯罪行为纳入规制的范围之内。《刑法修正案(十一)》对关于商标权相关的法条的修改并不多,只修正了两部分的内容,一是修改了商标权犯罪的法定刑,呈现出重刑化的趋向。原本关于商标权犯罪的三个罪名中都根据情节分为两档刑罚,在第一档刑罚中取消了“三年以下有期徒刑或者拘役”中的“拘役”规定,并且将第二档刑罚中“处三年以上七年以下有期徒刑”中的最高7年的法定刑统一上调至10年。二是在销售假冒注册商标的商品罪中将“销售金额”修改为“违法所得数额”,但是在行为模式或者行为对象上都没有修正,也没有增加新的关于侵犯商标权的犯罪行为模式,总体来说,此次《刑法修正案(十一)》对于商标权犯罪的规定修正并不是重点。针对我国现在越来越频繁的网络商标权的犯罪行为,一些尚且能够通过传统的商标权犯罪来进行规制,但仍然有很多情况不能用现行的刑法进行规制。

(三)现行刑法对专利权的规制

我国在步入互联网时代之后,网络环境中涉及专利权的案件虽没有著作权和商标权的案件那么普遍,但其增长速度极快,呈现出多发、快发、投诉多、影响大的互联网时代特征。传统的专利权法中对于外观设计专利的审查只要求进行初审,这导致我国外观设计侵权案件情况较为严峻。在与网络技术结合之后,这种侵权行为的发生不仅在成本上更低,在时间上也大大缩短了。传统的外观设计侵权行为中,不法分子通常会等到外观设计上市或者面向大众之后,再进行仿制,而随着电子商务的快速发展,我们常常会在一些购物网站上看到许多一模一样的衣服设计,产品图案,不法分子根据简简单单的一张图片就能够完美仿制原创者的作品,很多时候这些仿制者会以更快的生产速度、更低廉的价格来抢占市场,这不但严重侵害了专利权人的权利,也破坏了整个市场秩序。不仅如此,网络环境下对专利侵权的判定也更加困难,传统的专利权侵权需要线下的专家进行专业评定。通常难以评定。而对于网络电商的一些诉求,只能通过一些图片来判断是否存在专利侵权现象,即使能够判断专利权的侵权情况,网络环境下专利权还存在侵权结果范围广的特点。网络电商相比起传统的线下销售,不仅销售范围广,交易完成的速度也更快,因此对于专利权的侵权往往涉及一个较广的范围,如果不能对权利人进行及时的保护,则很难弥补其损失,因此对网络环境下专利权的保护是十分紧迫的。然而,我国对于专利权的刑法保护是整个知识产权权利体系中起步较晚的,我国最早设立侵犯专利权的刑事责任是在 1984 年通过的《专利法》中。该版《专利法》第 63 条规定,对于假冒专利的行为,情节严重的,对直接负责人比照《刑法》(1979 年版)第 127 条的规定进行规制。如前所述,《刑法》(1979 年版)第 127 条规定并不是一条专门规制侵犯专利权犯罪行为的法律条文,而是一条规制侵犯商标权的犯罪行为的法律条文,即便如此《专利法》(1984 年版)第 63 条对侵犯专利权的刑事责任的确定也算是以附属刑法的方式弥补了刑法体系中对专利权保护的空白。1997年《刑法》修订时，才在刑法体系中正式设立了第216条假冒专利罪作为专门规制侵犯专利权的条文。根据罪刑法定原则，目前只有假冒专利的行为能够受到刑法的规制，其他的侵权行为如冒充专利的行为，即使其和假冒专利行为相比只在行为模式上有些不同，产生的社会危害性差不多也不能受到刑法规制，专利权其他重要的权利如许可权和转让权也不在刑法规制的范围内，不能受到刑法的保护。自1997年新增假冒专利罪之后直到目前，《刑法修正案》通过了十一稿，但是对于专利权的犯罪仍然只有假冒专利罪这一条罪名，2020年通过的《刑法修正案(十一)》中关于知识产权的修正主要集中在著作权、商标权和商业秘密上，对于专利权的相关规定并没有任何修改。在著作权和商标权以及商业秘密犯罪都统一提高了法定刑的标准之后，对于专利权的法定刑依旧沿用之前的“三年以下有期徒刑或者拘役”。除此之外，在《专利法》中涉及刑事责任的，分别是第68条、第78条和第80条。

三、我国刑法体系对知识产权保护存在的问题

(一)传统刑法难以规制网络知识产权行为模式和对象的发展

互联网技术的发展给知识产权保护带来的变化主要存在两个方面：一是传统知识产权借助新的数字技术和网络平台，其存在的载体或者行为模式发生改变；二是随着新的互联网技术发展，产生了新的可能需要知识产权保护的对象类型。在我国现行《刑法》第三章第七节关于对知识产权犯罪的规定中，明确了每一

种犯罪行为的行为模式，但是由于网络技术的高速发展，很多网络环境中的知识产权犯罪行为在实施时都不再具有传统的知识产权犯罪的行为模式。网络环境下这些知识产权犯罪的行为通常和一些高新技术相结合，在技术“外衣”的掩盖下，通常从表面形式上来看，行为和传统的犯罪模式有着较大的出入，而在司法实践中不少法院也会因为网络知识产权的犯罪行为不符合刑法规定的构成要件而无法将行为以知识产权犯罪的专有罪名进行定罪，只能适用一些如非法经营罪或者生产、销售伪劣商品罪这些一般罪名来进行处罚。如 2019 年发生在河北的“火影忍者 ONLINE 外挂案”，被告人卫某针对《火影忍者 ONLINE》游戏，开发了“火影忍者 ONLINE(脱机版)”，实际是一款外挂软件，通过分析破解《火影忍者 OL》的通信协议，跳过《火影忍者 OL》客户端，实现了自动打怪、自动做任务等客户端手动功能。被告人自 2015 年开始，通过贩卖该外挂软件获利 27 万余元。对于该案件，尽管被告人上诉辩称自己只构成侵犯著作权罪，但一审、二审法院都驳回了构成侵犯著作权罪的诉求，以非法经营罪判处。对于网络游戏外挂的侵权案件，在司法实务中存在着许多不同的意见，主要有三种：非法经营罪、侵犯著作权罪以及破坏计算机信息系统罪。笔者认为，开发网络游戏的外挂软件是一种侵犯著作权的行为是毋庸置疑的，且通常侵权人在开发游戏外挂的过程中不单单侵犯一种著作权。从开发外挂的行为本身来说，外挂是通过一种能增强功能的软件，即通过修改服务器端程序、客户端程序和修改客户端程序与服务器端程序之间传送的数据的方法作弊，以达到增强游戏的效果，因此外挂的开发过程是一个经过权利人的许可，为了达到增强的效果，修改游戏程序的参数或者数据包抑或源程序的行为,其必然侵犯了著作权人的修改权。在此过程中,大多数网络游戏的开发商为了保证其程序不被侵权或盗取通常会有一些保护其作品的技术措施,侵权人为了能够修改其源程序或者参数而避开或者破坏这些技术措施也是对著作权人的一种侵权行为。但过去刑法确立关于著作权犯罪的法条时,网络上像开发外挂软件这种类型的行为极少,对于开发外挂行为本身侵犯修改权在刑法中并没有规定相应的犯罪行为类型,因此对于开发外挂的行为并不能通过刑法进行规制。《刑法修正案(十一)》增加了一项未经许可,故意避开或者破坏权利人为保护著作权或者与著作权有关的权利的技术措施的行为,如果侵权人在开发外挂软件的过程中还存在着规避或破坏技术措施则可以通过侵犯著作权罪来规制。但从开发外挂软件带来的社会危害性来说,也不小于《刑法》第 217 条明文规定的那几种犯罪行为带来的危害性,因此通过刑法来规制这类的行为是十分有必要的。互联网技术的发展是不断往前推进的,因此网络上的侵权行为模式只会越来越复杂,越来越脱离传统的犯罪行为模式,刑法对知识产权犯罪规定的几种犯罪行为模式将会越来越难以规制网络环境下的侵犯知识产权活动。除此之外,网络技术的发展还带来了新的智力成果,我国现行《刑法》对于知识产权保护的对象采取的是列举的形式,第 217 条明文列举了侵犯著作权罪的对象为文字作品、音乐、电影、电视、录像作品、计算机软件及其他作品、图书、美术作品,对于新产生的智力成果刑法无法将其纳入保护的范围。不管是学界还是实务界,对于新的非物质客体如电子数据库、电路布局设计图、域名、遗传基因技术等是否应当受到知识产权的保护的讨论一直存在许多不同的说法,有些客体已经成为知识产权的保护对象,但有些客体仍然存在争议。在如今人工智能和大数据高度发达的社会中,新的非物质客体也在以难以想象的速度出现。比如,在人脸识别的广泛运用下,一些生物科技公司收集的大量人脸信息,形成一个巨大的人脸数据库抑或一些科技公司掌握了大量个人的行踪轨迹信息形成的行踪信息数据库,这些个人信息是否能够成为知识产权保护的对象,对此赞成意见认为这些数据信息库都是由公司努力收集创造了一个庞大的信息体系,应当得到保护;而反对者则认为个人信息本身就不是知识产权保护的对象,因此不应当得到保护。而随着社会的进一步发展,这样难以定性但需要法律规制的客体会只增不减,刑法仅仅对传统的知识产权的客体进行保护已经难以适应网络环境下新的非物质客体种类的扩张。

(二)网络知识产权侵权的危害结果难以判断

我国现行刑法对于知识产权相关犯罪的规定,无论是商标权犯罪、著作权犯罪,还是专利权犯罪都要求违法所得达到一定的数额之后或者情节严重时才构成犯罪,若侵权行为的数额较小或者情节较为轻微只能通过一般的民事或者行政方式来解决,并不需要通过刑法来规制。在传统的知识产权的保护过程中,通常权利都以有形的物质客体作为载体,因此在发生侵权案件之后,对于侵权的违法数额的所得可以根据复制品的数量或者侵权工具手段的确定等各种方式来确定一个较为准确的数额,对于侵权的情节也能够较为清晰地判断。但是,在如今的网络环境中,权利的载体不再以有形物质存在,更多的是依靠无形载体进行传播使用。由于网络的非物质性,网络环境中的侵权违法数额和情节变得很难通过一个客观的具体标准来判断,很多时候甚至连侵权人都无法确定自己到底造成了多少的损失,获得了多少违法所得。比如,在“谷某莫短视频侵权案”中,被告人谷某莫用不正当手段获取的市场上热门的影视作品进行所谓的二次创作,也借此获取了大量的经济利益。相比起传统的著作权侵权的违法所得,在谷某莫侵权案中,其通过侵权行为获得收益的方式也更加多样化,谷某莫在 bilibili 视频网站和 YouTube 视频网站都有个人账号,其在每个网站根据视频的播放量都能获得一定比例的收益。除了播放量带来的收益,谷某莫的视频中常常会出现广告的推广,广告的收益成为其收益中非常重要的部分,而对于其通过广告推广获得的收益到底是否能作为侵害著作权的违法所得来处理还存在疑问。不仅如此,谷某莫通过这类视频拥有了一定规模的粉丝数量,其利用网红的身份,利用自身所带的“流量”进行创业,售卖台湾凤梨酥,并且常常通过其视频来推广其所售卖的产品,售卖产品的收益也成为其收益中非常重要的一部分。对于谷某莫售卖其创业产品的收益是否能算入其侵害著作权的违法所得数额之内也存在着争议。若认为谷某莫售卖凤梨酥所产生的收益只是一种正常的交易所得,但其销售主要面向的群体又是观看其视频的粉丝群体,而且对于产品的推广也常常利用视频内容来进行。因此不管是从顾客群体还是从推广手段来看,谷某莫都是靠着侵权视频的红利发展的,销售额与他制作的视频有着千丝万缕的关系,不对其进行规制对著作权人来说权益并没有得到充足的保护。但他通过销售产品的方式获得利益与传统的著作权侵权获得违法所得的方式又并不相似,因此到底应该如何认定谷某莫的侵权违法所得也是网络环境下认定著作权侵权违法所得数额较为典型的例子。除了短视频侵权案件中违法数额的认定较为困难,很多时候像商标权的侵权案件,侵权人在制作、销售的过程中利用现在电商环境中常用的“刷单”行为,虚假增加交易单数,增加交易金额,侵权人可能只是为了提升店铺的信誉、知名度,实际并未获得这部分通过“刷单”行为得到的金额,但是在“刷单”行为的过程中,对知识产权权利的破坏范围又在一定程度上扩大,那么对于这部分通过虚假交易产生的数额是否应当计入违法所得的数额呢?再如,在侵犯商业秘密的案件中,如何计算权利人遭到的损失数额也是一个非常棘手的问题,《刑法》第219条关于商业秘密犯罪的条文中仅把“造成重大损失”作为区分罪与非罪的结果要件,但是并没有规定一个明确客观的标准。传统商业秘密侵权案件中对于“重大损失”的认定在司法实践中存在很多不同的模式,常常出现“同案不同判”的情况。第一种模式是成本说,根据权利人研究该商业秘密所投入的研发费用、保密费用等成本来计算损失;第二种模式是价值说,根据商业秘密的经济价值计算权利人的损失;第三种模式是损失说,根据商业秘密被侵犯后权利人失去的利润来计算损失;第四种模式是获利说,根据行为人侵犯商业秘密后实际获得的违法所得数额计算权利人的损失。但不管使用哪一种计算模式,在网络环境下都会发生异化。相比传统的商业秘密侵权造成的重大损失数额的确定,网络环境下其损失数额的确定只会更为困难,网络的非物质性和无界性使多数侵权犯罪行为的隐秘性极强,对于行为人在侵权期间获得的利润具体数额通常难以确定,因为商业秘密被侵犯所导致的自身价值减损、竞争能力的下降和相应市场份额的减少这些数额也非常抽象,很难进行精确的客观计算,对司法实践来说也是一个难以解决的问题。

(三)刑法与前置法律之间的衔接问题

我国现行刑法对于知识产权犯罪所规制的具体类型不管是从数量上还是从范围上来看,都是严重不足的,学界已经达成当前我国知识产权犯罪的保护对象和范围过于狭窄,应当与民事、行政法律规范中知识产权的种类、权利内容保持一致这一共识。对于网络环境下的知识产权犯罪,传统的知识产权犯罪体系已经无法涵盖当下网络知识产权犯罪模式。综观《刑法》第三章第七节关于知识产权犯罪的规定和《著作权法》《商标法》《专利法》这些前置法律,可以清楚地看到《刑法》所规制的范围明显小于前置法律所限定的侵权行为。我国对于知识产权犯罪的规制是一种二次违法模式,要求侵权行为达到情节严重的程度或者违法所得达到一定数额才能够构成犯罪,知识产权的刑法保护必须参照前置法律的规定,而前置法律和刑法的失调导致两者无法妥善衔接,要完善网络环境下知识产权的刑法保护问题也就必须先解决刑法和前置法律的衔接问题。从整个知识产权保护体系来看,我国所保护的知识产权类型多达十几种,如著作权、邻接权、商标权、专利权、商业秘密权、集成电路设计布图权、地理标志权、技术措施等,但是大多数权利只能通过民事法律来进行保护,我国现行刑法只规定了 4 种具体的权利。对于很多权利,目前只能通过如非法经营罪,生产、销售伪劣商品罪这些一般罪名来进行规制。这些一般罪名并不是专门为规制知识产权犯罪而产生的,只能起到一定的辅助和补充作用,并不能为知识产权提供充足的保护。从著作权的保护来看,我国现行的《著作权法》第 53 条明文列举了 8 种著作权侵权行为,并规定“构成犯罪的,依法追究刑事责任”。然而,即使我国现行刑法对于著作权犯罪的规定在《刑法修正案(十一)》出台之后从 4 种增加到了 6 种,但《著作权法》中仍然存在几种行为是无法得到刑法规制的。如《著作权法》第 53 条中的第 8 项规定了制作、出售假冒他人署名的作品的行为属于著作权侵权行为,而相对应的《刑法》第 217 条中关于制作、出售他人署名作品的行为只把作品的类型限定为美术作品一种。这样的规定意味着除了美术作品,其他不管是文字作品、录音录像作品或者其他类型的种类,即使存在着制作、出售他人署名的作品的行为也不能受到《刑法》的规制,这对于权利人利益的保护是不平衡的。从行为性质上来讲,制作出售别人署名的美术作品和制作出售别人署名的文字作品是一样的,带来的社会危害性程度也是相当的,两者唯一的区别只在于对象客体的不同,如果仅仅因为对象客体的不同。某个侵权行为人制作出售了美术作品,而另一个侵权行为人制作出售了文字作品,制作出售美术作品的行为人要受到刑法的规制、承担刑事责任,制作出售文字作品的行为人只需要承担民事责任这显然是不合理,也无法平衡利益的。《著作权法》还规定了删除权利管理信息或者明知权利管理信息被删除改变还向公众提供的行为也是著作权侵权行为之一,即使《刑法修正案(十一)》增加了两种著作权侵权的行为,某些行为依然无法受到刑法的规制。而实践中尤其是在网络环境中删除改变权利人的权利管理信息的行为不在少数,在其他侵权行为都能受到刑法规制的情况下增加该种侵权行为使其受到刑法的规制是合理的。从对商标权和专利权的保护来看,《刑法》《商标法》《专利法》这些前置法律的衔接同样存在问题,刑法保护的范围远远小于商标法和专利法所规定的侵权种类。就商标权来说，刑法对于侵犯商标权的犯罪只限于3种商标权侵权类型，而商标法中对于侵害商标专有权的行为类型的规定有7种，其中包括了兜底性条款“给他人的注册商标专用权造成其他损害的”，这意味着大部分商标权侵权行为类型无法受到刑法的规制。如对于在同一种商品、服务上使用与其注册商标相同的商标的行为可以通过假冒注册商标罪来进行规制，但在实践中，侵权行为人不仅常常使用相同的商标，还经常使用相近的商标或者在类似的商品中使用相似的商标，来使消费者误以为该商品是注册商标的商品。这种类型的侵权行为在社会危害性和对权利人造成的损害上其实并不小于在同种商品、服务上使用相同商标的行为，但刑法目前并未规制这类侵权行为，因此这类侵权行为无法得到刑法的规制。从专利权的保护来看，我国现行《刑法》第三章第七节关于知识产权犯罪的法律条文规定中关于专利权的法条是最少的，只有1条，规定了假冒他人专利，情节严重的，这意味着我国现行刑法对于专利权的保护只限于专利权中的标识权，而对于专利权中核心的许可权和转让权并没有加以保护。刑法和前置法律的失调留下了知识产权保护的空隙，也表明我国知识产权的刑法保护处于亟待完善的阶段。

四、完善网络知识产权的刑法保护体系

（一）进一步扩大知识产权犯罪行为类型

我国刑法对知识产权的保护范围过窄已经成为学界的一个共识，尤其是在网络技术高速发展之后，刑法的保护范围无法适

应当下社会知识产权保护要求的问题也越来越凸显。目前,我国刑法对于知识产权犯罪只规定了几种比较严重的行为,但是对于违法所得的数额以及情节严重标准的判断都具有时代的背景,不同时代背景下对于严重情节的判断标准也不一样。在传统知识产权侵权的行为中,在网络技术或者人工智能技术的加持下,很多行为对社会的危害性以及给权利人带来的利益损失已经不亚于刑法所规定的几种知识产权犯罪行为所带来的危害。网络环境下知识产权的侵权行为类型在未来只会越来越多,其手段也会更加复杂、隐秘,因此为了进一步解决司法实践中针对网络知识产权法律适用困难的问题以及刑法难以和知识产权前置法律相协调的问题,应当进一步扩大现行刑法对知识产权的保护范围,使网络环境下的知识产权犯罪也能够通过刑法来进行规制,使刑法中关于知识产权的规定能够和前置法律更好地衔接,从而构建起一套完整、统一的以《刑法》为主体,以《专利法》《商标法》《著作权法》《反不正当竞争法》以及司法解释中的刑法保护规定为补充的知识产权刑事保护体系。从近年来对知识产权法律和刑法的修订来看,我国对知识产权的保护范围呈不断扩大的趋势,在著作权法的修正中体现得尤为明显。但是,进一步扩大知识产权犯罪的行为类型并不意味着所有知识产权前置法律中所规定的侵权行为不管其对社会的危害性程度都必须纳入刑法规制的范围之内,也并不意味着对刑法体系中关于知识产权犯罪的法条设置可以完全照抄著作权法、商标法、专利法中的侵权条款。当然,也有意见认为,进一步扩大知识产权犯罪的行为类型是不是一种违反刑法谦抑性的行为。尽管刑法一向被当作权利保护的最后一道防线,但是笔者认为扩大知识产权犯罪行为类型并不是一种破坏刑法谦抑性的立法例。对于是否破坏刑法的谦抑性，主要是判断将该行为设置为犯罪是否有必要，有无其他途径可以替代刑罚。若一味强调刑法的谦抑性问题，不将一些社会危害性程度较高的应该受到刑法规制的犯罪行为纳入刑法的规制范围，反而会导致更大的社会法益被侵害。我国的知识产权一直处于高速发展中，已成为经济社会中越来越重要的一环，网络环境下的知识产权犯罪不仅手段隐秘，造成损害的范围相对于传统的知识产权犯罪也更大，若再不对其进行规制不仅会打击知识产权权利人的创新热情，对我国的知识产权经济发展也是一种损害。我国自1978年经济改革逐步建立市场经济后，对于知识产权一直秉持着知识产权的保护应当弱于传统刑法对有形财产的保护的观念，这同样和我国当时的发展水平有密切联系。相比发达国家对于知识产权的强保护，有不少人认为应当适当放宽对知识产权的规制才有助于我国的经济增长速度。但是，正是这种长期的“弱保护”政策使我国目前的知识产权犯罪呈现一种高发和泛滥的态势，在如今的网络社会中再继续这种“弱保护”政策，放任知识产权侵权行为发生已经不合时宜，因此扩大知识产权犯罪的行为类型势在必行。知识产权犯罪的行为类型的扩大并不要求短时间内在刑法上增加多种知识产权罪名，短时间内罪名的激增可能会导致整个刑法罪名体系出现矛盾，可以通过扩大司法解释或者单行刑法、附属刑法等方式，逐渐将网络环境下越来越多样的知识产权犯罪行为纳入刑法的规制范围，以使侵犯知识产权的行为能够充分得到刑法的规制，从而扩大我国知识产权刑法保护的范围，加大保护的力度。

(二)革新定罪量刑幅度适用标准

我国现行刑法体系中,违法所得数额和情节不仅仅是知识产权犯罪入刑和定罪的标准,更是知识产权犯罪量刑的重要标准,但是随着网络技术的发展,传统的量刑标准在目前网络环境下的知识产权犯罪场合中已经不能完全适用了。2011 年,最高人民法院、最高人民检察院、公安部曾联合印发了《关于办理侵犯知识产权刑事案件适用法律若干问题的意见》。该意见对于知识产权侵权的定罪量刑的标准和对“情节严重”的标准都采用了具体数额的规定。但是从目前网络环境下的知识产权侵权的各类案件来看,该意见对于侵权数额的标准以及对于情节认定的标准所规定的具体数额已经和当下的侵权案件所涉及的数额有所脱节了,比如该意见第 13 条规定非法经营的数额标准在 5 万元以上,被点击数量在 5 万次以上,传播作品量在 500 件(部)以上,而注册会员人数标准在 1000 人以上,属于《刑法》第 217 条规定的“其他严重情节”。若在网络技术并不普及的时候,这样的数量标准足以应对网络环境下知识产权侵权状况。但在现代数字网络时代,我国互联网使用人数已经达到八九亿人,同时随着智能手机的快速普及,不管是1000 人的注册会员人数标准还是5 万次的点击数标准甚至不需要一个严密的犯罪团伙,单单是个人都能够达到这样的侵权数额标准。如果依旧按照这个数额标准来进行规制,那么目前网络环境下大部分通过信息网络传播侵权作品的行为都属于“严重情节”的犯罪行为,都需要受到刑法的规制。如果是这样,刑法作为“最后一道防线”,其谦抑性就很难保证。刑法会过多影响本该通过民事法律进行规制的民事侵权领域,也会造成民刑规范空间的混乱,这对于知识产权的保护以及整个法律体系的完整性来说都是非常不合理的。目前,我国关于知识产权的犯罪基本都属于结果犯,只有违法所得达到一定数额或者情节达到一定的严重程度才能够入罪。如果入罪的标准过低,那么对于这些知识产权犯罪的行为来说所规定这些入罪的数额或者情节标准是没有意义的。只要实施了构成要件中的行为,不管其是否发生所规定的结果都构成知识产权犯罪,这意味着基本所有的知识产权侵权行为都是犯罪行为,这也使其行为性质和行为犯没有差别,因此对于知识产权犯罪的入罪标准是十分有必要提高的。[①]但是,需要注意的一点是对于知识产权的入罪标准的提高并不是简单地提高关于入罪标准的具体数值就可以的,从目前我国网络技术的普及速度和发展趋势来看,其扩展是非常迅速的。虽然上述意见中规定的具体数值从表面来看有一个具体的客观标准,在实践的适用中也能够有一个内容明确且可操作性强的标准,但是只考虑具体数值作为入罪标准也存在一定问题。对于网络环境下的知识产权侵权行为来说,并不是每一个行为的危害结果都是清晰可以计算的,很多侵权行为如何定性都是存在争议的。[②] 不仅如此,网络技术的发展速度极快,对于这些入罪门槛的数值标准也是日新月异,提高入罪标准的具体数额并不是一次修改就能够完成的,是需要随着网络社会的发展趋势不断修订、不断提高的,但是通常对于标准的修订是跟不上社会中侵权行为发生的现

① 参见刘军华、丁文联:《我国知识产权刑事保护的反思与完善》,载《电子知识产权》2018 年第 5 期。

② 参见雷山漫:《网络环境下著作权刑法保护研究》,载《法学评论》2010 年第 6 期。

状的。就这两点原因来说,对于侵权行为入罪的标准的设定不能唯数值论,不但要考虑具体的数值也应当考虑情节的问题。除此之外,对于情节严重性的认定因素上也应当随着网络技术的发展有所更新,《关于办理侵犯知识产权刑事案件适用法律若干问题的意见》中对于通过信息网络传播侵权作品的行为情节严重的判断有“点击量”“注册会员数”等这些因素,可以明显看出这些量化标准有很鲜明的网络技术特征,但网络技术的进一步普及会导致越来越多新的量化标准的产生,如微博上的转发数、视频网站的投币数、直播平台的打赏数等。这些标准都很有可能在侵权行为的判断和情节的认定上起着重要的作用,所以更新量刑的标准不仅仅要更新具体数额以适应网络环境下知识产权犯罪的犯罪数额的现状,还要更新判断是否构成犯罪的新型量化标准。①

(三)完善网络服务商的刑事责任

在如今的数字时代尤其是网络环境下的知识产权保护中,网络服务商在知识产权传播的过程中发挥着非常重要的作用。当然,随之而来的是,其在网络环境下的知识产权侵权过程中也扮演着越来越重要的角色,因此在完善网络知识产权的刑法保护体系的过程中对于网络服务商的责任的完善也是十分必要的。我国对于网络服务商的间接侵权相关规定主要是借鉴美国《数字千年版权法》中关于“避风港”原则的规定,该法对于网络服务商的免责情况规定了主观条件,要求网络服务商既不存在实际知情也

① 参见于志强:《我国网络知识产权犯罪制裁体系检视与未来建构》,载《中国法学》2014 年第 3 期。

不存在明显知情的情况。[1] 但是我国对于美国的"避风港"原则相关的移植并不是全套搬用,体现在对于"避风港"原则或"红旗"标准配套的网络服务商注意义务上,我国的立法者并没有完全引入。这导致了我国网络服务商在享受"避风港"原则保护的同时,不需要承担像美国的网络服务商那样通过容纳标准技术措施、惩罚反复侵权者以减少用户的侵权行为的义务。除此之外,我国在引用"避风港"原则之外并没有规定相应的替代责任,与此相配套的美国版权法上规定的损害赔偿制度(包括惩罚性赔偿)以及刑事责任制度等制度也都没有引入。[2] 这就意味着我国网络服务商对于其平台上所储存或者传播的内容并没有审查义务,只要在接到侵权通知后及时删除该侵权内容就可以避免承担侵权责任。[3] 同样,这样的规定也使客观上我国网络服务商对于打击网络平台上的知识产权侵权行为持有一种消极等待的态度,对于网络上传播的作品或者其他知识产权的客体来说,通常这些作品等客体刚被上传至网络环境时,其价值是最高的。随着时间的推移这些客体不断地被转发复制下载,其价值实际上在逐渐降低,因此对权利人权益最好的保护就是在一开始阻止客体的传播,时间一久即使这些知识产权权利客体被删除,其也已经没有价值了,给权利人造成的损失也是难以弥补的。网络服务商在等待权利人通知其平台存

---

① 参见刘家瑞:《论我国网络服务商的避风港规则——兼评"十一大唱片公司诉雅虎案"》,载《知识产权》2009 年第 2 期。

② 参见虞婷婷:《网络服务商过错判定理念的修正——以知识产权审查义务的确立为中心》,载《政治与法律》2019 年第 10 期。

③ 参见吴汉东:《论网络服务提供者的著作权侵权责任》,载《中国法学》2011 年第 2 期。

在侵权内容后再去删除这些侵权内容不但对于保护网络环境下知识产权权利人的权利毫无意义,对于网络服务商的责任设定也过低。因此,对于网络服务商应当加强其注意义务,在现有技术的支持下,提供信息储存服务或者信息定位服务的网络服务商是有条件认识到自己平台上存在的侵权内容的,其注意义务也是有条件有可能加强的。除了要加强网络服务商的注意义务,[①]对其刑事责任的承担也应当相应地进行完善。我国现行刑法并没有条文规制网络服务商的刑事责任,有意见认为其可以用共犯原理进行处理,但是使用共犯原理在事前共同故意等方面都是难以认定的,对此在实践中也是难以具体实施的。因此,在日后刑法的修订中也应当关注如何用妥当的方式对网络服务商的刑事责任进行规制。

数字时代的到来使网络环境下的知识产权保护越来越受到重视。网络知识产权相比传统的知识产权,不管是专有性还是地域性、时空性方面都更加弱化,而其犯罪的手段却更加隐秘,危害结果范围更为宽泛,因此对于网络环境下的知识产权犯罪侵权行为从刑法上进行规制是十分有必要的。我国目前对于著作权、商标权以及专利权这三种权利的保护在一次次的对法律的修订中是不断在完善的,但是对于著作权、商标权和专利权的保护其法律条文的修订一直以来都存在着“头痛医头,脚痛医脚”的问题,尤其对于这三种权利的刑法保护上还存在着较大的漏洞,尽管《刑法修正案(十一)》中对于知识产权犯罪相关法条进行了一定

① 参见崔国斌:《网络服务商共同侵权制度之重塑》,载《法学研究》2013 年第 4 期。

程度的修改,但其主要修改的部分都集中在著作权犯罪,对于商标权和专利权犯罪的相关刑法保护仍然存在不少问题。目前,我国对于网络环境下知识产权的刑法规制主要存在三点问题,第一点问题是传统刑法难以规制网络知识产权行为模式和对象的发展,行为模式和对象的不断更新使在实践中刑法所确定的几个知识产权专有罪名无法适用;第二点问题是发生在网络环境中的知识产权犯罪行为的危害结果难以判断,网络技术的非物质性使传统知识产权犯罪中有形的危害结果被数字化所替代,对于产生的损失是否属于危害结果,到底产生了多少危害结果都难以认定;第三点问题是刑法与前置法律之间的衔接存在问题,对于一些前置法律规定了刑事责任的侵权行为,刑法中却没有规定相应的条文进行规制,导致在适用上存在漏洞。针对我国网络知识产权刑法保护所存在的这些方面的问题,完善我国网络知识产权的刑法保护体系是势在必行的,主要可以从三个方面来完善。首先,针对我们国家刑法对知识产权保护范围过窄的问题,应当进一步扩大刑法中对于网络知识产权的保护范围,增加现行刑法关于知识产权犯罪行为模式的类型,以适应网络环境下知识产权犯罪行为模式的不断更新。其次,对于网络环境中知识产权犯罪危害结果认定难的问题,应当革新传统的量刑的标准,不但要提高量刑的数值标准,还应当拟定新的量化标准,将数值和情节结合,共同来认定知识产权犯罪的情节问题。最后,还应当完善网络服务商的刑事责任,强化网络服务商的注意义务,只有这样才能够更加有效地解决网络环境下知识产权犯罪行为泛滥的问题,形成更加完善的网络知识产权刑法保护体系。

五、知识产权刑法保护中的情节要素

（一）情节要素的适用路径变革与探索——以情节与数额关系为着眼点

中国法域内的罪量要素正悄无声息地历经一场变革。这一重大变革以摆脱情节要素的司法适用困境为内在动因，而追根溯源地探寻困境背后的症结所在，并以此对症下药研究消解情节要素司法困境的路径更具有现实意义。本书以情节与数额的关系为着眼点，通过厘定情节要素在司法适用中存在的适用问题，并以情节与数额在司法解释中出现的互动关系为契机，探讨消解情节要素司法困境的实现方式，进而批判性地反思情节要素适用路径的利弊，尝试性地构建具有普遍适用性的情节要素司法适用模型。

《易经·系辞》有云："日往则月来，月往则日来，日月相推而明生焉。寒往则暑来，暑往则寒来，寒暑相推而岁成焉。"放眼当代中国，随着经济体的持续蓬勃发展，社会体制处于不断的变革发展过程。改革，已然成为当下中国社会的一门显学。刑法，作为社会管理体制的重要组成部分，亦应每时每刻地自省其机能的实现。情节要素作为我国刑法认定罪与非罪、轻罪与重罪的制度设计之一，成为发挥刑法机能的关键指标。如何评价当前情节要素适用路径变革的价值，情节要素的适用又应当朝向何种路径继续发展与完善，都是需要着力研究探讨的问题。

1. 破局：数额中心论视野下情节要素适用的困境与变革

长期以来，我国刑法存在一种迷思，即认为对于侵犯财产犯罪、职务犯罪以及经济犯罪，数额是其社会危害性严重程度最直接甚至唯一的征表形式,以至于在刑法规范的罪量设置上以及司法实践中将数额作为衡量犯罪社会危害性轻重的唯一或主要标准。这种症候群在学理上称为数额中心论。数额中心论发迹于刑法规范视域内罪量要素的配置方式,同时情节要素在司法适用过程中突显的闲置问题,无异于将情节的适用空间让位于数额,情节要素的留而不用淤滞了数额中心论的消解之道。因此,情节要素的适用变革应当着眼于剖析其困境根源并对症下药。

(1)困境:情节要素的闲置及其产生机制。

情节要素的司法适用困境突出表现为闲置问题,即刑法分则虽然以情节为要素设置了罪量标准,但在司法实践中留而不用,形同虚设。事实上,情节要素的闲置问题绝不是个别现象,据笔者统计,《刑法》分则第三章、第六章规定的定罪情节、加重情节存在闲置问题,严重影响罪与非罪、轻罪与重罪的判定。究其缘由,该问题产生的根本原因在于刑法规范未明确规定情节的具体内容,缺乏认定“情节严重”的操作标准。

①不能适用:立法明确性的悖反。

正如王世洲教授所言,刑法的本身的性质,要求刑法学应当是最精确的法律科学。含糊的刑法无异于否定罪刑法定原则以及否定刑法存在的价值。[1] 刑法的明确性,是法治原则的必然要求,其要旨在于通过明确规定犯罪的法律条文的具体内容,使人们能清楚了解罪与非罪、轻罪与重罪的确切范围,以保障该规范没有明文规定的行为不会成为该规范适用的对象,限制国家刑罚

---

① 参见王世洲:《刑法学是最精确的法学(译者序)》,载[德]克劳斯·罗克辛:《德国刑法学总论》(第1卷),王世洲译,法律出版社2005年版。

权的滥用,保障人们的行动自由。我国刑法将罪刑法定原则作为根本原则,响应了现代刑法的世界潮流。然而,我国刑法关于罪刑法定原则的表述,采用的是"明文"一词,"明文"更注重的是形式意义,强调的是法律有规定,从而解决有法可依的问题,但"明文"(geschrieben)不能等同于"明确"(bestimmt)。[①] "明文"只是"明确"的前提条件,即使刑法对某种犯罪的构成要件全部内容作出明文规定,但倘若这种规定在含义上是含混不清的,同样也未达到明确的要求。因此,刑法的明确性不仅要求在形式上具有明文规定,还要求在实质上规范内容清晰具体。显然,我国刑法规范对于明确性原则的实质蕴含是有所保留的,大量存在的盖然性规定,在一定程度上与罪刑法定原则所要求的明确性原则相冲突,这主要表现在空白罪状、兜底条款以及本书所涉及的情节要素等诸多方面。

②不敢适用:司法明确性的缺失。

德国学者洛塔尔·库伦(Lothar Kuhlen)教授指出,"立法者的义务在于制定足够明确的法律来确定犯罪行为的可罚性,而法官的义务在于通过准确的法律解释尽量降低法规中的不明确性,也就是在制定一部足够明确的刑法的法律具体化过程中共同发挥作用"[②]。笔者对于前者称为立法明确性,后者谓之司法明确

---

① 参见陈兴良:《中国刑法中的明确性问题——以〈刑法〉第225条第4项为例的分析》,载梁根林、[德]埃里克·希尔根多夫主编:《中德刑法学者的对话:罪刑法定与刑法解释》,北京大学出版社2013年版。

② [德]洛塔尔·库伦:《罪刑法定原则与德国司法实践》,载梁根林、[德]埃里克·希尔根多夫主编:《中德刑法学者的对话:罪刑法定与刑法解释》,北京大学出版社2013年版。

性。既然两者共同致力于刑法的明确性，因而情节要素的闲置问题不可全部归咎于立法明确性的悖反。除刑法规范对于明确性原则的悖反导致情节要素不能适用外，司法工作者，特别是法官不敢积极解释情节要素亦是导致情节要素闲置问题的主要因素之一。事实上，法官在裁判过程中对于情节要素的认定是“不愿为”，甚至“不敢为”的。正如有学者指出，法官专业化程度不高，法院内部机构设置不合理，上下级之间内部请示汇报频繁，法官的独立审判权受到限制，导致法官对新增的犯罪类型不敢解释，坐等司法解释。①

综上所述，情节要素闲置问题既有其法律根源，亦有其社会根源，既是法律规范明确性悖反的不可适用，亦是司法适用缺失的不敢适用。无论其原因如何，只有强化情节要素的明确性，才能突破其适用困境。

(2)变革：以与数额的互动关系为契机的情节适用路径探索。

最高人民法院、最高人民检察院于2016年颁布了《关于办理贪污贿赂刑事案件适用法律若干问题的解释》(以下简称《贪污贿赂解释》)，针对《刑法修正案(九)》有关贪污受贿犯罪的罪刑设置，进一步规定了贪污受贿犯罪定罪量刑的具体标准。在社会各界热烈讨论其定罪量刑具体数额的同时，贪污受贿犯罪中的情节与数额两者之间的“暧昧”关系引起刑法学界的广泛关注。更为重要的是，数额与情节的互动关系为消解情节要素的适用困境提供了一种可资借鉴的路径。

---

① 参见周光全：《罪刑法定原则的当代实践》，载梁根林、[德]埃里克·希尔根多夫主编：《中德刑法学者的对话：罪刑法定与刑法解释》，北京大学出版社2013年版。

①启示:《贪污贿赂解释》中情节与数额的互动关系。

《贪污贿赂解释》对贪污受贿犯罪的定罪量刑标准进行了具体规定,其中,贪污犯罪的犯罪情节被明确规定为6种情形,其第1条第2款规定,贪污数额在1万元以上不满3万元,具有下列情形之一的,应当认定为"其他较重情节":a. 贪污救灾、抢险、防汛、优抚、扶贫、移民、救济、防疫、社会捐助等特定款物的;b. 曾因贪污、受贿、挪用公款受过党纪、行政处分的;c. 曾因故意犯罪受过刑事追究的;d. 赃款赃物用于非法活动的;e. 拒不交待赃款赃物去向或者拒不配合追缴工作,致使无法追缴的;f. 造成恶劣影响或者其他严重后果的。第2条第2款进而规定,贪污数额在10万元以上不满20万元,具有本解释第1条第2款规定的情形之一的,应当认定为"其他严重情节"。第3条第2款规定,贪污数额在150万元以上不满300万元,具有本解释第1条第2款规定的情形之一的,应当认定为"其他特别严重情节"。

由此可见,贪污受贿犯罪中情节要素的司法适用,其显著的特征在于情节不再是一个独立的罪量要素,而是与数额"捆绑",形成"情节+数额"的混合结构,即在满足一个较低的数额标准基础上,同时适用特定的情节以作为定罪量刑的具体标准。这种"情节+数额"的配置方式在司法适用中呈现了情节、数额两者的互动关系。

②探索:"情节+数额"结构下情节适用新路径。

"情节+数额"的混合结构,绝非立法者的心血来潮,而是立足于对情节既有司法困境的深刻剖析。只要对情节与数额在司法适用过程中呈现的矛盾关系稍加分析就可以看出,数额要素的短柄正是情节要素的长项,而情节要素的缺陷正好被数额要素的优点弥补,两者形成盈亏对应的榫卯结构,合二为一达到优势互补、弊害互克的理想效果。

《贪污贿赂解释》彰显出司法解释意欲突破刑法分则具体犯罪所规定的情节要素的现有格局,通过设定"情节+数额"混合结构诠释情节要素的新趋向,重新整合情节、数额在定罪量刑中的地位作用,其根本原因在于调和数额标准的偏颇与情节标准难以操作的矛盾。我国罪量要素存在严重的失范问题,一方面原因在于长期奉行数额中心论致使社会危害性评价体系的失衡,而另一方面原因在于情节要素的不易操作、难以独自撑起评价社会危害性的大旗。立法者在深刻反省罪量要素的失范问题后,一方面在立法层面通过积极修改刑法条文,增加情节要素的适用范围、提升情节要素的地位作用,例如,将原有的数额要素修改为情节要素,或者在数额要素以外并行设置情节要素;另一方面通过司法解释设置"情节+数额"混合结构,对刑法分则确定的情节要素范式进行重新洗牌。这一举措的益处在于既通过设立若干特定的情节保证评价犯罪社会危害性的完整性,又通过一定的数额标准保证罪量的含量与司法操作的明确性。

笔者认为,《贪污贿赂解释》中情节要素的适用路径为认定刑法分则大量存在的情节严重、情节特别严重提供了可资借鉴的范本,可以完全按照既有司法解释对情节的解释方式对大部分情节要素的具体内容予以明确,这无疑是缓解情节要素司法适用问题的理想路径。

2. 反思:情节要素适用新路径的利弊评析

英国哲学家卡尔·皮尔逊(Karl Pearson)在其哲学著作《科学的规范》中提道:"在像当代这样的本质上是科学探索的时代,

怀疑和批判的盛行不应该被视为绝望和颓废的征兆。它是进步的保护措施之一,我们必须再次重申:批判是科学的生命。"①的确,科学研究几乎以对真理的追求为其终极目标,而批判正是寻求真理路径的重要方法之一。任何科学的演进,都是提出问题、形成理论、进行批判三个环节的循环往复。论及本章所研究的情节要素适用路径问题,"情节+数额"混合结构能否完全消解现存情节要素的司法适用症结,是否存在有待修改完善的路径,则有赖于对"情节+数额"的批判性评析。

(1)贡献:以情节为杠杆衡平社会危害性评价基准。

"情节+数额"并非司法机关的异想天开,而是司法机关在深刻感受并总结情节要素在司法适用过程中的困境后所创设的变通之道,因此该"情节+数额"完全建立在化解现存情节要素司法适用问题的理念基础上,自然以合目的的解决方案为其制度内核。笔者认为,"情节+数额"的创设确实在强化情节要素的司法适用能力等诸多方面具有显著的贡献。

①情节维度:纠偏社会危害性评价基准。

如前所述,就经济犯罪而言,数额作为财产价值的表现形式,是衡量犯罪行为所具有的社会危害性程度的重要且主要途径,本无可厚非。然而,数额中心论的症结在于将上述观点绝对化,过分强调数额的社会危害性征表意义,致使刑事立法上单一数额(加重)犯的出现以及产生司法实践中与数额并列的情节要素留而不用的怪象。数额中心论既是一种客观现象,也是一种思维模

① [英]卡尔·皮尔逊:《科学的规范》,李醒民译,华夏出版社1999年版,第6页。

式,其结果在于社会危害性的评价基准严重偏离,体现犯罪行为社会危害性及其程度的诸多情节,如行为样态、行为次数、行为对象以及犯罪时空条件等均被(选择性地)忽略,最终导致罪刑关系不对称,有碍发挥保护法益的刑法机能,有违实现公平正义的法治目标。"情节+数额"通过将两种罪量要素的表现形式"捆绑"配置,进行社会危害性评价的一体化考察,确保数额作为社会危害性的重要征表形式,同时强调其他因素对于衡量社会危害性程度的意义,不仅从实害的角度衡量行为的不法程度,而且从行为样态、行为对象、行为主体等诸多方面评价犯罪的社会危害性程度,使实定法中罪量要素的量化基准更加契合不法的应然内涵。同时,"情节+数额"有助于培养司法工作人员全面考察社会危害性表现形式的思维,使其摆脱数额中心论的思维定式,以更加开放的视角选取认定罪与非罪、轻罪与重罪的罪量要素。这种尝试无疑是具有开创性的。

②数额维度:缓和与刑罚烈度之间的矛盾关系。

单一数额犯在处理罪刑关系上长期存在难以摆脱的困局,即无限的犯罪数额与有限的刑罚烈度之间的矛盾。这种矛盾关系主要表现为两个方面:一是数额与刑罚的增量在各个法定刑区间失于平衡;二是随着犯罪数额的递增,刑罚的区分度显著递减,出现罪刑轻重倒挂的现象。尽管最高司法机关通过不断修订具体犯罪的数额标准缓和上述矛盾关系,但收效甚微。"情节+数额"的创用通过进一步降低数额在定罪量刑标准中的权重,起到了拉低数额起点从而扩大单位刑罚时间内犯罪数额幅度范围的效果。这种修正思路至少缓解了数额与刑罚增量之间的失衡局面。以贪污受贿犯罪为例,[①]通过就贪污受贿犯罪前两个法定刑幅度内数额与刑罚量之间的对应关系来看[②],在第一法定刑幅度内,一年有期徒刑对应5.6万元的犯罪数额;在第二法定刑幅度内,一年有期徒刑对应40万元的犯罪数额。由此可见,就单一的数额标准而言,数额与刑罚的增量在各个法定刑区间的失衡局面依然显著。《贪污贿赂解释》继而规定,当适用"情节+数额"作为定罪量刑标准时,第一法定刑幅度的数额起点由3万元降至1万元;第二法定刑幅度的数额起点由20万元降至10万元;第三法定刑幅度的数额起点由300万元降至150万元。相应地,就数额与刑罚量之间的对应关系而言,在第一法定刑幅度内,一年有期徒刑对应6.3万元的犯罪数额;在第二法定刑幅度内,一年有期徒刑对应27万元的犯罪数额。由此可见,通过"情节+数额"的适用,法定刑幅度间数额与刑罚增量比例失衡的问题在一定范围内得到了缓解。

③司法维度:改造成本低。

"情节+数额"是建立在解释论的范畴内,因此无须以修改刑法的相关条文为前提条件,具有相对较低的适用成本。根据解释对象不同,"情节+数额"模型的适用分为两种具体情况:第一种

---

① 《贪污贿赂解释》规定,贪污或者受贿数额在3万元以上不满20万元的,应当认定为《刑法》第383条第1款规定的"数额较大"……贪污或者受贿数额在20万元以上不满300万元的,应当认定为《刑法》第383条第1款规定的"数额巨大"……贪污或者受贿数额在300万元以上的,应当认定为《刑法》第383条第1款规定的"数额特别巨大"。

② 第一法定刑幅度为2万—20万元,3年以下有期徒刑,计算方式为(20-2)÷3≈5.6万元;第二法定刑幅度为20万—300万元,3—10年有期徒刑,计算方式为(300-20)÷(10-3)=40万元。后面类似的,计算方式相同。

情况是针对刑法分则中与数额存在析取关系的情节犯、情节加重犯而言，我国刑法分则对绝大多数具体犯罪的罪状描述使用“情节严重”“情节特别严重”等概括性语汇，将情节内容的解释权交由司法机关行使，因此司法机关在审理具体案件时完全有权将情节解释为“情节 + 数额”。第二种情况是针对刑法分则中的单一数额犯、单一数额加重犯而言的，由于刑法分则对上述两种犯罪的罪量类型限定为数额，因而司法机关在审理具体案件时将刑法明文规定的数额解释为数额与情节，已经明显超出刑法解释的合理范围，有违罪刑法定原则。因此，对于第二种情况较为折中的办法是最高司法机关通过司法解释的方式逐步将数额变通解释为“情节 + 数额”，这一做法不乏先例，典型的是《最高人民法院、最高人民检察院关于办理盗窃刑事案件适用法律若干问题的解释》第 2 条对盗窃罪“数额较大”的认定标准。当然，这种通过司法机关制定司法解释的方式实现罪量要素的配置转型，具有一定的适用成本。同时，可以预见的是，这种配置转型的方式需要针对具体犯罪的司法适用情况逐一完成，这必定是一个相当漫长的过程。

(2)缺陷：数额中心论到数额优先论。

诚然，“情节 + 数额”立足于消解情节要素的司法适用困境，充分认识到数额要素虽然明确具体但社会危害性评价不足，情节要素虽然全面反映社会危害性但内容含混不易操作，通过并合配置两种罪量要素于一体，力求在上述矛盾中取得平衡，达到优势互补、弊害互克的效果，成为解决当下情节要素若干适用问题的“速效救心丸”。然而，评判一个理论的优劣，终究还是要将其放诸最初的提问与设计理念中。笔者认为，就问题解决的完成度而论,“情节+数额”确实存在不容忽视的缺陷。

①形式面:数额要素的主导地位未改变。

将数额变通解释为“情节+数额”,剥夺了情节独立发挥罪量要素功能的可能性,更为糟糕的是,情节在该“情节+数额”中处于从属地位。以受贿罪为例,[①]根据该司法解释,“其他较重情节”的适用须以满足一定的数额标准为前提,否则没有适用情节标准的余地,即使具备了上述司法解释所规定的多次索贿,为他人谋取职务提拔调整,致使公共财产、国家和人民利益遭受损失等所有情形,只要没有达到相应的数额,上述情节均不能作为入罪与提升法定刑幅度的情节被考虑。由此来看,数额在“情节+数额”的配置上始终是第一性的,情节仍然是第二性的。“数额依然在适用序位上优位于情节,……完全否定了情节的独立评价功能,导致情节评价功能的退化。……情节在损害程度评价上的形式意义大于实质作用,不符合立法修正的初衷。”[②]关于情节与数额的实际关系,可以形象地将“情节+数额”称为数额优先论。尽管数额优先论较之数额中心论弱化了数额对社会危害性评价的决定作用,将情节纳入社会危害性评价体系,对于全面客观评价犯罪行为的社会危害性程度具有促进作用。但是,数额优先论以满足一定的数额要求为先决条件,不当地压缩了情节适用的

① 《贪污贿赂解释》第1条第3款规定:“受贿数额在一万元以上不满三万元,具有前款第二项至第六项规定的情形之一,或者具有下列情形之一的,应当认定为刑法第三百八十三条第一款规定的‘其他较重情节’,依法判处三年以下有期徒刑或者拘役,并处罚金:……”

② 钱小平:《贿赂犯罪情节与数额配置关系矫正之辨析》,载《法学》2016年第11期。

空间,极大地阻碍情节独立地发挥认定罪与非罪、轻罪与重罪的功能。由此观之,"情节+数额"未能改变数额要素的主导地位,其所倡导的全面反映社会危害性程度实际上也是一个"半成品"。

②实质面:社会危害性水平高动态性问题未解决。

有学者指出:"数额犯的立法与司法解释存在以下两个方面的价值冲突:一是法的相对稳定性与数额规定应当反映社会危害性动态变化的要求之间的矛盾;二是法的统一性与数额规定应当反映社会危害程度的地区差异性之间的矛盾。"[①]这种矛盾根源于,就经济犯罪而言,数额体现行为造成的法益侵害的财产价值,财产价值在一定的时间维度与空间维度内具有相当程度的动态性,并与作为社会危害性评价基准的法益侵害程度,即社会价值相偏离。故此,以数额征表经济犯罪所具有的社会危害性程度,则出现财产价值严重偏离于社会价值,与社会价值脱节的困境。这种困境对于以明确数额作为罪量要素的犯罪来说,表现得最为明显。虽然概括数额以"数额较大""数额巨大"等模糊性的语汇赋予数额要素一定的弹性空间,在一定程度上维护了刑法的稳定性,但是立法上的概括数额最终会落实为司法上的明确数额,同样存在数额在一定的时间维度与空间维度中与社会危害性相脱节的情况,司法机关不得不疲于应对数额标准的不断提高与修改,未能改变数额对社会危害性评价高动态性的弊端。"情节+数额"虽然在整体结构上加入行为样态、行为次数、行为对象

① 刘之雄:《刑法上的数额犯研究》,武汉大学2003年硕士学位论文,第15页。转引自张勇:《犯罪数额研究》,中国方正出版社2004年版,第163页。

等相对恒定地体现社会危害性程度的情节要素,稀释了整体罪量的社会危害性动态幅度,但是在内部依然包括明确具体的犯罪数额,更为严重的是,“情节 + 数额”以数额要素为主导,数额对于情节具有明显的牵制作用。因此,数额的高动态性对于“情节 + 数额”是第一性的,而情节的低动态性是第二性的,高动态性的效应直接制约影响低动态性的效应,因此,“情节 + 数额”在整体上呈现高动态性的特征。由此带来的后果是,尽管司法解释通过对情节要素的解释将数额进一步隐藏在“情节 + 数额”中,其在司法解释中仍然以一个确定具体的数字形式存在,这个确定具体的数字依然延续着社会危害程度的地区差异性与法的统一性的之间矛盾,并在一定的时间维度内依然显现出在社会危害性动态变化的要求与法的相对稳定性之间的矛盾。因此,司法机关不得不继续维持这样一种困境:不停地调查研究数额标准的合理限度、不停地提高数额标准的具体数字、不断地修改现有的司法解释。由此来看,“情节 + 数额”只是在形式上将数额掩藏得更深,但实质上仍然没有解决数额要素配置方式所导致的社会危害性水平高动态性问题。

3. 重构:情节中心论视野下情节适用路径的再探索

耶林在其著作《法律的目的》一书中所言,目的是全部法律的创造者,每条法律规则的产生都源于一种目的,即一种实际的动机,法律是国家为了有意识地达到某个特定目的而制定的。[①] 诚然,围绕情节要素的司法适用困境,以“情节 + 数额”的全新形态

① 参见[美]E. 博登海默:《法理学:法律哲学与法律方法》,邓正来译,中国政法大学出版社 2004 年版,第 109 页。

发挥其认定罪与非罪、轻罪与重罪的功能作用。通过对其批判性研究,笔者认为该"情节+数额"对于情节要素的适用症结给予相对程度的消解与缓和,符合当前以及一段时期内的司法期待与标准。但是,情节适用能力不足、数额标准呆滞的缺陷始终萦绕于"情节+数额"的配置方式,强化情节要素的适用范围与能力、改善数额要素的规定方式,以此为情节要素适用路径改革的实际动机,彰显其发展趋向。

(1)情节与数额范畴关系的回归:数额的取缔与广义的情节。

情节要素适用路径改革的首要趋向在于进一步强化情节的适用能力,拓展情节的独立适用空间。尽管"情节+数额"的混合模式,对于解决单一数额犯以及与数额存在析取关系的情节犯而言匡正了情节在社会危害性评价中的作用,但情节依然受到数额的制约,数额主导下的情节没有独立适用的余地。改善情节对数额的依附关系,可以考虑在刑法分则具体犯罪的罪状中取消数额的设置,转而以情节替代,取消数额犯的立法设置,从而使"'数额'由独立于'情节'的评价体系,变为'情节'内部的评价要素"①。

讨论情节对数额的包含关系,自然从研究情节的范畴出发。中国刑法学界正处于对情节概念的实质论争之中。犯罪情节的内涵和外延是什么,刑法学界对此问题莫衷一是、众说纷纭,主要存在广义说与狭义说两种见解。我国刑法学界对情节早期的界定采用广义的概念,如有学者表述,犯罪作为一种社会现象,其情

---

① 《单一数额犯的司法尴尬与调和思路——以〈刑法修正案(九)〉为切入点的分析》,载《法律适用》2016年第3期。

节是指犯罪存在与变化的情状与环节。[①] 相应地，在广义的情节范畴内，数额是情节的一种。随着研究的逐步深入，刑法学界对情节的内涵和外延作出限定，有学者提出狭义的情节概念，即认为情节指的是由犯罪目的和动机、犯罪事件和地点、犯罪手段和方法、犯罪结果和后果等因素组成的具体事实。[②] 在狭义的情节范畴内，数额是与情节有区别的。

笔者认为，情节与数额是否存在包含关系，并不存在针锋相对的不同理念，而是研究视角的差别。采取情节广义说的学者立足于应然的视角，以情节与数额的概念、内容、性质、功能等为出发点，强调两者的相同性。采取情节狭义说的学者立足于实然的视角，以数额作为罪量要素在实定法中的独立性为出发点，强调数额与情节的相异性。“两者的区别在于情节与数额并列的刑法条文中，情节显然不包括数额。……另外，综合性情节体现了刑法规范的概括性和模糊性，而犯罪数额则体现了刑法规范的明确性。”[③]即使持情节狭义说的学者也承认在自然的范畴内，情节与数额是包含与被包含的关系，“在某种意义上，犯罪数额就是一种犯罪情节”[④]。因此，数额与情节的区别只是基于实定法基础而硬生生形成的一种观念，其形式意义远大于实质意义，在实定法层面取消两者的形式区别，对于情节与数额的内涵起着积极的修复意义，同时并不影响两者功能的如常运行。

---

① 高铭暄主编：《刑法学原理》(第 3 卷)，中国人民大学出版社 1994 年版，第 244 页。

② 叶飞：《论犯罪情节相关问题》，载《社科纵横(新理论版)》2013 年第 3 期。

③ 张勇：《犯罪数额研究》，中国方正出版社 2004 年版，第 23 页。

④ 张勇：《犯罪数额研究》，中国方正出版社 2004 年版，第 23 页。

由此来看,情节与数额作为罪量要素,都体现出行为的社会危害性及其程度,均发挥认定罪与非罪、轻罪与重罪的功能,理应具有内涵的一致性。“情节无非指事物存在和变化的环节,是表明行为人实施行为时能够表明行为程度的各种具有法律意义的事实,‘情节严重’是这样的事实,‘数额较大’也是这样的事实。”①由于数额只是情节中可量化的客观损失,因此将数额作为情节的一种形式亦是情理之中的事情。

(2)情节中心论的实现路径:“入罪数额+情节”模式。

随着情节要素的外延扩张与评价独立,数额要素从立法层面独立的罪量要素转而成为司法层面认定情节的具体标准之一。情节要素适用路径的改革趋向,势必引发罪量要素配置关系的重新洗牌,现行的“情节+数额”面临着一种结构性的转型。

①启发:“数额切割法”及其利弊。

面对“情节+数额”中情节的适用能力弱化问题,国内学者以削弱数额对情节的制约支配为靶向,提出一种全新的罪量要素配置关系,称为“数额切割法”。具体而言,该学者主张的“数额切割法”是指对具体数额进行量刑空间的切割,以压缩数额在量刑上的作用范围。司法可以根据确定的起刑点、法定刑升格点进行切割,将超过起刑点或法定刑升格点的数额作为已确定法定刑幅度内的量刑情节加以考虑,从而形成“最低数额+情节”的新模式,与目前的“减轻数额+情节”模式相区别。② 在具体操作方式上,

---

① 刘艳红:《情节犯新论》,载《现代法学》2002年第5期。

② 参见钱小平:《贿赂犯罪情节与数额配置关系矫正之辨析》,载《法学》2016年第11期。

如果“数额较大”的起刑点为3万元,“数额巨大”的起刑点为20万元,那么中间的4万元至19万元可以视为“其他较重情节”。

笔者认为,上述“数额切割法”在强化情节的评价能力方面的努力是值得肯定的。首先,“数额切割法”将超过入罪起点或法定刑升格起点的数额作为情节加以考虑,淡化了数额与情节的区别,有利于将数额作为情节的具体内容之一,符合情节与数额范畴之间的应然关系。其次,将数额限缩理解为入罪起点或法定刑升格起点的数额,削弱了数额在定罪量刑中的能力范围,强化了情节的适用范围。再次,解决各个法定刑幅度之间的罪刑关系失衡问题,特别是较高法定刑幅度“轻重倒挂”的问题将被大大缓解。数额在较高法定刑幅度内仅仅作为入格起点的功能,而法定刑幅度内的从重功能均有情节调节,有利于解决数额在该法定刑幅度内评价能力下降的症结。最后,将超过入罪起点或法定刑升格起点的数额作为情节加以考虑,有助于解决数额与情节的竞合问题。

然而,“数额切割法”所倡导的“最低数额+情节”配置关系在强化情节的评价功能方面存在致命的弱点。第一,“数额切割法”在数额与情节的功能分工上,设置为数额具有独立的入罪与加重处罚功能,即只要满足相应的入罪数额起点与加重处罚数额起点,就可以确定相应的法定刑幅度,而情节是在确定法定刑幅度之后与过剩的数额一起决定量刑基准。因此,情节在该结构中仅仅具有在一定的法定新幅度内量刑的意义。相比而言,“减轻数额+情节”能够充分发挥区分罪与非罪、轻罪与重罪的功能,从这个意义上讲,“数额切割法”不当削弱了情节的应有功能。第二,尽管“最低数额+情节”配置方式中数额仅仅作为最低数额而存在,但是与“减轻数额+情节”相比,同样的法定刑幅度前者所需的数额要高于后者所需的数额。这是因为,“减轻数额+情节”整体所具有的社会危害性程度与“最低数额”相当。这一现象可以认为“最低数额+情节”,反而提高了特定法定刑幅度所需数额的权重比例。

②重塑:“入罪数额+情节”的模型。

尽管“数额切割法”所提倡的“最低数额+情节”的配置方式不能满足强化情节的适用范围,不能充分发挥情节区分罪与非罪、轻罪与重罪的功能,但是“数额切割法”提倡将数额一切为二的理念为进一步创设新的罪量要素配置关系提供了灵感与启发。笔者认为,以“数额切割法”为契机,将数额限缩为入罪起点数额,而将超过入罪起点的数额作为情节的一种具体内容予以考量,这种模式可以成为“入罪数额+情节”的罪量要素配置方式。

这种结构的优点在于:第一,进一步弱化数额对情节的制约,强化情节的适用功能。数额在该结构中仅仅具有罪与非罪的区分功能,而情节可以独立地发挥罪与非罪、轻罪与重罪的认定功能,可以说“入罪数额+情节”的配置方式完全以情节为核心。第二,进一步强化情节的评价能力,该结构将超过入罪起点的数额作为情节的具体内容,结合其他情节内容全面评价行为的社会危害性及其程度,使情节的适用易于司法操作,解决情节闲置的问题。第三,进一步缓解罪刑关系的失衡问题。罪刑关系的失衡,根源于每个罪刑单位均硬性设置特定的数额,致使每个法定刑幅度内单位数额所造成的刑罚增量不均衡,甚至出现在较高的法定刑幅度内罪刑轻重倒挂的问题。“入罪数额+情节”配置方式取消了特定数额与法定刑幅度的对应关系,同时将数额稀释到情节中,弱化数额与刑罚增量的关联,有利于形成均衡的罪刑阶梯。第四,“入罪数额+情节”配置方式与简化刑法分则罪状中罪量要素配置的趋势相一致。取消罪状中数额的规定,转而以情节替代,为“入罪数额+情节”配置方式的解释方式铺平了道路。

(3)探索:以美国《量刑指南》为参考的情节适用模型。

为了全面贯彻“入罪数额+情节”的配置方式,需要构建一个全新的模型将该结构付诸实践,这种模型应当满足以下几点要求:首先,该模型能够赋予情节要素独立评价社会危害性及其程度的能力,同时具备区分罪与非罪、轻罪与重罪的功能。其次,情节的具体内容应当被量化,依照情节的不同向度建立情节与刑罚量增减的量化关系。再次,该模型赋予数额要素作为经济犯罪社会危害性程度的主要征表形式,建立数额与刑罚量的对应关系。最后,情节与数额两者可以同时适用发生竞合效果。笔者认为,美国《量刑指南》完全满足上述所有需求,可以为构建“入罪数额+情节”提供可资借鉴的模型样本。

①介评:美国《量刑指南》的适用机制。

美国《量刑指南》主要包括以下规范内容:针对每一种具体犯罪都确定了一个基本犯罪等级,并依照具体情节相应地提高或降低犯罪等级,同时针对若干影响刑罚轻重的因素规定了调整方法。《量刑指南》重视犯罪记录对刑罚的影响,对惯犯、累犯、职业犯和常习犯设置了更高的犯罪等级。该《量刑指南》最具特色的是针对联邦刑法中适用广泛监禁刑与罚金刑分别制作了量刑登记表,其中监禁刑的量刑等级表以43个犯罪等级为作为垂直坐标,以犯罪历史档次为水平坐标,两者的交叉点为监禁刑的量刑幅度。[①] 根据量刑登记表,每一种犯罪根据其明确列举的情节(包括数额)均能够找到对应的犯罪等级和量刑幅度,同时量刑幅度宽窄适当,均量刑幅度最大值与最小值不超过25%或6个月。因此,从一定意义上讲,美国《量刑指南》完成了从定罪到量刑的一体化考量,充分通过各种情节准确地定位量刑基准,具有操作的简便性。

②《量刑指南》的本土化构建:以盗窃罪为例。

美国《量刑指南》及其监禁刑的量刑表对于构建“入罪数额+情节”配置方式的应用模型具有重要的启示作用,我国刑法可以通过明文列举各种具体情节(包括数额)对刑罚量的影响程度构建每一种犯罪中情节与刑罚的对应关系,制定罪刑阶梯状的有期徒刑量刑表。当然,这将是一个工作量浩瀚的工程,一方面要针对每种犯罪的具体情况列举其特定的情节与数额,另一方面要通过大量的实证研究,量化特定情节对刑罚量的影响程度。因此,笔者无法在本书中完全诠释一个完整的本土化的量刑表格,但可以盗窃罪为例粗疏地搭建一个量刑模型,借此抛砖引玉。

第一,犯罪等级与刑罚量的分配方案。我国监禁刑为180个月。笔者依照刑罚量的轻重将监禁刑分为37个犯罪等级,其中第1至9级以2个月递增,第10至18级以4个月递增,第19至27级以6个月递增,第28至36级以8个月递增,第37级为无期徒刑。之所以采用增量递增的方案分配刑罚量,是考虑各个具体情节在各量刑幅度应当保持相同或相近的比例,例如,入户盗窃

---

① 参见吕忠梅主编:《美国量刑指南——美国法官刑事审判手册》,逄锦温等译,法律出版社2006年版,第5—12、344—346页。

情节,如果将其设置为增加一级犯罪等级,在均量递增的刑罚表内则出现该情节在低犯罪级别内影响权重过大,而在高犯罪级别内影响权重过小的不均衡现象。

第二,数额与犯罪等级的对接方案。根据《北京市高级人民法院"关于常见犯罪的量刑指导意见"实施细则》(以下简称《北京细则》)有关盗窃罪的量刑规定[①],笔者尝试搭建数额与犯罪等级的对接关系,同样采用增量递增的方案,其原因在于:其一,《北京细则》的规定即如此;其二,随着犯罪数额的增大,确实存在边际效应递减的情形。笔者尽量保持罪刑的均衡关系,以 0.2 万元为入罪数额,对应基本犯罪等级 1,第 2 至 9 级以 0.25 万元递增,第 10 至 16 级以 0.5 万元递增,第 17 至 22 级以 1 万元递增,第 23 至 26 级以 2 万元递增,第 27 至 31 级以 4 万元递增,31 级以上则按一定倍数递增(见表 5 - 1)。上述递增方案一方面符合《北京细则》的规定,另一方面兼顾罪刑均衡。需要特别说明的是,《北京细则》以明确的数额作为定罪量刑的具体标准,为了方便本书直观地展示量刑等级,笔者在此也继续沿用明确数额。但是,如前所述,数额的规范方式由数值向指数转变,因而在今后的规范方式上也是使用指数。在此不做进一步的展开说明。

---

① 该条规定:盗窃公私财物,犯罪数额达到"数额较大"起点 2000 元,在 3 个月拘役至 9 个月有期徒刑幅度内确定量刑起点,其中犯罪数额每增加 2500 元,增加 1 个月刑期;犯罪数额达到"数额巨大"起点 6 万元的,在 3 年 6 个月至 4 年有期徒刑幅度内确定量刑起点,其中犯罪数额每增加 6000 元,增加 1 个月刑期;犯罪数额达到"数额特别巨大"起点 40 万元,在 10 年至 12 年有期徒刑幅度内确定量刑起点,其中犯罪数额每增加 5 万元,增加 1 个月刑期。

表 5-1 盗窃罪犯罪等级、犯罪数额与量刑对照

犯罪级别	数额/万元	刑罚量/月
1	0.2	2
2	0.5 以上	2—4
3	0.75 以上	4—6
4	1 以上	6—8
5	1.25 以上	8—10
6	1.5 以上	10—12
7	2 以上	12—14
8	2.25 以上	14—16
9	2.5 以上	16—18
10	3 以上	18—22
11	3.5 以上	22—26
12	4 以上	26—30
13	4.5 以上	30—34
14	5 以上	34—38
15	5.5 以上	38—42
16	6 以上	42—46
17	7 以上	46—50
18	8 以上	50—54
19	9 以上	54—60
20	10 以上	60—66
21	11 以上	66—72
22	12 以上	72—78
23	14 以上	78—84

续表

犯罪级别	数额/万元	刑罚量/月
24	16 以上	84—90
25	18 以上	90—96
26	20 以上	96—102
27	24 以上	102—108
28	28 以上	108—116
29	32 以上	116—124
30	36 以上	124—132
31	40 以上	132—140
32	80 以上	140—148
33	120 以上	148—156
34	240 以上	156—164
35	360 以上	164—172
36	720 以上	172—180
37	1080 以上	180—无期

第三，情节与犯罪等级的对应方案。《北京细则》针对盗窃罪的各种具体情节量化了对刑罚量的影响效果，[①]笔者根据各具体情节对刑罚量增减的量化程度，制作情节与犯罪等级的对应表，如表 5-2 所示。

---

① 如入户盗窃的；携带凶器盗窃、扒窃的；组织、控制未成年人盗窃的；自然灾害、事故灾害、社会安全事件等突发事件期间，在事件发生地盗窃的；盗窃残疾人、孤寡老人、丧失劳动能力人的财物的；在医院盗窃病人或者其亲友财物的；盗窃救灾、抢险、防汛、优抚、扶贫、移民、救济款物的；因盗窃造成严重后果的。

表 5－2　情节与犯罪等级对照

情节	犯罪等级
入户盗窃、携带凶器盗窃、扒窃、2 年内 3 次盗窃	增加 2 级
盗窃国有馆藏一般文物 1 件	增加 3 级
盗窃国有馆藏三级文物 1 件	增至 17 级
盗窃国有馆藏二级文物 1 件	增至 30 级
盗窃国有馆藏一级文物 1 件	增至 37 级
组织、控制未成年人盗窃	增加 3 级
突发事件期间在事发地盗窃	增加 3 级
盗窃残疾人、孤寡老人、丧失劳动能力人的财物	增加 3 级
在医院盗窃病人或者其亲友财物	增加 3 级
盗窃救灾、抢险、防汛、优抚、扶贫、移民、救济款物	增加 3 级
采用破坏性手段盗窃公私财物造成其他财物损毁	增加 1 级
为吸毒、赌博等违法活动盗窃	增加 1 级
因生活所迫、学习、治病急需而盗窃	减少 1 级
案发前主动将赃物放回原处或归还被害人	减少 1 级

第四，需要说明的问题。“入罪数额＋情节”的应用模型以确定基准刑为目的，因此刑法总则所规定的各种量刑情节以及各种酌定情节，如自首、立功、累犯等均不在本模型的讨论范围之内。

第五，应用模型的演示。

案例：张某听闻某住宅内有一位老人常年独居，遂起贼心。某日深夜，张某潜入该老人住宅，趁老人不备窃得现金及古董瓷器，共计人民币 3 万余元。后张某被抓获归案。在本案中，张某盗窃数额达到 3 万元，属于第 10 犯罪级别，同时具有入户盗窃、盗窃孤寡老人等情节，综合两项增加5级，最后定为第15级犯罪，在3年2个月至3年6个月之间确定基准刑。在罪量要素的配置关系上，张某盗窃的3万元中，2000元属于入罪数额，其余的均作为情节适用，在法条的引用与表述上，将盗窃数额与入户盗窃、盗窃孤寡老人等认定为“情节严重”。

综上所述，笔者以美国《量刑指南》为蓝本，以我国发布的相关量刑指导意见及《北京细则》为实证依据，构建了适用于盗窃犯罪的“入罪数额+情节”配置方式的司法应用模型。笔者深知该模型尚有许多不足之处，细节问题亦有待推敲，但笔者希望将该应用模型作为“入罪数额+情节”配置方式司法适用的实现路径进行研究，亦为其他学者的日后深入研究提供一种思路。

情节的司法适用出现闲置现象，其成为数额中心论勃兴的主要原因之一。情节适用闲置的产生机制在于情节内容的明确性缺失，既是法律规范明确性悖反的不可适用，亦是司法适用缺失的不敢适用。笔者主张借鉴《贪污贿赂解释》中情节与数额的互动关系探讨情节要素司法困境的消解路径，将情节与数额的配置关系从“二选一”转化为“一加一”，进而形成一种新的“情节+数额”配置模式，使两者优势互补、弊害互克。

然而，解释论下“情节+数额”的混合结构对于情节要素的司法困境有一定缓解作用，但未完全消除司法困境的产生根源。因此，笔者对于“情节+数额”进行客观的批判性研究，认为其具有以下几点贡献：纠偏社会危害性评价基准、缓和数额与刑罚烈度的紧张关系、适用成本低。与此同时，“情节+数额”未能彻底解决以下顽疾：数额的主导地位尚未改变、数额导致社会危害性的高动态性也未改观。因此，笔者主张情节要素的司法适用改革方向在于立法论视野，取缔数额犯转而由情节犯替代。相应地，针对情节要素的立法改革，司法解释模型亦从“减轻数额＋情节”向“入罪数额＋情节”转变，并以美国《量刑指南》为参考构建量刑表。

（二）情节在司法解释视域展开的泛化与反思

刑法中的情节是中国刑事法律的重要特征之一，其具有界分罪与非罪、轻罪与重罪的功能，是调整刑事法网严密程度与刑罚严苛程度的关键指标。然而，我国司法解释对情节内容的规定既杂乱无章，又充斥着各种问题。本章着重探讨了情节内容在司法解释领域严重的泛化问题，如前科劣迹情节定罪量刑价值的泛化、罪后情节的逆向适用、社会影响情节的失当等。本章试图通过反思情节内容在司法解释领域的展开，明确情节内容的合理向度，贯彻落实刑法保护法益与保障人权的机能。

司法解释是联结刑事立法与司法实践之间的桥梁，它既遵循刑事立法的基本原则、贯彻落实刑法规则，亦反映刑事司法实践的需求与问题。司法解释对于刑法中情节的解释与认定，无疑是具有实际价值的，对于解决刑法中情节内容阙如所致在司法实践中情节要素适用的闲置具有积极的意义。然而，司法解释对情节的解释与认定是针对具体罪名的适用法律问题而相继出台的，缺乏整体性的思考与构建，因而司法解释中情节的内容既杂乱无章，又充斥着各种值得商榷、探讨的问题。这些问题严重影响情节设置的科学性，“关涉具体犯罪刑事政策的实现、犯罪圈的大小、刑事司法资源的负重、公众对刑法的认同等重大问题”①。笔

① 陈磊：《犯罪数额规定方式的问题与完善》，载《中国刑事法杂志》2010年第8期。

者认为有必要就司法解释中情节的内容进行梳理，总结归纳其所存在的主要问题，并以此为契机反思情节在司法解释领域内展开的向度与标准。

1. 司法解释视域内的情节：内容展开的泛化问题研析

情节具体内容的正当性与合理性问题放诸刑事规范视域内是具有普遍性的问题，许多在司法解释层面的情节犯、情节加重犯、情节减轻犯所明文列举的具体内容都或多或少地存在内容的失当与设置的不合理。本章在此仅探讨情节内容三个具有普遍性的失当，从一个侧面映射情节在司法解释层面的具体内容所涉及的问题与缺陷。

(1)前科劣迹定罪量刑价值的泛化。

前科劣迹作为情节的具体内容，广泛存在于司法解释中。据笔者统计，刑法分则第三章破坏社会主义市场经济秩序罪、第五章侵犯财产罪、第六章妨害社会管理秩序罪、第八章贪污贿赂罪各章所涉及的70个情节中，前科劣迹作为情节内容达到38次，其中，涉及前科内容的共有17次，涉及劣迹内容的共有25次。[①] 同时，前科劣迹作为情节内容不仅具备影响轻罪与重罪的功能，还具备影响罪与非罪的功能，特别是对于劣迹，其在影响罪与非罪情节领域出现的频次高出前科一倍，成为前科劣迹情节中影响罪与非罪认定的“主力军”(见表5-3)。

---

① 一个情节可能同时包括若干个前科及劣迹内容，故前科、劣迹的数量有所重叠。

表 5-3 司法解释中前科与劣迹的情节适用情况

单位:个

情节	前科	劣迹
定罪情节	8	16
量刑情节	9	9

①厘定:前科劣迹的范畴。

论及刑事规范中的前科劣迹,首先应该厘定其概念与外延。我国刑事立法及司法解释并未明确承认前科制度,但前科制度大量存在于刑事规范中并发挥着实际作用。[①] 有关前科的定义,我国刑法理论界对此众说纷纭,莫衷一是。目前,我国刑法学界的通说认为,所谓前科是"由于法院因行为人实施犯罪而对其判处刑罚且刑罚已经执行完毕或者被赦免后在一定期间内的一种法律地位"[②]。

然而,在我国刑事规范特别是大量的司法解释中,影响定罪、量刑的不只包括上述通说对前科描述的各种情况。以《贪污贿赂解释》第 1 条第 2 款为例,其中第 3 项内容"曾因故意犯罪受过刑事追究的"属于前科自不待言,而第 2 项内容"曾因贪污、受贿、挪用公款受过党纪、行政处分的"是否归入前科的范畴存在疑问。按照历史污点说来看,违反法律规范甚至违反党纪而受过处分即构成前科。但是,我国刑法意义上的前科,是在前科消灭制度视域内展开讨论的,为了保持学术用语的一贯性,也应当在前科消

---

① 参见《论现行法制中关于前科制度的规定》,载《中共浙江省委党校学报》2001 年第 6 期。

② 《论前科的概念界定及其内涵》,载《浙江社会科学》2002 年第 2 期。

灭制度的范畴内厘定前科的概念,不应随意扩大其外延。否则,"仅仅从外延上去界定前科,仅仅是浅显地从形式上理解前科的意义,而没有能够在本质上认识前科及相关概念的含义与区别"①。因此,《贪污贿赂解释》有关贪污受贿罪第1条第2款第2项规定不应认定为前科,而属于劣迹的范畴。

所谓劣迹,在刑法规范范畴意义上,是指因行为人实施违反行政法规或党章纪律而受到处罚(处分)所形成的一种法律地位。劣迹的内涵应当从以下三个要件予以把握:其一,质的要件(科质)。刑法规范特别是司法解释对于劣迹并非严格限制质的规定性,一般多见于行政处罚,亦有党纪处分者,同时,司法解释对于劣迹事实前提的违反法纪记录原则上限于同种行为,前述《贪污贿赂解释》第1条第2款即有此规定。其二,量的要件(科量)。目前,司法解释对于劣迹亦没有统一规定其次数要求,规定两次者为常态,也有受过一次行政处罚即具备劣迹情节的示例。例如,《最高人民法院、最高人民检察院关于办理危害药品安全刑事案件适用法律若干问题的解释》第10条第6项规定,曾因实施危害药品安全违法犯罪行为受过处罚。其三,时间要件(科时)。司法解释对于劣迹的时数限制规定不一,有规定1年内者,有规定2年内者,更有无时数限制者。由此可见,劣迹在我国司法解释中没有统一的规定,其作为定罪、量刑情节更是没有限制,如前述《贪污贿赂解释》第1条第2款第2项,只要因贪污、受贿、挪用公款受过党纪处分,就可以作为情节,发挥定罪量刑的功能。

---

① 《"犯罪记录"和"前科"混淆性认识的批判性思考》,载《法学研究》2010年第3期。

前科劣迹作为情节的具体内容影响罪与非罪、轻罪与重罪的认定是值得商榷的。笔者认为,关于前科劣迹刑法价值的疑问与反思至少可以在两个层面展开讨论。

②定罪视域:前科劣迹的入罪价值探讨。

第一个层面的问题就在于,前科劣迹,特别是对于劣迹而言,其在罪与非罪领域内的功能是否具有正当性。事实上,该问题进入刑法学视野可追溯至1997年刑法颁布之前,当时有学者就已经认识到社会危害性是犯罪的本质属性,人身危险性是犯罪人的基本属性,如果在行为人的行为没有构成犯罪的情况下,以行为人今后实施犯罪的危险性较大为由,认定其行为构成犯罪,尽管可以最大限度地满足保护社会的需要,但是对于保护人权,维护法治的稳定和统一是十分不利的。[①] 1997年《刑法》颁布以来,随着大量司法解释赋予前科劣迹认定罪与非罪的功能,前科劣迹作为定罪情节正当性的问题,引起我国刑法理论界关注与探讨。目前,该问题仍然争讼不止,存在肯定说与否定说两种不同的观点。

肯定说主张前科劣迹的定罪价值,其认为"前科在定罪中是否有意义及其性质如何,实质是社会危害性与人身危险性在定罪中的关系问题。持肯定说学者认为,人身危险性是与社会危害性并列的犯罪本质特征,人身危险性作为刑罚个别化的理论基础,其不仅是刑罚量的个别化,也是刑罚质的个别化,因而并不仅仅是量刑的根据,承认行为人的人身危险性是犯罪的本质特征之一,从而在定罪中,在社会危害性之外,综合考虑其人身危险性,

---

① 参见曲新久:《刑法的逻辑与经验》,北京大学出版社2008年版,第344页。

对于刑事立法、司法都具有极其重要的价值”[①]。同时,肯定说认为“治安处罚、劳动教养一定情况下可以视为定罪情节加以考虑,但由于反映的人身危险性不同,因而应当与前科的定罪价值有所区别”[②]。还有学者主张刑事责任的根据应是二元的,即“行为的社会危害性和行为人的人身危险性的统一。人身危险性在刑法中的意义,以往多从量刑上考虑是片面的。人身危险性应当贯穿整个刑事法律活动的始终,在立法、定罪、量刑和行刑过程中同时予以重视”[③]。

否定说主张将犯罪的社会危害性与犯罪人的人身危险性两个范畴区别开来,前者属于“已然”的领域,后者则属于“未然”的领域。我国刑法是建立在“应受惩罚的是行为,而惩罚的是行为人”基本原理之上,前者是指定罪的对象只能是行为,评价的核心是社会危害性;后者是指适用刑罚的对象是犯罪人,其评价核心是人身危险性。如果将社会危害性与人身危险性并列作为定罪的依据,无疑将搞乱刑事责任的正常运行机制。[④] 还有学者主张作为整体评价要素的“情节严重”中的情节,只能是指客观方面的表明法益侵害程度的情节。[⑤] 以违法与责任的三阶层犯罪体系为理论支撑,该学者认为违法与责任是阶层关系或者限制关系,如果行为本身的违法性没有达到值得科处刑罚的程度,即便其主观

---

① 林维:《论前科的定罪价值》,载《中央政法管理干部学院学报》1995 年第 6 期。

② 林维:《论前科的定罪价值》,载《中央政法管理干部学院学报》1995 年第 6 期。

③ 陈兴良:《当代中国刑法新理念》(第 2 版),中国人民大学出版社 2007 年版,第 149—153 页。

④ 参见曲新久:《试论刑法学的基本范畴》,载《法学研究》1991 年第 1 期。

⑤ 参见张明楷:《犯罪构成体系与构成要件要素》,北京大学出版社 2010 年版,第 241—243 页。

上再值得谴责，也不应当认定为犯罪。[①] 随着研究的深入，特别是当前大量司法解释将劣迹作为定罪情节适用，持肯定说的部分学者亦开始反思司法解释将劣迹设置为定罪情节的合理性，“前科作为表征犯罪人较重的主观恶性和人身危险性的事实，在情节犯的定罪中，本应当占有显著位置。在必须避免可能构成累犯的事实被充分评价的前提下，其他前科事实应当成为定罪情节而发挥作用，否则很难理解连行政处罚都被明确当作定罪情节，而更为严重的刑事处罚却隐退于后。这种因噎废食的做法，显然并不科学，也违背了对于前科应当进行从重打击的刑事政策”[②]。

笔者认为，从刑法的根基和我国刑法的具体规定出发，否定说的见解是妥当的。第一，在刑法的基本立场层面，世界各国刑法理论摒弃了主观主义犯罪论，奉客观主义刑法为圭臬，强调犯罪概念的基础、可罚性及其刑罚量的根据是客观行为以及对法益的侵害，以此防止刑法对国民个人自由的侵害，发挥刑法保护法益的机能。因此，犯罪构成体系无论是采取四要件还是三阶层理论，均以客观主义犯罪论为要旨贯穿始终。在罪与非罪的认定上，只能关注于已然行为的客观危害性，不能将行为人的一贯表现等人身危险性作为定罪情节[③]予以考量。持否定论的学者就此

---

① 参见张明楷：《犯罪构成体系与构成要件要素》，北京大学出版社 2010 年版，第 241—243 页。

② 林维：《论刑事政策的法律化（上）——以前科的意义为中心》，载《法学评论》2005 年第 5 期。

③ 即使人身危险性作为定罪情节考量也仅限于出罪情节。例如，我国《刑法》第 13 条但书的规定，我国刑法学界一般认为，应当根据行为的手段、后果、动机目的，以及行为人的个人情况等判断是否属于情节显著轻微危害不大。参见王作富主编：《中国刑法适用》，中国人民公安大学出版社 1987 年版，第 46 页。

方面已展开过详细论述,本书在此不再赘述。第二,在我国刑法的规范层面,我国《刑法》第 13 条规定犯罪的一般概念强调犯罪是侵犯各项法益的行为,而非行为人的危险人格,而“应受刑罚处罚”这一量的规定性,亦是对各项危害行为的限定。第 13 条明确我国刑法所规定的犯罪,是客观危害行为质与量的统一体,这一规定对于认定犯罪具有统领性作用,具体在罪与非罪的认定上亦要遵循上述规定。

③量刑视域:前科劣迹的加重处罚价值探讨。

第二个层面的问题在于,前科劣迹在轻罪与重罪领域所具备提升法定刑幅度的功能是否恰当。这一问题在刑法学界同样存在肯定说与否定说两种不同的见解。肯定说首先承认前科劣迹“从重处罚”的原则较为合理,其主张如果采用加重处罚的原则,则过于机械和生硬,一次性将犯罪人的再次犯罪的刑罚抬高至另一量刑幅度甚至实质上变更为另一种刑种,则过于漠视犯罪人的合法权益,因而此种前科量刑效应较不可取。但同时强调承认前科的量刑效应应当限于“从重处罚”,不是绝对排斥“加重处罚”的适用,对于前后罪均属于严重犯罪,以及多次再犯罪的犯罪人,将其前科的量刑效应升格为“应当加重处罚”,不仅符合现实需要,也具有司法可行性。[①] 否定说认为,作为法定刑升格条件的情节严重,只限于表明违法性的情节严重,包括对同一法益更为严重的侵害,行为侵害了另一法益以及违法类型加重等情形。[②] 有

① 参见《论前科制度的量刑价值》,载《山东公安专科学校学报》2001 年第 6 期。

② 参见张明楷:《刑法分则的解释原理》(下)(第 2 版),中国人民大学出版社 2011 年版,第 597—604 页。

学者以处理责任刑与预防刑关系的点的理论为视角，主张与责任刑相适应的刑罚只能是正确确定的某个特定的刑罚（点），法官只能在点之下考虑预防犯罪的需要。因此，影响特殊预防必要性大小的因素，只能在选择了法定刑，并且确定了责任刑的点之后才考虑，而不是在选择法定刑时就考虑。①

笔者认为，从我国现行刑法的量刑规则架构来看，采取否定说是较为稳妥的。无论是从科质、科量还是从科时来看，累犯无疑是前科劣迹中最为严重的一种，体现出犯罪人严重的人身危险性与再犯可能性，而刑法明文规定对于累犯从重处罚，而非加重处罚，为前科劣迹的量刑价值划定了上限。因此，其他尚不构成累犯的前科劣迹更不能适用加重处罚，否则与刑法的立法精神相违背。当然，上述肯定说的观点在应然的层面上是值得肯定的，其立足于刑法的整体立法精神，严厉打击严重犯罪、保护社会既有秩序的刑事政策，提出基于犯罪次数、犯罪严重程度的等级划分对部分前科适用加重处罚的构想具有前瞻性，应当适时敦促立法机关对相关刑法规定予以修改与调整。

上述对前科劣迹作为加重情节的否定态度，并不意味着否定前科劣迹的量刑价值。特别是对于劣迹而言，由于该情节反映了行为人具有较大的特殊预防必要性，故其具有从重处罚的量刑价值。但对于劣迹的量刑适用需要注意以下几点：一是劣迹在科刑方面应当仅限于一般违法事实。二是劣迹在科刑方面还应当限于与犯罪相关联，具体表现为因同一种行为被行政处

---

① 参见张明楷：《刑法分则的解释原理》（下）（第2版），中国人民大学出版社2011年版，第597—604页。

罚,否则会形成间接处罚。三是劣迹虽与累犯同样具有从重处罚功能,但由于两者反映的再犯可能性程度不同,从重幅度亦相应地有所区别。

综上所述,无论是从刑法的基本原理还是从刑法规范层面出发,前科劣迹均不能作为情节的具体内容认定罪与非罪,其不具有定罪价值。同时,前科劣迹作为表征犯罪人人身危险性的情节具有量刑价值,但其功能亦限定为从重处罚,而非左右轻罪与重罪的认定。但事实上,“司法解释仍然以一种更为稳健、固执的方式悄悄地但是实质地改变着立法精神。不应允许司法解释超越规定而扩张其价值”[①]。因此,对于大量司法解释将前科劣迹列为认定罪与非罪、轻罪与重罪情节的具体内容,是失当的。

(2)罪后情节的逆向适用。

所谓罪后情节,是指产生于特定犯罪行为或结果出现之后,排除个罪犯罪构成诸要素之外,但仍和特定犯罪具有一点关联,影响定罪量刑的主客观事实情况。[②] 在外延上,罪后情节包括罪后行为与罪后态度,前者如自首、立功、退赃等情节,后者如自愿认罪、积极悔过情节等。

①展现:刑法解释中的罪后情节。

我国刑法有关罪后情节的规定在总则与分则中均有体现,[③]

---

① 林维:《论刑事政策的法律化(上)——以前科的意义为中心》,载《法学评论》2005 年第 5 期。

② 参见林竹静、徐鹏:《论罪后情节》,载《中国刑事法杂志》2004 年第 3 期。

③ 例如,《刑法》第 67 条自首、第 68 条立功的规定,又如第 201 条第 4 款有关逃税罪的规定:“有第一款行为,经税务机关依法下达追缴通知后,补缴应纳税款,缴纳滞纳金,已受行政处罚的,不予追究刑事责任……”

司法解释对于罪后情节的适用亦有大量的规定。[①] 从罪后情节的类型及其分布情况来看,罪后情节既有定罪情节,亦有量刑情节,以量刑情节为主;在定罪情节中,既有入罪情节,亦有出罪情节,以出罪情节为原则;在量刑情节中,既有从宽情节,亦有从严情节,以从宽情节为多数。《贪污贿赂解释》中贪污罪、受贿罪、利用影响力受贿罪、挪用公款罪的相关规定,如《贪污贿赂解释》第1条第2款规定的第5项"拒不交待赃款赃物去向或者拒不配合追缴工作,致使无法追缴"涉及事后认罪态度、退缴赃款赃物的情节。但与绝大多数罪后情节不同的是,该规定中有关认罪态度、退缴赃款赃物的罪后情节是作为入罪情节与加重情节适用的,因此,该罪后情节设置的合理性具有进一步探讨的必要。

②探讨:罪后情节逆向适用的正当性分析。

一般而言,罪后情节影响定罪量刑的根据在于其对犯罪人的人身危险性的征表作用,例如,犯罪人的自首、认罪悔过表明其人身危险性降低与再犯可能性减少,对其适用的刑罚量从功利的角度看可以降低;同时,犯罪人在案发后积极赔偿损失、退缴赃款赃物,使犯罪行为造成的危险状态在一定程度上得以缓解,也可以作为衡量其人身危险性的事实。但是,作为征表人身危险性的罪后情节在定罪量刑的功能上不能逆向适用,例如,依照《刑法》第67条第3款的规定,如实供述自己罪行的,可以从轻处罚。该规范并不能逆向适用为未如实供述自己罪行的,可以从重处罚。"坦白从宽,抗拒从严"在法理上是不能成立的。之所以如此,有

---

① 例如,《最高人民法院、最高人民检察院关于办理盗窃刑事案件适用法律若干问题的解释》第7条规定。

学者将其归结为“犯罪后的常态”,“将常态作为增加预防刑的情节,意味着所有犯罪的常态与犯罪后的常态,都成为从重处罚的情节,这显然不能被人接受”。[①] 笔者则从另一个角度予以说明,罪后情节不可逆向适用,是因为每一个罪后情节都存在一个对应的“中性情节”,即不会产生刑罚量增减的情节。例如,被告人认罪悔罪态度较好、赔偿经济损失、退还赃款赃物对应着拒不认罪、悔罪,不赔偿被害人的经济损失,不退缴赃款赃物等。虽然“中性情节”同样衡量犯罪人的人身危险性,但由于法律对“中性情节”的评价已经被犯罪行为本身囊括其中,因而不产生刑罚量的增减效果。基于“中性情节”的上述特点,在有关量刑基准的研究中,有学者便以“中性情节”为视角诠释量刑基准的概念,“量刑基准是对没有从轻或从重情节,而是具有中性情节的案件所估定的刑罚”[②]。根据“中性情节”具体内容的不同,其法理基础可以被认为是期待可能性理论和禁止间接处罚理论。例如,犯罪人在犯罪后隐藏罪证,或在案发后拒不坦白,这是“犯罪人的理性”,因而不具有期待可能性。所谓禁止间接处罚,如果某一行为或者结果,并非罪刑规范所欲阻止的行为或者结果,即不仅行为触犯的罪刑规范并不阻止这种结果,而且其他罪刑规范也不阻止这种结果,则该行为或者结果不能作为量刑情节考虑。[③] 例如,赔偿被害人的经济损失、退缴赃款赃物是民事责任,如果因犯罪人不赔偿、不退缴便加重其刑罚,则“将原本只能通过民事赔偿方式处理的现

---

① 参见张明楷:《责任刑与预防刑》,北京大学出版社2015年版,第348—356页。

② 樊凤林:《刑罚通论》,中国政法大学出版社1994年版,第412页。

③ 参见张明楷:《结果与量刑——结果责任、双重评价、间接处罚之禁止》,载《清华大学学报》2004年第6期。

象(结果)提升为犯罪结果的一部分,从而作为从重量刑的情节,就混淆了刑法与民法的关系,导致刑法不当地介入民法领域”①。此外,罪后情节的逆向适用还涉及重复评价问题,具体到《贪污贿赂解释》第1条第2款第5项规定,赃款赃物,作为贪污罪、挪用公款罪所侵犯的主要法益之一,亦作为受贿罪、利用影响力受贿罪的犯罪组成之物,自犯罪完成后其违法状态继而延续,赃款赃物的违法状态所包含的行为已经由上述各罪的构成要件完全评价,因而案发后拒不交待赃款赃物去向或者拒不配合追缴工作,致使无法追缴的行为不应作为罪后情节再次予以评价,特别是不能作为入罪情节予以规定。

此外,从我国刑法规范有关罪后情节的立法精神来看,绝大多数罪后情节均是以表征犯罪人人身危险性的降低为出发点,通过减轻罪量以达到除罪化、轻刑化的法律效果。目前,在刑事规范领域内,唯一作为入罪情节考量的罪后情节是有关交通肇事逃逸的规定,发生交通肇事致使一人以上重伤,其中行为人负事故全部或者主要责任,并且为逃避法律追究逃离事故现场的,构成交通肇事罪。之所以交通肇事后逃逸可以作为入罪情节适用,是因为依照国务院《道路交通事故处理办法》(已废止)第7条的规定,发生交通事故的车辆必须立即停车,当事人必须保护现场,抢救伤者和财产(必须移动时应当标明位置),并迅速报告公安机关或者执勤交通警察,听候处理。社会有理由期待行为人积极履行法定义务,但行为人“做了不应当做”的逃逸行为,体现出一定的

---

① 参见张明楷:《结果与量刑——结果责任、双重评价、间接处罚之禁止》,载《清华大学学报》2004年第6期。

人身危险性和社会危害性。即便如此，司法解释将逃逸行为设置为入罪情节的合理性也受到理论界的颇多质疑和批评，有越权解释的嫌疑。[①] 显然，罪后情节的逆向适用不能与上述规定相提并论，首先，行为人在犯罪后没有认罪悔罪的法定义务。其次，即使依照《刑法》第36条规定，犯罪人具有积极赔偿、退缴赃款赃物的法定义务，但“拒不交待赃款赃物去向或者拒不配合追缴工作”，其“什么都不做”的不作为方式所体现出人身危险性和社会危害性显然与“做了不应当做”的方式有所不同。最后，罪后情节的逆向适用并没有侵犯新的法益，其行为的危害性已经被特定犯罪行为所评价，因而基于不得重复评价的原理不能作为罪后情节适用。从以上观点来看，《贪污贿赂解释》有关罪后情节的逆向适用，显然违反了既有的立法精神。

（3）社会影响情节的失当。

在大量的司法解释中，犯罪行为所造成的社会影响往往作为情节的具体情形之一予以规定。[②] 社会影响作为情节的具体内容之一，在司法解释中对于认定罪与非罪抑或判定轻罪与重罪都具有重要的决定意义。[③] 诚然，“在‘稳定压倒一切’的观念指导下，司法解释为了防止处罚漏洞，为了维护社会稳定，为了给国民安

---

① 参见林亚刚：《论“交通运输肇事后逃逸”和“因逃逸致人死亡”——兼评〈关于审理交通肇事刑事案件具体应用法律若干问题的解释〉的若干规定》，载《法学家》2001年第3期。

② 例如，《贪污贿赂解释》第1条第2款规定，具有下列情形之一的，应当认定为“其他较重情节”，……（6）造成恶劣影响或者其他严重后果的。

③ 社会影响除作为“情节严重”“情节恶劣”的具体内容以外，还作为构成要件要素的“后果严重”或具体结果的内容存在。例如，2010年《最高人民检察院、公安部关于公安机关管辖的刑事案件立案追诉标准的规定（二）》（已废止）第86条有关挪用特定款物罪的规定。

全感,将行为造成的恶劣社会影响作为'后果严重'、'情节严重'等构成要件要素的内容,似乎无可厚非。但是,也并非没有疑问"①。刑法解释将社会影响情节作为情节的内容之一主要具有三个方面的弊端。

①弊端之一:范畴的模糊。

首要的问题就在于,恶劣社会影响的界定与实现路径问题。恶劣的社会影响,如同刑法规范所规定的"情节严重""后果严重"等语汇一样,由于指代过于抽象模糊,其内涵与外延难以确定,社会影响程度无法评估量化。即使按照目的解释的方法出发,结合犯罪的本质界定社会影响及其程度,将社会影响限定在与具体犯罪所保护的法益相关联的事项,这都是难以实现的。在立法、司法解释不可能进一步对恶劣社会影响作出明确释明的情况下,要求司法工作者结合犯罪中法益的具体内容在个案中判明社会影响是否恶劣,无疑是对其司法工作的巨大挑战。同时,将关乎定罪量刑标准的重大事项全部委由司法工作者具体判断,姑且不论司法权的恣意行使,"同案不同判"现象将会比比皆是,公平正义沦为一纸空文。

②弊端之二:受控因素的广泛。

社会影响并非单因变量,除源自犯罪事实和犯罪人的自身情况外,其受控因素广泛。其中,"社会影响的大小受媒体的影响特别大,因而具有偶然性与不确定性"②。特别是在互联网媒体时

---

① 张明楷:《责任刑与预防刑》,北京大学出版社2015年版,第293—300页。

② 汪明亮:《媒体对定罪量刑活动可能带来负面影响的作用机制》,载《现代法学》2006年第6期。

代，媒体凭借互联网技术高效迅捷地渗透至生活的各个角落，为民众提供体量庞大的讯息。在一定程度上，媒体决定了民众接收讯息的范围以及角度、观点，主导舆论的导向。所谓“一石激起千层浪”，即便是一起普通的刑事案件，在媒体的大肆渲染下可能产生重大的社会影响。与此同时，媒体报道所选择的资料未必客观全面、立论角度未必公允，夸大其词的报道时有出现，在这种普遍的社会现象下，将社会影响作为定罪量刑标准的科学性必然遭受质疑，刑罚本身必然丧失理性。最为典型的案例莫过于“李某一案”，论及犯罪事实，该案是一起普通的未成年人涉嫌强奸案件，但由于犯罪嫌疑人李某一的身份系“富二代”“星二代”这一社会敏感阶层，案件事实又涉及轮奸，事件甫一曝光便产生了重大的社会影响。[①]

③弊端之三：间接处罚的悖反。

将恶劣的社会影响作为情节规定进而影响定罪量刑的设计依据在于强调刑罚的一般预防功能，即增强国民的规范意识，威慑潜在的犯罪人，但一般预防功能应当限制在立法领域，而绝非司法领域。如果抱着“杀一儆百”“以儆效尤”的刑罚预防目的，依照社会影响恶劣程度对被告人定罪量刑，则完全将被告人当作工具对待，违反了宪法有关“国家尊重和保障人权”的规定。同时，在多数情况下，恶劣的社会影响并非犯罪行为本身所造成的，如前所述，社会影响是多因变量，而且犯罪人对其犯罪行为所带来的社会影响不具有刑法意义上的责任，同时，恶劣的社会影响

---

① 参见闵滢男：《从“李天一案”看媒体对司法公正的影响》，载《法制与社会》2013年第10期。

并非刑法所规制的行为与结果,将该结果作为对犯罪人定罪量刑的依据,违反了禁止间接处罚的规定。

综上所述,将社会影响作为情节中的具体内容之一,进而作为认定罪与非罪、轻罪与重罪的决定因素之一,是没有刑法学理的依据,也是难以操作实现的。

2. 反思:情节内容展开的正当向度

笔者认为,现行司法解释中情节内容普遍存在失当问题的根本原因在于,司法解释的制定者没有充分认识到情节与法定刑选择之间的对应关系,即法定刑升格、降格的正当化根据具体投射到情节内容的适格问题。这一问题在我国刑法分则大量存在的情节犯的具体适用中表现得尤为明显,何种情节可以认定为"情节严重",何种情节符合"情节较轻"的规定。因此,反思情节在司法解释展开中存在的问题,需要最终落脚于明确情节内容应当具备的向度与标准。

关于这一问题,笔者拟按照入罪·法定刑升格情节的规格与出罪·法定刑降格情节的规格两个方面分别论述。

(1)向度之一:入罪·法定刑升格情节的规格。

有关入罪与法定刑升格情节的规格,我国刑法理论界是从罪刑关系的角度予以展开讨论的,该问题目前仍然处于争讼之中。因此,笔者认为应当以此作为该问题立论的基础。

①罪刑关系立场:报应刑与预防刑视野下的并合主义。

预防刑说主张,责任刑与预防刑的升格或加重均是法定刑升格的依据。预防刑说是我国刑法理论的通说,司法实践亦采取该学说的主张,大量司法解释以该学说为基准认定定罪情节、加重情节的具体情形，在此不再赘言。与之相反，报应刑[①]说则认为，只有责任刑加重或者升格，才能适用升格的法定刑，预防情节不可能成为法定刑升格的根据。[②] 该论者进一步指出，责任不仅是成立犯罪的条件，还是刑罚的基础。突破责任程度，单纯因为一般预防的必要性大就规定较重法定刑，没有以责任限定刑罚，缺乏正当化的依据。

笔者认为，就刑罚正当化的依据层面而言，并合主义的立场应当贯彻，报应刑与预防刑均是刑罚正当化的依据，两者对立统一。报应刑以个人利益为本位，从犯罪人的角度论证刑罚正当化的根据，符合民众对公平正义的朴素情感；预防刑以社会利益为本位，从社会预防的角度论证刑罚正当化的依据，它注重社会防卫，以刑罚作为保障社会利益的手段。并合主义恰恰对两者起到优势互补、弊害互克的作用。因而，世界各国刑法均采取并合主义的刑罚立场，我国刑法亦是如此。

②解题路径：报应刑与预防刑的位阶关系。

并合主义虽然强调报应刑与预防刑在刑罚正当化依据的同属地位，但并不意味着两者在量刑方面可以等量齐观、并驾齐驱。这便关系到报应刑与预防刑在刑罚裁量过程中的关系问题，这对于判定入罪·法定刑升格情节的规格问题提供了思路与依据。

报应刑经典表述为"因为有犯罪而科处刑罚"。资本主义启蒙思想家更是以报应刑为理论基石，创建了作为刑法基本原则的罪刑相适应原则。该原则强调"惩罚应有程度之分，按罪大小，定

① 参见张明楷：《责任刑与预防刑》，北京大学出版社2015年版，第177—178页。

② 报应刑即责任报应，报应刑与责任刑同义，后文根据论述情况混用表述。

惩罚轻重”[①]，这对于反对罪刑擅断、防止严刑峻法无疑具有重大的意义。但是，如若坚持报应刑作为刑罚正当化的唯一依据，则会陷入绝对报应刑论的泥潭，持该论者坚持即使从社会预防角度看无须适用刑罚，仍然科处刑罚。这也正是刑事社会学派对其大肆抨击的主要阵地之一。刑事社会学派立足于决定论，认为犯罪是行为人生理心理情况与其周围环境交互影响的产物，并非源自人的自由意志。据此而断，刑事社会学派提出刑罚的正当化依据并非客观侵害，而是犯罪人的人身危险性或反社会人格。刑事社会学派在量刑原则上主张刑罚个别化原则，即刑罚的适用应当充分考虑犯罪人的反社会人格，根据其人身危险性大小决定刑罚及其程度。应当承认，刑法个别化原则对于绝对报应刑论置刑罚目的于不顾，以及为没有（较小）再犯可能性的犯罪人执意科处（较重）刑罚的情况提供了解决方案。但是，作为刑罚个别化理论基础的预防刑具有显而易见的缺陷：预防刑过分强调依据犯罪人的反社会性进行量刑，而对犯罪人的反社会性的判断在很大程度上是依法官的主观意志测定的，因而不可避免地具有很强的主观性，这就为法官的判断打开了缺口。[②] 同时，预防刑可能以一般预防或特殊预防的必要性较大为由科处较重的刑罚，使刑罚没有边界，迫使个人利益让位于社会利益。

报应刑恰恰为预防刑提供了上限，即在刑罚裁量过程中基于预防犯罪的考量，不得超过责任的上限。这也正是罪刑相适应原

---

① [法]孟德斯鸠：《论法的精神》，许明龙译，商务印书馆2009年版，第42页。

② 参见高铭暄、赵秉志主编：《刑罚总论比较研究》，北京大学出版社2008年版，第144页。

则在刑法学的现代展开,在量刑领域被称为责任原则。通说认为,责任原则分为积极的责任原则与消极的责任原则,其积极的一面强调“有责任即有刑罚”,强调责任是刑罚的前提与基准,如此的刑法也称为罪责刑法;其消极的一面则主张“没有责任则没有刑罚”,这可以被称为超量禁止原则,即责任是刑罚的限度,刑罚作为一种恶报,并非漫无边际,也是有一定的度量,而正是责任起到了对刑罚度量的调节作用。只有把犯罪人的刑罚控制在其所承担的刑事责任范围内,方能称为正义。应当承认,责任原则在其消极方面的意义是非比寻常的,“督促刑罚作为公开的谴责必须严格地局限在具有社会伦理非难性的不法行为之上,使刑法的禁止或诫命成为最低程度的道德。罪责原则不但是刑法原则,也应该是法治国家的宪法原则”①。这正是现代各国刑法理论及立法推崇责任原则的原因所在。我国《刑法》第 5 条规定,刑罚的轻重,应当与犯罪分子所犯罪行和承担的刑事责任相适应。这正是对积极责任原则在我国刑事立法的确认。

因此,结合报应刑与预防刑的利弊,其两者在刑罚裁量中的关系可以表述为以下两个方面:第一,责任在刑罚裁量中具有刑罚的限定功能。法官只能在责任刑的范围内考量一般预防与特殊预防的刑罚目的,即预防刑不得超出责任刑的限度。第二,基于一般预防或特殊预防的必要性,可以在责任刑所需要的刑罚量以下科处(或不科处)刑罚。

以责任原则以及报应刑与预防刑的关系为契机,具体落实到法定刑的升格问题,由于法定刑的提升以刑罚量的增加为其后

---

① 林山田:《刑法通论》(上册),自版发行 2008 年版,第 92—93 页。

果,因此,法定刑升格情节只能由责任刑情节承担。倘若依据预防刑情节提升法定刑,例如,以犯罪人具有前科劣迹为由提高法定刑幅度,无异于以人身危险性为依据增加刑罚量,这又陷入预防刑论的窠臼,明显有悖于责任原则的基本要求。由此可见,笔者认为法定刑升格情节规格采取责任刑说较为妥当,其既符合刑法保护法益的机能,同时发挥刑法自由保障的机能,以限制刑罚为手段,使国民得以被尊重。

(2)向度之二:出罪与法定刑降格情节的规格。

有关影响出罪·法定刑降格情节的规定,在我国刑法理论界同样存在两种不同的学说。笔者以此学说的分野作为论述原点。

①争讼:不法责任说与预防说。

不法责任说认为,“责任主义决定了升格法定刑的根据与减轻法定刑的根据不完全相同。减轻法定刑是有利于被告人的规定,选择减轻的法定刑不会违反责任主义,但是减轻法定刑的适用受罪刑均衡的制约。单纯客观不法的减轻以及责任的减轻,都足以使罪行减轻,因而成为适用减轻法定刑的根据”[①]。相反,预防说则认为,在对犯罪分子进行定罪[②]时,应当考虑预防其再犯这一刑罚目的,如果根本就不存在这样一个目的,那么也就没有必要对行为人定罪了。[③] 有学者从犯罪本质的二元论角度出发,主张具有一定的社会危害性和人身危险性并且能够衡量一定犯罪

① 张明楷:《责任刑与预防刑》,北京大学出版社 2015 年版,第 233—234 页。

② 在我国刑法理论界,相当一部分学者认为加重情节、减轻情节是一种独立的犯罪构成,因而影响轻罪与重罪的情节被看作定罪情节,而非量刑情节,因此仍然在“定罪”的层面探讨加重情节、减轻情节问题。

③ 王勇:《定罪导论》,中国人民大学出版社 1990 年版,第 256—259 页。

的社会危害性程度和人身危险性程度，是情节减轻犯之所谓减轻的本质特征，从而决定其法定刑的降格。①

②解题路径：不法责任说与预防说的位阶关系。

笔者认为，不法责任说的见解是妥当的。首先，从罪刑均衡的角度来讲，责任原则是刑罚裁量制度最首要的原则，其要求对犯罪人科处的刑罚应当与其罪责相适应。罪责是对不法的责任，其设立初衷是限制刑罚对不法的评价范围，将没有责任的不法排除在刑罚之外，即以责任划定刑罚的上限。在减轻法定刑的场合，单纯客观不法程度的降低，也可以成为减轻法定刑的事由，其主要理由在于：从客观主义刑法的立场出发，犯罪的本质是法益侵害，其法益侵害程度降低，反映其犯罪的罪量程度在降低，必然伴随着刑罚量的减少。因此，单纯客观不法的减轻或者责任的减轻都是责任原则的应有之义。

其次，从责任原则与刑罚个别化原则的关系角度来讲，责任刑为预防刑设定了限度，只能在责任刑的刑罚量以下考量预防的必要性。对于没有预防必要性（人身危险性）的犯罪人可以在责任刑以下判处刑罚，但这并不意味着彰显人身危险性较小的预防刑情节，可以作为减轻法定刑的依据。这一结论的主要立论在于，报应刑与预防刑在刑罚裁量过程中的适用具有阶层性，两者适用存在先后顺序，而非一并适用。即以报应刑为基准，依据罪责确定基准刑，并在此前提下追求预防犯罪的目的，依据预防刑再行裁量刑罚，最后形成宣告刑。因此，报应刑独立承担确定基

① 参见陈兴良：《刑法哲学》（修订2版），中国政法大学出版社2000年版，第722页。

准刑的任务,这在刑罚裁量的运行中包括两个具体步骤:第一步是根据不法程度与责任程度确定法定刑,第二步是在相应的法定刑幅度内根据责任刑的情节,确定基准刑。由此观之,预防刑的适用是在选择法定刑幅度之后,而非作为法定刑选择的依据之一。这样的刑罚裁量运行方式所具备的优点在于,恰当地调和报应刑与预防刑在量刑过程普遍存在的二律悖反问题,即在存在罪行较重但预防必要性较小或者罪刑较轻但预防必要性较大的情况下,如何处理报应刑与预防刑之间的适用冲突。例如,我国《刑法》第232条故意杀人罪的规定,在具体案件中犯罪人受嘱托杀人,但其具有累犯情节,如果将报应刑与预防刑等同视之,则很有可能将受嘱托杀人与累犯两个逆向的量刑情节对冲适用,最终不增不减,判处10年以上有期徒刑。但如若以报应刑为基准,则依据受嘱托杀人的情节适用"情节较轻"的规定,选择较低的法定刑幅度,并在此幅度内适用累犯从重处罚的规定,最终判处7年有期徒刑。从两种量刑机制所导致的不同宣告刑来看,后者的刑法评价更符合公平正义的根本要求,合理体现罪刑均衡与刑罚个别化的双重原则。刑罚权的行使,必须靠着公正与适当的刑罚裁量,才能使刑事司法符合刑法的正义理念,达到建立并维护法律社会秩序的目的。[①] 同时,依据客观不法与责任程度确定较轻的法定刑幅度,并不影响在个案中根据特殊预防的必要性考虑从重或从宽处罚。根据报应刑确定基准刑后,再根据预防犯罪的目的适用预防刑,对犯罪人进一步予以从宽或从重处理,在不违背责任原则的前提下,满足刑罚个别化的需求。

---

① 参见林山田:《刑法通论》(下册),自版发行2008年版,第539页。

综上所述,影响责任刑增加的情节符合法定刑升格情节的规格,而影响客观不法降低或责任降低的情节符合法定刑降格情节的规格,任何影响预防刑的情节都不能作为法定刑升格、降格情节。

情节,是一个再平常不过的词汇。正是因为其对称谓的习以为常,刑法中的情节很难被立法者赋予规范的内涵与外延。这在一定程度上导致情节在司法解释领域内的展开存在普遍的失范现象:任何影响立法者或司法解释制定者法情感的具体情形均被归纳到情节的范畴之中。因此,前科劣迹、罪后情节以及社会影响等情形均作为入罪或加重情节明文规定在司法解释中。

通过对前科劣迹、罪后情节以及社会影响等情节的探讨,反思情节在司法解释领域理应具备的向度标准并最终明确责任刑情节才是入罪情节与法定刑升格情节的规格,而预防刑情节仅能够作为出罪情节与法定刑降格情节适用。

六、重视立法中的“行刑衔接”问题

“行刑衔接”问题,不仅是一个行政执法和刑事司法中长期存在和受到广泛关注的问题,也是一个立法上应当关注和重视解决的问题。

1997 年《刑法》修订以来,20 余年的刑事立法活动,除了个别单行刑法,一直坚持着以刑法为唯一确立罪刑规范的一元化立法模式。单一刑法的模式有其优势,但是,过于坚持也造成了非刑事法律中在设置法律责任条款时“行政责任”与“刑事责任”的割裂,一定程度上形成了“临事缺刑”的现象和遗憾。坚持“统一、完备”的刑法是 1997 年修订《刑法》时的追求目标,这种认识成为一种立法工作中的惯性并坚持至今，甚至成为一种理念。尤其是坚决否定非刑事法律中可以存在带有罪状和法定刑的“附属刑法”。但是，刑法罪名体系的构建，未必不能有一定的弹性和灵活性，否则，可能会限制国家治理中对于刑事立法和罪名体系的现实需求。

（一）目前立法中的“行刑割裂”现象，造成的“无盾之法”逐渐增多

否定“附属刑法”造成的“临事缺刑”现象，日益增多。原因在于“刑事立法的不同步”。

1.“行刑割裂”的表现形式

具体表现为，对于某一个严重的违法行为的制裁，往往是明确地在行政法律等其他非刑事法律之中规定，“构成犯罪的，依法追究刑事责任”，但是，在刑法中却没有与之对应的、可以适用的罪名条款。

（1）“行刑割裂”造成“无盾之法”存在于许多法律之中。

立法中出现的“行刑衔接”不畅，比司法中的“行刑衔接”不畅，潜在后果可能更为严重。例如，①《建筑法》以多个条款规定了建设单位、建筑设计、施工、监理单位对于建筑工程质量安全所应承担刑事责任的情形，但令人遗憾的是，建筑法的这些规定在刑法分则中并未得到全部确认。②《对外贸易法》第 60 条第 2 款规定：“进出口属于禁止进出口的技术的，或者未经许可擅自进出口属于限制进出口的技术的，……，构成犯罪的，依法追究刑事责任。”但是，刑法中有关走私罪的犯罪对象并不包括禁止进出口的技术和限制进出口的技术。全国人大常委会审议的《出口管制法

(草案)》,对于予以出口管制的“技术”和“服务”做了规定,也有“构成犯罪的,依法追究刑事责任”的条款,但是,同样未在刑法中找到适用条款。③《招标投标法》第 50 条规定:“招标代理机构……与招标人、投标人串通损害国家利益、社会公共利益或他人合法权益的,……,构成犯罪的,依法追究刑事责任……”但《刑法》第 223 条关于串通投标罪的犯罪主体却只有投标人、招标人,而没有规定招标代理机构。尽管司法实践中可以通过将招标代理机构的工作人员以帮助犯的名义处罚,但是即使如此也与《招标投标法》第 50 条规定的原意相去甚远。④《反垄断法》第 67 条规定:“违反本法规定,构成犯罪的,依法追究刑事责任。”此次提请审议的《出口管制法(草案)》,对于“拒绝”监管的行为,也有类似规定。但是,刑法中只对于拒绝“间谍犯罪活动证据”等个别拒绝调查行为,设立了独立罪名。因此,所谓的依“法”追究刑事责任实际结果是“无”法追究。同时,即使按照《刑法》第 277 条的妨害公务罪处罚,但妨害公务罪要求暴力或者胁迫手段,无法完全对应《反垄断法》和《出口管制法》等的规定。类似的现象在行政法律和经济法律中还有很多。

类似的现象还有很多,正在全国人大常委会审议的《人民武装警察法(修订草案)》第 46 条规定:“对非法制造、买卖、持有、使用人民武装警察部队专用标志、警械装备、证件、印章的,依法给予治安管理处罚;构成犯罪的,依法追究刑事责任。”这一条文设定了对于“持有”行为的法律责任,但是,“持有”某一物品构成犯罪,在《刑法》中只有 6 种情况,在《治安管理处罚法》中只有 1 种类型,此种在非刑事法律中仅规定追究刑事责任条款转而求助于刑法、治安管理法的模式,导致了此类法律责任的设定根本无法落实。

(2)非刑事法律在通过多年之后,为其“特供”的刑事罪名才姗姗来迟,造成立法滞后现象突出。

此种情况,虽然凸显了立法滞后,但是,问题还是能够得以解决。例如,2003 年 10 月 28 日通过的《证券投资基金法》第 89 条规定,基金管理人、基金托管人有本法第 20 条所列的 5 种行为之一,构成犯罪的,依法追究刑事责任。但直到 2006 年的《刑法修正案(六)》增设的违法运用资金罪,才间接涉及广义上的基金犯罪,直到 2009 年的《刑法修正案(七)》规定“老鼠仓”行为构成犯罪,才算是真正意义上确立了基金犯罪。

2.“行刑割裂”的后果:没能长出牙齿的法律

近年来,“行刑割裂”现象表现形式更为突出。具体体现在两个方面:

一个问题是,一些行政法律、经济法律等非刑事法律中在刑事责任配置方面出现一个显著的变化:逐渐放弃过去在“特定的具体条文”中常见的“构成犯罪的,依法追究刑事责任”表述,改变为在法律责任一章中,辟出专门一条来单独规定本章中的所有行为如果“构成犯罪的,依法追究刑事责任”,如《药品管理法》等。此种形式,让原有的表明某个具体条文可能构成犯罪、进而要求刑法修订时增设具体罪名。刑法修订时罪名增设的事后跟进任务,再次淡化。似乎刑法成了一部已经完备、现有罪名可以解决非刑事法律中所有可能构成犯罪的行为的问题。“刑法万能论”开始出现在非刑事法律的立法工作之中,且逐渐成为一种现象。

由此导致的另一个问题是,为数已经不少的非刑事法律之中,对于违法行为的制裁,只剩下“罚款”这一种制裁模式,如《外商投资法》等。这就导致在经济法律等部门法中对于违法行为的制裁,越来越多只能依赖罚金的威慑效力,也因此导致不断地调整增高罚金数额来试图保持法律的制裁力度。

(二)“行刑割裂”现象问题的出现,既有对“统一、完备”刑法的坚持,也有立法衔接机制方面的问题

从刑法和其他法律的关系上来讲,刑法是所有严重违反法律行为的最后制裁力量。这是一个基本定位。

1.“行刑割裂”问题,本质上是法律草案起草中的衔接机制问题

(1)“行刑割裂”问题的出现,是一个法律起草的衔接机制问题。

行政法律、经济法律等部门法类的非刑事法律,与刑事法律的起草部门不同。无论是由国务院、最高人民法院、最高人民检察院或者全国人大专门委员会起草,基本上是先提请常委会审议,再吸纳审议意见,最后由法工委的各个室根据工作职责分工来具体拟定。由此导致的常见问题是,承担非刑事法律条文完善工作的部门,可能是法工委的一个室,在工作中会按照工作习惯,在非刑事法律的法律责任一章中,采用相对固定的法律责任设置模式:规定某些行为“构成犯罪的,依法追究刑事责任”。之后,只有等到两三年一次启动和酝酿起草《刑法修正案(××)》时,由负责刑事法律起草的另一个工作班子(法工委的刑法室)来完善罪名体系。此时,后续的工作部门很有可能对于此前行政法律等部门法修订时预留给他们的“作业”毫不知情,难以专门为某个部门法的某个条款进行专门刑事立法,难以补上某个部门法需要的

罪名罪状和法定刑。各个部门法律与刑事法律制定、生效时间的不同步成为一个现象，即使刑法在事后能够填补行政法律的漏洞，依然会造成一段时间内甚至长期造成行政法律中的刑法指引条款的空置。

同时，一些起草部门甚至全国人大各个专门委员会起草的法律，虽然已经规定了附属刑事条款，比如，2019 年 10 月提请常委会审议的《生物安全法》，设立了 4 个罪刑条款，即增加了 4 个罪名，有独立的罪名罪状和法定刑。但是，基于目前对于“统一、完备”的刑法的坚决认识，这几个条款在二次审议时已经从《生物安全法（草案）》中予以删除。何时能够在下一个《刑法修正案》中得以体现，是一个问题。

非刑事法律与刑事法律出台时间的不同步等因素，表面上看是技术性问题，实际上还是刑事立法工作衔接机制的问题。

（2）“行刑割裂”问题，也是一个法律起草机制问题。

从立法实践来看，行政法律、经济法律等其他部门法的起草过程，一般是不会有刑法专家参与的。对于这些法律中大量存在的“构成犯罪的，依法追究刑事责任”等表述，很难说经历了严谨科学的立法论证，很多时候只是一个必须写在法律起草中的“规定动作”。也基本不会考虑是否在刑法中已经有相应的具体罪名可以使用。

无论是哪种原因所导致，“行刑割裂”不是《刑法》（1997 年版）修订之后才有的现象，在《刑法》（1997 年版）之前就存在了。例如，1988 年全国七届人大常委会第五次会议曾对《土地管理法》进行修订，在当时的第 49 条、第 54 条增加了依照刑法追究刑事责任的条款，但直到《刑法》（1997 年版）修改时，才在刑法中增加了非法转让、倒卖土地使用权罪等罪名。

2.“行刑割裂”问题的另一个原因,是对于“统一、完备”的刑法的追求

犯罪有“自然犯”与“法定犯”之分。仅仅由立法者根据时势需求而设定为犯罪、规定于法典中的犯罪,是“法定犯”。

(1)坚持“统一、完备”刑法的认识,排斥“附属刑法”的发展和再次出现。

《刑法》(1997年版)修改之前广泛存在的附属刑法,是一种所谓的“附属”的附属刑法模式,即刑事责任条款的罪状表述部分,由行政法律或者经济法律等部门法的某个条款确立,而具体的量刑规则和罪名,依然要“比照”的方式指向刑法的某个条款。例如,《计量法》(1985年版)第29条规定:“违反本法规定,制造、修理、销售的计量器具不合格,造成人身伤亡或者重大财产损失的,比照《刑法》第一百八十七条的规定,对个人或者单位直接责任人员追究刑事责任。”这里的《刑法》第187条是1979年《刑法》中的玩忽职守罪。由此导致,法官在适用过程中,要参照附属刑法、刑法总则和刑法分则,徒增许多麻烦,也导致法官找法、用法的困难困惑。

那个时期的“附属刑法”有双重“附属”性,既附属于部门法,也附属于刑法的某个条款和罪名。此种附属的“附属刑法”的问题在于,一是导致了司法人员的找法困难,与过去特定历史时期司法人员参差不齐的司法素质相叠加,引发了不少问题;二是犯罪行为模式和法律后果相互分离的做法,导致刑法原有罪名构成要件内容的过度膨胀,不符合罪刑法定的明确性要求。创制犯罪行为却不创制法定刑,引发了关于附属刑法条款是独立罪名还是

刑事责任指向条款的争议。因此,1997年《刑法》编纂时,吸收和取消了几乎所有的附属刑法条款。

但是,综观世界各国的附属刑法,共同特点是在行政法律等部门法律中规定专门的行为类型,配置专门的法定刑,即附属刑法是附属于行政法律等部门法,而不是附属于刑法分则。因此,取消"附属刑法"附属于刑法的模式,从"附属"的附属刑法向"独立"的附属刑法转变,即独立于刑法,具有自身独立的罪名罪状和法定刑,只是附属于非刑事法律之中,是独立的、真正的附属刑法的固有表现形式。

(2)这是一个"法定犯"的时代。

就世界各国而言,"自然犯"的刑法设定任务早已完成,各国刑法都进入法定犯时代。现行刑法中规定的罪名总数中,属于法定犯的罪名占到85%左右。从以上数字可以看出,分则第三章的破坏社会主义市场经济秩序罪和第六章的妨害社会管理秩序罪在《刑法》(1997年版)修改中占有绝对比重,比例远超半数;从修改和新增条文数量占本章原条文数量的比例看,分则第二章相对比重亦遥遥领先。如果再将分则第八章、第九章的新增、修改条文数合并进入的话,目前的刑法修正案主要是围绕法定犯展开的。

在法定犯时代,刑事立法模式的选择必须考虑法定犯的特点和需求。为了适应"统一、完备"刑法的立法模式,刑法中出现了大量的"空白罪状",对于具体犯罪构成要件的认定依赖于作为"前位法"的行政法律或者经济法律等部门法。例如,妨害动植物防疫、检疫罪中的"违反有关动植物防疫、检疫的国家规定"、污染环境罪中的"违反国家规定"等。

(3)法定犯时代需要什么样的刑法修订模式。

刑法修正案的主要目标,从结果来看,主要在于解决"类罪"的完善性问题。例如,《刑法修正案(三)》对恐怖主义犯罪的修改完善、《刑法修正案(八)》对经济犯罪的修正、《刑法修正案(九)》对网络犯罪的修改完善等。对某一个类别的犯罪的集中性、系统性修订,是刑法修正案的重要功能和使命之一,个别性罪名的新设或者修改只是立法的附带之举。因此,通过一个刑法修正案,相对集中地解决一个类罪的问题,成为刑法修正案制定中的一个明显的工作惯性。

应当说,只要国家治理、社会现实对于罪名增设的客观需求还在,那么,通过什么样的刑法修订模式、机制来回应现实需求,就应当持续思考。同时,是否需要恢复"附属刑法规范"的思考和争议就会一直存在。

(三)法定犯时代非刑事法律中"刑事条款"的设置模式,重点是解决立法上的"行刑割裂"现象问题

避免或者说解决立法上的"行刑割裂"现象问题的继续出现,有两个方案可以考虑。

1. 方案之一:摆脱对"统一、完备"刑法的坚持,建立"独立"的"附属刑法"体系

放弃长期坚持"杜绝"的附属刑法的认识,在非刑事法律的部门法中,随着法律的起草或者修订,同步直接增加"自带"罪状和法定刑的附属刑法,是最为直接的解决方案。当然,这一方案的不利之处,是直接放弃了对"统一、完备"的刑法的长期坚持。有利之处,不仅是解决了立法上的"行刑割裂"问题,而且在起草、修

订各个部门法之时，起草面临的需要追究法律责任尤其是刑事法律责任的主要问题或者修订要指向的主要违法和犯罪类型，是认识最清楚的时刻。

2. 方案之二：优化立法衔接机制，解决“行刑割裂”现象

如果不放弃“统一、完备”的刑法的长期坚持，就需要考虑建立完善的法律起草机制，通过工作机制彻底解决“行刑割裂”问题。

可以考虑建立的一种工作机制是：在法律草案起草过程中，起草部门应当既在草案中设定“构成犯罪的，依法追究刑事责任”的条款，又要专门深入研究需要追究刑事责任的行为类型，将落实“构成犯罪的，依法追究刑事责任”的条款的指向的罪名有无问题、缺憾问题和需要追究刑事责任的行为类型明确列举，作为法律草案的附件，同步提交给后续工作的承担部门。作为后续形成《刑法修正案》的增订条文的来源依据之一。

第六章　网络知识产权社会治理

在互联网商业业态高速发展的同时，知识产权案件激增，互联网领域成为知识产权违法的热点和高发地，纷繁复杂、瞬息万变的网络环境也成为执法的艰困地。在全新的违法犯罪形态中，过往的知识产权纠纷解决模式遭遇了困境。在推进国家治理体制改革的背景下，引进多元化的社会治理思想，发挥各类力量对网络知识产权纠纷的参与，是健全知识产权综合治理的有益探索。本书以政府、网络平台、社会主体为视角，探求在网络环境下，知识产权社会治理的新模式。

一、知识产权的社会治理概述

（一）社会治理的概念与特征

党的十八大提出，要高度重视推进国家治理体系和治理能力现代化，全面深化改革。《中共中央关于全面深化改革若干重大问题的决定》中提出“创新社会治理体制”“激发社会组织活力”,在社会治理过程中要“坚持系统治理,加强党委领导,发挥政府主导作用,鼓励和支持社会各方面参与,实现政府治理和社会自我调节、居民自治良性互动”。自此,社会治理的概念逐渐深入人心。随着科技的发展和人民生活水平的不断提高,工业化程度加深,社会结构逐渐细化、城市不断扩张,社会矛盾逐渐变得复杂多样,社会治理变得困难重重。政府领导一切的缺点在复杂的社会治理中慢慢凸显,单一的政府领导无法满足数量庞大的公共事务的需要。人们逐渐意识到,政府仅仅是公共治理中的一个重要主体,而非唯一选择。现代的社会治理强调治理主体的多元化和治理方式的革新。社会治理不同于行政治理和司法治理,并不是让政府垂直领导一切,也不是让法院接受被动的纠纷告诉,而是强调政治国家和市民社会的结合,横向使各个社会中的主体参与到纠纷的实际解决中去。社会治理是在确立共同目标的前提下,国家与市民社会、政府与民间组织(非政府组织、私人机构)通过合作、协商和伙伴关系构成的联手行为,以引导、规范公民的各种活动,最大限度地增进公共利益。[①] 就网络知识产权的社会治理而言,则指在网络环境下,为了实现最大公共利益,多元主体互相合作,理性协商,对于知识产权的创造、使用、流转和保护等过程进行共同管理。理想的社会治理模式要求没有绝对核心,各治理主体的地位平等,没有地位高下之分。但是,我国治理体制改革刚刚启航,在长期过往经验中已经习惯于依赖政府治理,社会治理能力还未发

① 参见肖巍、钱箭星:《西欧社会党社会治理理论和政策述要》,载《复旦学报(社会科学版)》2006 年第 6 期。

展稳定,因此,当前发展的社会治理应当着重以政府为核心,推动社会中各种力量实际参与社会治理。

究其特征,与行政治理与司法治理相比,社会治理具有以下几个特征。

1. 多中心治理

随着现代社会的发展,社会分工逐渐精细化,社会治理没有包治百病的“万能药”,不能再一味依靠一个中心、一种手段。社会系统的复杂网络结构特征说明,社会治理需要向以社会组织和公众为主体、社会自主管理为核心的自组织、协同治理模式转型。① 在这种情况下,社会治理模式由政府机关单一领导转变为多个中心的联合,政府、相关企业、社会组织等各种主体都各司其职,越来越多的力量参与社会治理。

2. 理性协商

在社会治理理论中,政府不再提供一切公共产品和公共服务,而是保障社会力量建设性地参与到社会问题的解决当中。社会治理过程强调各个主体的协商和合作,停止对于政府压倒性权力的依赖。市场主体和社会主体不能仅仅是政府的“服从者”,更应成为政府的“合作者”,因此,理性协商成了社会治理模式的必要条件。通过协商的方式,对不同层次的对象,以不同的途径,使精英的意见、第三部门和社会运动的声音、普通民众的诉求,都纳入政治决策程序之中。②

---

① 参见范如国:《复杂网络结构范型下的社会治理协同创新》,载《中国社会科学》2014 年第 4 期。

② 参见姚远、任羽中:《“激活”与“吸纳”的互动——走向协商民主的中国社会治理模式》,载《北京大学学报(哲学社会科学版)》2013 年第 2 期。

3. 长效治理

以“剑网行动”为代表,近年来行政机关多采取约谈方式来应对新兴领域的监管问题,虽然整治效果立竿见影,然而本质上仍属于运动式治理,出于成本的考虑,在运动有成效后,治理效果不能长期存在,易受反弹,运动停息后,同样的问题仍然会再次出现。被动的司法治理更不能实现长效化的监督管理。而通过完善制度设计,可以在社会治理中建立长效化机制,各个治理主体权责明确,各司其职,可以实现资源的合理配置,实现纠纷的长效治理。

(二)网络知识产权问题的治理现状

1. 行政执法困难

第一,知识产权纠纷本就融合了科学技术和社会规范,相关案件往往错综复杂。在网络环境中,内容传播的速度极快,电子商务网站的商品侵权更是数不胜数。侵权随时可能发生,不同商品侵害知识产权的范围和程度也不一致,侵权产品更是被销往五湖四海,执法机关难以应对。第二,取证难度较高。在网络领域进行的知识产权侵权案件,证据往往难以固定,执法机关能够实际查封扣押的侵权产品与违法涉案数额、违法现象范围比,往往不值一提,这也导致了依据证据计算的行政处罚和赔偿数额和实际执行到位的金额较少。第三,执法效率低下。在网络环境中,侵权行为的发生和证据转移、销毁的速度极快,而行政执法机关从发现案情,到进行调查,最后作出行政决定的过程往往烦琐冗长,无法及时保护知识产权人的合法权益。

2. 司法不足

虽然近几年越来越强调发展替代性纠纷解决机制,分流人民法院受理的案件，然而随着人民生活水平和权利意识的提高，“诉讼爆炸”的趋势越来越明显。基层法院的案件压力已经是老生常谈。然而，对于知识产权相关案件，司法救济中存在的问题不仅仅是日益增长的案件数量，还有如下几个关键。一是立法不足。虽然近几年来各地纷纷开设了知识产权法庭，但对于知识产权，我国并没有专门的规定。对于知识产权的保护，也只散见于各个专门的立法当中，没有统一的法律规定，因此相关案件的处理只能参照民刑案件的审理程序进行处理，无法针对知识产权案件本身的特点进行程序的设计。二是网络知识产权案件对于审判人员的专业性要求更高，目前的人民法院人员配置难以满足实际的需要，常常需要向专家咨询，面临案件审理效率低，成本高的问题。三是司法标准不一。在文娱行业飞速发展的今天，法律对于新兴的作品很难有统一的判断标准。譬如，风头正劲的短视频行业，短视频的保护标准在实践中并不明确，对于短视频的创作者来说，很难判断自己的诉求能否得到法院的支持。对处于弱势的权利人，维护自己的权利需要付出高额的成本，且不一定能胜诉。在两者的利益权衡之下，权利人主动维权的内在激励不足。有学者对 107 个案例样本进行统计，其中约 19. 6% 维权主体为创作公司、4. 6% 维权主体为自然人。① 其中，短视频版权保护标准不明主要是指侵权短视频的性质认定争议，司法实践中对短视频性质存在录像制品和视听作品两种区别性认定，两种认定保护标准区别较大。部分案如“央视诉暴风案”，法院强调视听作品独创性认

① 参见冯晓青、许耀乘：《破解短视频版权治理困境：社会治理模式的引入与构建》，载《新闻与传播研究》2020 年第 10 期。

定的严格标准。但另一些案例如“抖音诉伙拍案”,法院则认为为了支持短视频行业的发展,不应当对其设置过高的独创性标准。短视频性质认定的争议导致版权保护标准不明,司法裁量标准无法统一,从而导致权利人无法形成良好预期,在面临侵权时不愿采取司法手段维权。

3. 社会治理不成熟

知识产权虽然是个人权利,具有排他属性,但是实际上,知识产权同时拥有私人性和公共性,又准公共产品,需要政府部门的调控和管理。法律规定知识产权权利的目标是鼓励社会创新,促进整个社会进行发明创造,推动文化科技向前健康发展。知识产权纠纷或涉及知名企业、驰名商标,或涉及重大发明、文化名人,又与民众生活息息相关,经常引起广泛的社会关注。[①] 从宏观来看,国家知识产权治理应当分为三个方面:行政管理、司法保护和社会治理。然而在实践中,相较于政府的行政管理,社会治理明显被边缘化。社会大众接受社会主体提供公共服务的意识仍然较弱,企业也习惯于接受政府提供的服务。

在社会力量参与网络知识产权治理上,当前已有一些有益的实践探索,如各大电子商务平台开始建立知识产权投诉平台,绝大部分投诉都由平台自行处理。然而,这些大多仅限于主体的内部,大家“各自为战”,不同主体之间缺乏沟通和合作,导致社会治理效果甚微。比如,电商平台虽然各自有一套惩治侵权假冒商品的系统方法,但彼此之间信息并不互通。侵权者在一个平台失利

---

① 参见齐伟、刘丝丝、徐子强:《社会治理视角下知识产权纠纷多元化解决机制研究》,载《中外企业家》2017 年第 25 期。

被惩罚后,可以轻松地到下一个平台发展而不受阻,社会治理模式并不成熟。

二、网络知识产权的社会治理主体

(一)政府

在传统的知识产权治理中,政府一直是强势的主导者角色。专利局、商标局、知识产权局等机构均可以进行相关知识产权的登记和管理,对涉及相关知识产权的行政案件有管辖权,可以及时地惩处知识产权侵权行为,分流法院庞大的案件压力。在当前全球化的背景之下,国家将创新发展作为第一战略,而知识产权的良好保护和管理正是促进创新的强心剂。21 世纪初,我国就提出要建设服务型政府,提供公共服务是政府的重要职能,在网络知识产权治理中,政府扮演着制定和推行国家知识产权战略、完善知识产权管理制度,改革产业政策、财政政策,维护知识产权市场秩序,资助企业打造民生项目,提供公共产品,组织科研攻关的角色。企业和其他社会角色在推行国家知识产权战略时,不可能脱离政府的引导,因此政府在社会公共治理中,仍然起着核心作用和主导作用。

(二)网络平台

近年来,互联网电子商务已逐步取代传统的商业销售模式。在我国,以淘宝、京东、拼多多为代表的电子商务网站纷纷崛起,大量的商户和消费者使用电子商务网站完成交易。以抖音为代表的网络服务商,大量用户在平台上上传内容并飞速传播,收割了无数流量。互联网时代,平台企业具有成为治理主体的能力,能够实现从“被治理者”向“治理主体”的角色转变。以下笔者将从电子商务平台和网络内容服务平台介绍平台企业在网络知识产权纠纷治理中扮演的角色。

1. 电子商务平台

电子商务平台对平台内经营者享有管理的权利和义务,也就当然可以参与相关知识产权问题的治理,从源头上防止知识产权侵权和后续的商品流通。近年来,电商平台逐渐升级知识产权风险防范措施,从接受权利人通知后删除侵权商品的传统模式转变为预防与控制相结合的模式,成立了各自的知识产权保护体系。电子商务平台如淘宝、京东、拼多多等网站。强大的技术实力和完善的平台建设使电商平台逐渐成为“准公共企业”,需要背负相应的社会责任。电商平台需要并基于自身的商业模式和国家的知识产权保护现状,根据技术进步和现实需要自主决定采取哪些知识产权管理措施,以及根据知识产权相关法律和其自行制定的知识产权规则,对通过其平台进行操作的侵权产品提供者和各参与方的违规行为进行各种惩罚,一定程度上推动了“私人执法”的发展。① 具有代表性的例子是阿里巴巴集团与各部门合作建立的知识产权管理体系,由于跨境电子商务业务逐渐成熟,其所适用的法律也慢慢不仅仅限于本国的知识产权保护体系,也开始结合一些商业惯例和世界各国知识产权相关法律。根据阿里巴巴2015 年公布的年报,阿里巴巴公司拦截淘宝网涉假商品信息 1.2 亿余件,根据权利人投诉删除涉嫌侵犯知识产权的在线商品信息

---

① 参见郑鲁英:《跨境电子商务知识产权治理:困境、成因及解决路径》,载《中国流通经济》2017 年第 10 期。

近千万条,且假货投诉率已较往年下降 51.6%。[①] 这种规范化的平台自治体系和合理的私人执法有助于网络知识产权治理突破当前的执法困境,应当支持和鼓励更多的平台形成规范化的知识产权自治体系。

2. 网络内容服务平台

网络内容服务平台如短视频平台、网盘经营者等平台,可以由用户广泛上传内容,借由平台向广大公众传播。网络内容服务平台的存在使侵权内容的迅速传播成为可能。平台借助用户上传的内容收割流量和商业利益。因此,对于用户上传的内容,平台也拥有监管的责任。如果相关内容侵害他人的知识产权,平台可以及时予以下架、删除,更快一步地从源头上避免侵害的发生。在现行的法律框架下,平台主要由权利人进行通知后删除相关侵权内容的方式进行调整。最高人民法院于 2012 年年底颁布的《关于审理侵害信息网络传播权民事纠纷案件适用法律若干问题的规定》本质上已经架空了"避风港"原则,强调网络服务商如果明知用户上传的内容涉及他人的知识产权而不主动作出删除、下架等措施,则需要承担相应的责任。该规定实质来源于"红旗"标准。[②] 以规定网络内容服务商的注意义务的方法提高了网络内容服务商的责任。该规定明确了"应知"的相关要素,如对于一些正在热播的知名电视剧、院线的电影等作品,网络服务商知道自身没有版权的,就不应该放任其上架和传播。当下司法实践中,随

---

① 参见《2015 阿里巴巴知识产权保护年报》(完整版),载搜狐网 2016 年 4 月 29 日,https://www.sohu.com/a/72264248_158013。

② 参见王杰:《网络存储空间服务提供者的注意义务新解》,载《法律科学(西北政法大学学报)》2020 年第 3 期。

着科学技术的发展，该规定中的“注意义务”被法院引用得越来越频繁，内容服务平台应该主动尽到与技术发展同步的注意义务，阻止知识产权侵权的发生。

（三）社会组织

事实上，随着专业化分工和社会公共服务的不断发展，社会组织的类型也变得多种多样，以下介绍在网络知识产权纠纷中有代表性力量的社会组织。

1. 知识产权中介机构

知识产权中介机构即专利代理机构、商标代理机构等，主要从事代理服务。从促进知识产权流转的角度，知识产权中介机构可以促进企业与高校、科研机构等主体的合作，推动知识产权的创造和应用，使知识产权人更快更好地获得市场激励，从而促进科技的发展。从世界各国经验来看，知识产权管理和保护越是发达的地方，知识产权中介组织越是活跃。[①]

2. 知识产权集体管理组织

知识产权集体管理组织是权利人通过集体力量进行知识产权管理的自治组织，作为桥梁连接了使用者与权利人。知识产权的使用者零散而广泛，要求由其全部向权利人请求许可显然是不可行的，使用者寻找权利人的成本和权利人一一进行许可的成本将不可估量。在这方面，知识产权集体管理组织可以很好地帮助知识产权权利人解决繁杂的许可问题，通过权利人将自己的权利

---

① 参见李洁：《美国国家创新体系：政策、管理与政府功能创新》，载《世界经济与政治论坛》2006 年第 6 期。

向集体管理组织进行许可,随后集体管理组织许可给使用人的方式,可以极大提高知识产权的流转使用效率,促进知识产权使用的合法化。不仅如此,由于集体管理制度起源于国外,利用集体管理组织可以快捷方便地进行跨境的知识产权交易,突破传统上知识产权的地域限制。比如,在跨境的版权交易中,各国的著作权集体管理组织建立了相互代表制度,授权著作权集体管理组织在国内收取和转付境外著作权人的作品在国内使用而获得的许可费并进行相应的诉讼,以及对本国著作权人作品因境外使用而获取的许可费转付予本国的著作权人,从而极大地提升了著作权人跨境知识产权管理的能力,也减少了部分在线交易所带来的不利因素。① 本书以著作权集体管理组织为例,对于知识产权集体管理组织的功能、存在的问题等进行介绍。

3. 行业协会

在网络知识产权治理的过程中,似乎很少见到行业协会的参与,事实上,行业协会因为自身的专业性和对行业本身的了解,在协同治理上可以发挥重要作用。第一,行业协会可以利用集体力量和专业能力向协会成员或其他需要帮助的人在网络上提供行业知识相关知识产权援助和支持,应对知识产权相关投诉和诉讼。第二,行业协会可以建立内部标准,或者动员成员企业参与到标准的制定当中,组织内部成员进行相关知识产权的交流和学习,完善知识产权体系建设。如浙江省休闲运动车行业协会为了保护行业内的创新产品,先后出台了《维权公约》《新产品鉴定实施

---

① 参见郑鲁英:《跨境电子商务知识产权治理:困境、成因及解决路径》,载《中国流通经济》2017 年第 10 期。

细则》等自律条约,保护会员的知识产权。该协会的《维权公约》经多次修订,对维权条件、受理范围、维权期限、维权程序、机构职责等方面作出细致规定,对本行业的知识产权管理、运用和保护起到了非常重要的作用。[①] 第三,行业协会可以约束内部成员利用知识产权进行不正当竞争,防止阻碍行业整体的良性发展。

4. 知识产权联盟

我国有许多知识产权联盟,除了进行内部互相许可的专利联盟,许多联盟主要为全国的知识产权权利人提供服务。在竞争激烈的社会中,有许多知识产权权利人并不像拥有知识产权的大型企业一样,在行业中享有强大的话语权,而是处于弱势地位,无法为自身利益发声。通过联盟,创作者可以扩展利用集体因素,如集体进行讨价还价,提出建议,协作维权,实现个人难以达到的知识产权保护目标,这有助于当前电子商务越来越多通过网络方式直接进行的知识产权交易。知识产权联盟可以较好地收集这些意见和诉求,防止弱势的权利人的利益被公共政策制定者所忽视,进而减少社会矛盾的产生,维持社会和谐秩序。

三、网络知识产权社会治理模式中的问题

(一)政府层面

1. 知识产权管理体系混乱

在我国现行的知识产权行政体制中,不同的知识产权客体由

---

① 参见徐楠轩:《网络知识产权协同保护机制之构建》,载《行政与法》2020 年第 4 期。

不同的行政部门主管。市场监督管理局、知识产权局、版权局、海关、林业部等部门都对知识产权相关案件负有行政职责。在网络知识产权侵权纠纷中，随着互联网通信技术的不断发展和融合，各个领域均产生了新型的知识产权客体。互联网监管的相关管理部门与知识产权监管部门执法体系各不相同，除专项的整风式运动以外，部门之间缺少常态化的合作。繁多的管理部门使有些问题“走投无路”，有些事情却“朝令夕改”，业务上“踢皮球”，多头执法的问题频频出现，造成执法成本增加，执法效率低下。

2. 职能转变不到位

虽然早就提出了治理改革，但事实上，政府仍然沉浸于过去的“大家长”角色，没有完成职能转变，对于知识产权事务大包大揽。但是，随着知识产权的发展，专利、商标等申请量大幅上升，政府人员力量早已不能满足对知识产权管理的需要。社会主体多元参与社会治理的前提就是政府的职能转变，政府权力需要回归社会。目前，全国各地已经作出各种各样的简政放权改革，在职能转变上初见成效，但整体上，治理体制的改革才刚刚开始，且大部分政府机关没有把社会主体当成共同治理的合作伙伴，仍然把社会组织和市场相关主体等当作“下属”角色。

3. 支持监管体系不完善

社会组织发展的初期离不开政府的支持，尤其是政府的购买服务。但是，大部分政府机关在推行政府支持政策时没有设计对应的制度安排，对于怎么花钱，在什么地方花钱，花钱应当有什么回报没有事先的统计和预测，与本来政府支持提升社会组织专业能力的目标背道而驰。政府购买的本质是减少政府工作负担，把专业的事交给专业的人做。但是，许多地方政府误认为购买服务只是为了找社会组织帮政府花钱,忽略了更有效地提供公共产品与服务,实现公共资金效用最大化的政策本质。[①] 另外,部分政府部门及其工作人员没有扶持社会组织发展的正确认识,对社会组织参与社会治理的重要性认识不足,进而导致支持性政策滞后,社会组织发展缺乏良好的外部环境。目前,我国服务业发展壮大,国务院提出了"互联网+"行动计划,物联网、云计算、移动互联网、大数据等新一代信息技术蓬勃发展,为知识产权服务业发展提供了广阔的前景。[②] 知识产权行政管理部门需要做好顶层设计,引导知识产权服务业的健康发展,完善良好的知识产权服务业体系,使知识产权公共服务贯穿于知识产权的创造、运用、保护的全过程中。

政府对于社会主体的监管制度缺漏体现在以下三个方面:一是专业管理人员的缺乏。自从社会组织的成立实行登记制以来,社会组织的数量大幅上升,但是政府部门没有提高相应的人员配置,监督管理人员的数量和专业度都远远不够。二是相关制度的缺失。随着信息时代的来临,近年来,涌现了离岸社团、微信社团等新型的社会组织,然而并没有对应的法律制度对其进行规范。三是惩罚措施的缺乏。当前许多社会组织存在不同程度的信息不透明、财务管理制度混乱等问题,但是没有遭受应有的惩罚。

---

① 参见易继明:《国家治理现代化进程中的知识产权体制改革》,载《法商研究》2017 年第 1 期。

② 参见刘菊芳:《我国知识产权服务业现状与发展目标思考》,载《科技与法律》2015 年第 4 期。

（二）网络平台层面

1. 利益驱使下的监控疏漏

有时候，更多网络平台对于知识产权侵权采取“睁一只眼闭一只眼”的态度。在电子商务网站上，盗版产品带来巨额的交易量，在短视频平台上，盗取他人优秀创意的短视频也能在短期内获得高额人气。对于平台来说，这些流量背后都是不可小觑的利益。除此以外，电商平台巨头在发展自营业务时，自身强大的市场支配地位和裁判者身份的叠加，更容易无视商品存在的侵权现象，出现滥用自身优势地位的后果。因此，对于市场主体来说，监控知识产权受损情况反而可能减少潜在的交易量或数据流量。具体而言，阿里巴巴公司就曾经因商品侵权问题被告上法庭。开云集团指控阿里巴巴在对用户进行商品推送时，时常推送包括“同款”“cucci”“guchi”等字样的冒牌商品，鼓励潜在顾客购买假货。[①] 权利人在内容服务网站维权也困难重重，比如，在抖音短视频平台中，权利人只能对自己在抖音发布的视频进行维权处置，如若权利人被盗用的视频发布在其他视频平台，而又被抖音平台的上传者盗取，则不能向客服进行申诉，倒逼权利人将自己的作品在抖音平台发布。在侵权短视频的流量利益与“避风港”原则的加持下，短视频平台缺少删除平台上侵权视频的动力。这些都是平台为保护自身商业利益作出的，这些潜在的利益助长了知识产权侵权案件的滋生。

---

① 参见李娜、余翔：《互联网电子商务知识产权协同执法机制建构初探》，载《华北电力大学学报（社会科学版）》2015 年第 4 期。

2. 平台审查过滤义务不明朗

目前,在网络内容服务平台的知识产权侵权治理上,我国采取的是“避风港”原则,即并不要求平台方承担一般的主动审查义务,而是在权利人通知平台后,平台负有将相关信息进行删除的义务,否则视为平台侵权,权利人没有通知的,平台不负有侵权责任。“避风港”原则设计的初衷在于考虑到互联网的产业发展利益,如要求互联网企业对网络上的较多侵权现象施以主动审查义务则超出其能力范畴。“避风港”原则源于20年前美国的《数字千年版权法》,当时的立法背景下,强行要求平台在被权利人通知前就能主动审查到侵权现象,确实强人所难。为了支持网络平台的迅速发展,“避风港”原则顺势出台。但是,20年后,各项技术条件已经发展成熟,不能要求平台做到事前过滤的说法越来越站不住脚。诉讼中短视频平台常以“避风港”原则进行抗辩,尽管部分权利人举证平台方有能力采取技术过滤手段,但鲜有法院据此支持权利人的主张,多数司法案例仍坚持严格的“避风港”原则。

网盘也经常被知识产权侵权人作为“根据地”。在网盘上,用户可以随意上传视频、音频、文字等内容到各运营商提供的存储空间当中,并随时查阅、分享、下载,也就自然被大量用于知识产权侵权领域。尤其是各内容提供商巨资引进的版权作品在境外首播与境内点播之间出现的时间差,更给了侵权者以可乘之机。[①]然而,相关权利人却很难成功维护自己的权利。权利人要向个人进行索赔,往往存在取证困难、个人侵权范围小,赔偿额执行不到

① 参见田小军、柏玉:《我国网络版权制度演化的现状、挑战与应对》,载《中国版权》2016年第3期。

位等问题。而云盘等提供内容存储的服务商在实践中经常引用“避风港”原则进行免责。综合来看,“避风港”原则已经无法满足当前打击网络知识产权侵权的需要,增强平台的审查过滤义务已经迫在眉睫。

3. 用户侵权后的“神隐”

近期,长视频平台和短视频平台在网络上时有“骂战”,归根到底,是短视频平台在内容上与长视频平台形成了竞争关系。用户在平台注册,在平台发布大量未经授权的内容,由此带来的巨大流量构成了平台的商业基础,而一旦涉及侵权,平台又往往轻飘飘地作出“下架处理”。若有法律纠纷,则把发布相关内容的用户推出去挡枪,具有审核义务的平台却在收割流量之后“神隐”。网络知识产权纠纷大多数都发生在各类平台之上,网络平台使用户的侵权商品或侵权信息迅速传播,故对知识产权受侵害的结果同样负有不可推卸的责任。

(三)社会主体层面

1. 内部制度不完善

由于在我国的发展时间较短,大部分社会组织内部建设都尚未成熟,没有完善的信息公开和财务制度,公众对社会组织的认同感也较低。社会组织在内部治理上,相对政治系统以权力为核心的管理、经济系统以利益为核心的管理,更加注重人性化管理,以柔性管理和自主管理为主要手段。[①] 但是,比较政治系统和经

① 参见曾正滋:《马克思主义人学视野中的社会组织与人的全面发展——以“社会组织参与社会治理”为论域》,载《理论月刊》2015 年第 3 期。

济系统,这种没有外部监督和管理机制的组织内部更容易变成一盘散沙。由于监管的缺失,我国社会组织的规章制度经常不完善,很多只有章程,甚至有的社会组织连章程也不对外公布,有配套管理措施的社会组织少之又少。大量社会组织法人治理结构尚未形成,社会组织内部的机构设计、运行程序和机制都还没有真正建立,甚至在不少社会组织的章程中都还没有完全体现,导致出现问题没有制度可依。[①] 制度的缺失导致运转的不顺,社会组织内部治理主体之间若产生矛盾,往往无法妥善解决,导致组织陷入僵局。此外,社会组织中往往缺乏实质性的监督机制,就算有监事会也一般形同虚设,无法真正对组织的人事、财物流转等进行监督。大量管理混乱、效率低下的社会组织不按照章程办事,财务使用情况不公开,还频频曝出腐败丑闻,败坏了社会组织的形象,使社会组织整体的公信力大大下降,无法得到社会公众的认可。

2. 专业化程度低

社会主体的专业化、职业化程度低,公信力不足,都是对其参与社会治理的巨大阻碍。相比执业律师提供的专业服务,不需要通过法律职业资格考试的基层法律服务工作者提供的服务的专业程度总是令公众生疑。事实上,这一门槛的降低使从业者的专业化程度大大降低,也使公众对于法律服务工作者的信赖不足。根据学者对某区社会组织的调查问卷统计,其中 1/3 无专职工作人员,1/3 专职工作人员 5 人以内;社会组织平均拥有兼职工作人

① 参见王锡忠、顾建龙:《社会组织内部治理的危机与出路》,载《中国社会组织》2016 年第 11 期。

员5.5人，但实际差距很大，其中社团兼职工作人员比较多；有的社区社会组织联合会没有一个专职工作人员，全部由社区服务中心人员兼任；离退休领导干部担任负责人比例较高，达26%；专业社工比例偏低，仅为3%。[①] 专业人才匮乏的社会组织无法满足公众对于知识产权服务的需要，同时导致组织能力低下。没能取得成绩的后果是社会认知度低下。虽然国家早早就提出发展社会组织参与社会治理的相关战略，但是社会公众接受社会公共服务的意识仍然比较淡薄，更习惯于接受政府服务，不知道社会主体可以提供哪些服务，服务效果如何，这也与社会组织自身的能力问题有关。

3. 集体管理组织制度不合理

根据前文论述，著作权集体管理协会的会员人数堪忧，多数权利人选择自行对他人的版权使用费提起诉讼。这些现象背后暴露了我国知识产权集体管理组织存在的许多问题。修正的《著作权法》回应了此前学界对于集体管理收费标准的制定中使用者缺位的批判，要求著作权集体管理组织和使用者代表协商确定费用收取标准，协商不成的，既可以向主管部门申请裁决，也可向人民法院提起诉讼。然而，沉珂已久，积重难返，集体管理组织制度仍有诸多弊病，深深影响了网络知识产权的流转和使用。

(1)集体管理组织的垄断。

在早期，知识产权集体管理组织大多由政府设立，几个集体管理协会的会长大多由版权局领导兼任。目前，著作权集体管理

---

① 参见杨丽、赵小平、游斐：《社会组织参与社会治理：理论、问题与政策选择》，载《北京师范大学学报(社会科学版)》2015年第6期。

组织的设立也要通过国务院的批准。行政性质带来垄断地位,以两个音乐领域的集体管理组织为例,可以发现,处于垄断地位的集体管理组织没有随着时代进行自我革新的动力,无法及时应对瞬息万变的信息时代带来的挑战。

中国音像著作权集体管理协会(以下简称音集协)主要管理录音制品邻接权,权利主要源于音像出版社、广播电视台等自然人或法人和其他组织。在网络文娱发展日益繁荣的今天,音集协仍未体现出对于会员网络信息传播权的积极管理。官网上,音集协发布的协会公告仍然多数针对卡拉 OK 相关业务。近几年,短视频行业发展迅猛,音著协缺乏维护会员权利的公告,无疑是对诸多权利人利益损害的无视。此外,垄断也带来了监管的缺失和信息不透明。从其公布的 2019 年年报来看,网络环境下的音乐平台、直播平台、短视频平台等都未向音集协申请音像节目信息网络传播权的许可,权利人的潜在收入大幅减少。

管理音乐作品著作权的音著协权利主要许可自音乐作品词曲的创作者、译配者等自然人或法人和其他组织。根据音著协公布的数据,2020 年音著协总许可收入 40, 879 万元,其中信息网络传播权占比有 49%。音著协看似比音集协尽到了更多责任,维护了权利人的利益,但实际上,面对全新的网络环境带来的机遇和挑战,音著协的第一反应是退缩,选择与营利性机构进行合作。音著协在 2013 年曾将其所管理的全部词曲音乐作品在中国境内授权北京源泉知识产权代理有限公司向信息网络服务提供商发放授权内容的信息网络各项业务,包括歌词在线浏览、音乐下载等著作权使用许可并收取著作权使用费,以及维权权利,授权期限为 2 年。但是,立法中集体管理组织的性质为非营利性组织,音著协的转授权并没有法律依据，且该代理公司对于收费管理相关情况也没有公示，权利人的利益没有任何保障。

综上所述，垄断模式对于网络环境的适应能力较差，音乐著作权集体管理组织难以积极管理新权利、满足著作权交易的新要求，知识产权权利人对此颇有微词。

(2)专有许可的限制。

根据《著作权法》的规定，著作权人与有关的权利人“可以”授权集体管理组织行使相关权利，表明我国实行的是自愿性集体管理，并且未对权利人的许可方式作任何限制。然而，《著作权集体管理条例》却禁止权利人与著作权集体管理组织订立著作权集体合同后，在合同约定期限内自己行使或者许可他人行使合同约定的由著作权集体行使组织行使的权利。这意味着在权利人和集体管理组织之间必须进行专有许可。否则，在当前集体管理组织的垄断地位下，权利人就享受不了集体管理制度带来的便利。

诚然，立法者当初选择以专有许可的方式限制权利人与著作权集体管理组织的合同自由具有一定正当性。在2003年《著作权集体管理条例》制定和颁布的时候，成立不久的音著协是我国唯一的集体管理组织，著作权集体管理体系尚未建立，著作权集体管理组织管理作品的水平较低。同时，权利人对于作品的掌控能力也较差。立法将权利人与著作权集体管理组织之间的许可方式限制为专有许可，一方面可降低组织的运行成本，方便其管理；另一方面也免除了权利人在授权期限内对作品的管理职责，使作品使用者能够实现以合法方式更加方便地使用作品。然而，法定专有许可也导致权利人授权著作权集体管理组织管理权利后完全丧失了行使权利的自由，负面效果随着技术的发展而越发明显。在网络环境下,音乐著作权集体管理制度和私人许可应是互补关系,部分权利人已经可以借助技术或与代理公司合作小范围实施私人许可。对于使用者来说,若仅有小规模利用音乐的需求时,通过音乐著作权集体管理制度获得许可的成本可能高于权利人私人许可;若因商业模式在交易条件上有极其特殊的要求,也无法从集体管理制度中得到满足。因此,法定专有许可无疑压缩了网络环境下与大规模许可并存的小范围许可的市场空间,对于权利人来说,在集体管理制度下的许可方式、使用费用等交易条件对自己不利或者集体管理组织存在不作为情况时,也无法另行根据自身需求实施许可。即使音著协、音集协的会员均享有退会自由,但尚在授权期限(一般为 3 年)内的作品权利人无计可施。[①] 故法定专有许可也很可能减少集体管理制度对潜在权利人会员的吸引力。

综上所述,虽然按照我国立法规定,权利人与音乐著作权集体管理组织之间须实施专有许可,但这未能顺应网络环境下交易主体能力、交易条件需求等交易市场的变化,不利于作品的快速传播。

四、推动网络知识产权社会治理的选择

(一)政府层面

1. 制定跨部门协同工作机制

网络知识产权保护不仅涉及专利、商标、版权等知识产权管

---

① 参见王洪友:《著作权集体管理的反垄断预防机制——兼评〈关于禁止滥用知识产权排除、限制竞争行为的规定〉》,载《出版发行研究》2018 年第 3 期。

理部门,还有网络监管部门以及公检法等司法机关。目前,这些部门间虽然已形成初步的协调机制,但没有一个统一的合作机制,为此可以从以下几个方面入手。首先,要落实知识产权管理部门之间的沟通与合作,寻找网络知识产权侵权中的共性问题,从事前预防角度进行相关案件的处理,提高案件处理效率。由于知识产权侵权往往涉及多个客体,因此,要实现网络知识产权纠纷投诉的快速移交、高效处理和信息交流。其次,要加强知识产权管理部门和网络监管部门之间的交流合作,相互答疑解惑,征求对网络知识产权保护工作的意见建议。最后,要进一步加强行政与司法部门的对接工作,在知识产权民事纠纷中推广诉调对接机制。在这方面,可以借鉴义乌经验,联合行政机关、司法机关、平台企业和有关社会组织,组成网络知识产权纠纷处理中心,共同对网络知识产权纠纷进行调处。要加强行刑衔接,共同打击侵害知识产权的行为,完善证据鉴定、移交程序,提高案件处理效率。

2. 政社分开

2015 年 7 月,中共中央办公厅、国务院办公厅印发《行业协会商会与行政机关脱钩总体方案》,国务院办公厅成立行业协会商会与行政机关脱钩联合工作组,重点推进行业协会商会的去行政化。接下来,应当以推动行业协会商会改革为突破口,真正让社会组织去垄断化、去行政化。为此,要做到以下几点:第一,探索引入竞争机制的可能,在同一领域设立多个商会;第二,改革社会组织的人员、财政、资产、章程和办事方法等方面,逐步实现去行政化;第三,加强对于“脱钩”组织的支持和监管,帮助社会组织实现良好过渡;第四,加强社会组织的主体性,引导社会组织完善法人治理结构,提升组织能力。

3. 完善政府支持和监管体系

社会主体的发展离不开政府的支持,财政部2020年颁布的《政府购买服务管理办法》中就鼓励社会组织和企业更好地参与到政府购买服务中,这能够更有力地推动企业和社会主体参与社会治理。针对社会主体专业化程度低的问题,政府也应当给予相应支持,做好人员培训学习工作。政府部门应当支持社会组织发展,也要运用评估机制,对于回报率高、社会服务效果好的社会组织加强支持,对于发展较差的社会组织,也要寻找其背后的原因,帮助社会组织良性发展。

支持的同时离不开监管,政府的良好监管同样是鼓励市场主体和社会主体健康成长的"良药"。对于社会组织,政府应当及时出台相关指引,加快制定社会组织的信息公开细则,完善监管手段,引入第三方评估、审计机制,社会问责。现行《著作权法》中就规定著作权集体管理组织需要加快建立权利信息查询系统,公布使用费的收取和转付情况,接受公众监督。希望未来能够明确国家著作权主管部门对集体管理组织进行监管的范围,如明确定期或临时检查核查机制,以及检查集体管理组织执行章程、法律法规情况的办法,特别是履行法定许可使用费收取、转付法定职能的情况。此外,政府应当建立全国统一基金会年检系统平台,建立涵盖公安、外交、安全、税务、工商等十多个成员单位的社会组织联合执法机制。①

---

① 参见杨丽、赵小平、游斐:《社会组织参与社会治理:理论、问题与政策选择》,载《北京师范大学学报(社会科学版)》2015年第6期。

(二)网络平台层面

1. 完善网络平台知识产权管理体系

由于平台的自营和垄断地位的存在,电商平台在建立知识产权管理体系时,最重要的便是保证该体系的公平公正,这就需要规则的完善和后续的执行到位。在整个交易过程中,比如,受理知识产权相关投诉后如何快速有效地判断相关商品是否涉及侵权,这就需要一个详细的标准。判断成立后,如何区分侵权的严重性,进而采取相应的防止侵权扩大的措施,采取措施后,如何对侵权用户进行惩罚,怎么进行后续的管控?在全过程的管理中,如何保持自营和他营的一视同仁和反通知,被投诉人的救济等,都需要规则的进一步细化。此外,除了被动地接受投诉,电商平台应当主动地发展相关技术管控手段,利用大数据手段主动搜寻平台中可能发生的知识产权侵权情况,加强侵权信息跟踪,完善被侵权人的救济手段。目前,在国内网络平台的执法实践中,管控手段较为单一,一般在确认侵权后通常下架处理,或者扣除商户预缴的知识产权保证金等,没有其他方法保证权利人的权益。不能则学,不知则问,这一方面,同样长期与盗版侵权行为斗智斗勇的 YouTube(油管)给我们提供了一个全新的思路。油管使用数字版权认证工具来鉴定用户上传的视频内容,权利人能够迅速了解哪些视频侵犯了自己的权益,进而选择不同的方式进行维权。维权的方式有封锁、追踪、获利等。值得一提的是,在获利渠道上,权利人不仅可以获取该盗版视频的广告收益,油管还会提供正版内容的购买链接,方便权利人获取收益。我国的网络平台可以借鉴此种管理方式,既维护了权利人的正当利益,也使交易秩序更加稳定,减少知识产权纠纷的发生,降低维权成本,实现各方共赢。

如今,国内有的大型电子商务平台为了打击日益猖獗的知识产权侵权行为,维护正常交易秩序,审查和控制平台内商户的侵权行为,都已经不约而同地建立了自己的知识产权侵权投诉举报机制,并详细制定了平台内侵权的处理流程和救济方法。但是,一些平台仍然将商品质量问题投诉与知识产权侵权混为一谈,知识产权侵权没有专门的投诉举报方法和处理规则。电子商务网站应当制定各自的知识产权侵权处理规范,涵盖如何判断发生了知识产权侵权行为,案件处理的流程和救济、执行的相关配套措施等内容。此外,电子商务平台的内部知识产权管理体系也离不开同行政、司法部门的合作,听取执法部门的指导。交易平台应当完善与行政司法部门的证据移交、维权指引等程序,以便执法机关在审查侵权行为和作出处罚决定时能够确认电子商务平台所收集到的信息。目前,网购发达地区的政府部门开始纷纷与电商平台合作,签订了各种形式的知识产权保护合作协议。如果执法效果有所成效,则应当将协同治理的模式推往全国,在全国范围内形成协同共治局面,构建常态化、系统化的合作规则。

2. 明确审查过滤标准

明确审查过滤标准有双重意义:一是回应当前越来越猖獗的网络知识产权侵权行为的需要,事前做好防御手段,阻止盗版内容的传播;二是明确网络平台的责任,不再让平台将用户推作“挡箭牌”,平台需要证明已经履行了事前的审查过滤义务,才能作为正当的侵权抗辩。当前,专利、商标相关权利的审查系统已经可以使用。因为专利、商标都有在行政部门注册的专利号、商标号,电子商务网站的审查系统就可以对比电子商务平台中上架商品的专利号、商标号与行政部门备案的是否相同,从而判断商品是否涉嫌侵权、假冒。当前,电子商务平台上假货横行,假货商家盗图、盗专利商标证明信手拈来,消费者也无从分辨真假。因此,审查系统可以效仿部分权利人制定防伪标志,运用相关技术,主动在合法的商品上设置知识产权标记,证明该商品是正品,以供消费者选择。近期,阿里巴巴集团已经开始试验这一技术,在技术成熟后,应当向各个电商平台推广。

如今,著作权相关的内容过滤技术也已经发展到了一定的水平,可以用来识别网络上的盗版作品。典型的做法是:网络服务商事先建立正版作品数据库;网络用户对外传播作品时,网络服务商通过技术措施扫描该作品内容,确定是否含有正版作品数据库中的内容;如果含有,则阻止用户的传播行为。① 在这种模式下,正版作品从扫描进入数据库、识别、记忆,到后续的比对、侵权认定,均由智能系统独立运行。对比大多由人工受理侵权通知后进行删除下架的措施,大规模的上传过滤效率显著。事实上,欧盟已经将内容过滤技术纳入立法中。由此看来,内容过滤技术可以运用到防治当前普遍的著作权侵权当中,更有效地保护版权人的权利,改变我国未来网络内容服务平台的责任承担方式。

实践中,内容过滤技术已经逐渐开始被大众所接受。国家机关也开始了这方面的探索,比如,国家版权局于 2015 年在关于网盘服务的通知中指出,“网盘服务商应当建立必要管理机制,运用有效技术措施,主动屏蔽、移除侵权作品,防止用户违法上传、存

---

① 参见崔国斌:《论网络服务商版权内容过滤义务》,载《中国法学》2017 年第 2 期。

储并分享他人作品”。2016年在关于网络文学的通知中再次重申了类似要求。这里的有效技术措施应该包含本书所述的版权内容过滤措施。在个别司法案例中①,法院也认为技术发展已经趋向成熟,网络服务商应当主动开展技术过滤手段。可以预见,版权内容过滤技术的实施将大幅降低版权人的维权成本,同时节省平台经营者对上传内容一一进行审查、处理侵权通知、采取必要措施的成本。然而,真正采取版权过滤手段并没有那么简单,这不但要求网络服务商承担了更多的注意义务,也涉及背后的言论自由限制、算法上的私人执行、用户隐私的监视风险、影响商业经营自由等问题,学界也有很多声音反对版权过滤手段的实装,认为其会损害用户的合理使用,网络服务商应该采取市场创新满足消费者的需求。② 这一重大改革是否要如欧盟版权法一般推行,尚需进一步研究。

(三)社会主体层面

1.提升专业能力

社会主体需要加强专业能力和职业化程度,优化员工结构。社会组织与其他主体本质的不同在于,社会组织内部往往拥有一个统一的价值观和目标,人员往往通过共同的兴趣集合起来,内部凝聚力较强,但可能在社会服务方面能力不够突出。为了更好地开展市场经营,在市场运营的企业中,各个方向的人才培养越

---

① 上海市浦东新区人民法院民事判决书,(2010)浦民三(知)初字第789号。

② 参见谭洋:《在线内容分享服务提供商的一般过滤义务——基于〈欧盟数字化单一市场版权指令〉》,载《知识产权》2019年第6期。

来越细化，技术、人事、运营、管理等各方面的人才培养机制都已经专业化。社会组织内的专业人才同样要受到专业训练。因此，在当前我国社会工作人才严重缺乏的情况下，优化人员结构，社会组织要做到以下几点：一是要招聘高素质的专业人才。专业人才需要专业的培育，因此，要以社会组织所要求的专业素质为标准，在有条件的高校鼓励开设不同层次的社会组织管理专业，拟定培养计划，科学合理配置课程结构，为社会不断输送专业人才，形成专业人才培养的长效机制。二是在招聘专业性人才不足的情况下，社会组织着重培养有潜力的员工和内部的专业性人员，在实践中持续学习。只有培养和吸引专业人才，社会组织才能提升公共服务的供给能力和质量，得到公众的认同。

2. 增强社会组织自主性

增强社会组织的自主性，就要完善社会组织内部的规章制度体系。围绕章程，建立配套完备的社会组织内部各项规章制度和工作规范体系，强化监事会的监督职权。此外，要加强对于社会组织负责人的考察，加强其民主服务的意识培养，不能使社会组织脱离本身的成立目的，成为负责人敛财和“搏名声”的工具。因此，社会组织要加强制度建设和行为规范，适度宣传自身的服务范围与服务效果，不能永远“抱政府大腿”，定位于为政绩“锦上添花”。社会组织应当拓展自身的发声渠道，如经营微博、公众号等自媒体，使公众对社会组织有更多的了解，减少负面信息，提高公信力和社会认可度，才能提高社会组织的感召力、拓宽各种资源渠道，形成良性循环，提高社会组织的社会服务效果。

3. 推进知识产权集体管理组织改革

首先，要以推动知识产权集体管理组织去垄断化、去行政化。

垄断模式下，我国的知识产权集体管理制度已经明显无法适应当前的网络环境，将集体管理组织的设立模式转变成竞争模式的呼声非常高。然而，竞争模式也并非“万能药”，其对于知识产权的许可效率可能会造成很大的影响，进而达不到设立集体管理组织的根本目的。我国可采用有限竞争的模式，一方面，保障集体管理组织发挥作用所需要的市场支配力，防止组织数量过高增加使用者获得许可的阻碍；另一方面，潜在竞争对手可能会进入交易市场的压力能促使组织根据市场需要调整业务、提供的许可类型。后续的《著作权集体管理条例》可以取消对于组织设立唯一性与全国性的要求，允许一个领域内存在多家集体管理组织，同时保留国务院著作权管理部门批准组织设立的权力。但也要对行政部门的权力作出限制，即只有在证明现行组织能够充分而有效地发挥作用的证据十分充分时，才不得批准同一领域内新组织的设立。

其次，应当允许权利人私人许可的保留。在网络环境下，传统私人许可能够通过技术手段一定程度上降低交易成本，能借助网络平台自行实现更为丰富的商业模式。音乐著作权集体管理制度下私人许可的保留已然成为世界趋势。权利人对于私人许可的保留有诸多用处：一是有利于实现私人自治，权利人在音乐著作权集体管理制度之外仍能选择自行与使用者直接达成许可协议。二是该方式下达成的许可条件能够真实地反映市场供求关系，不同作品的价值得以区分，也可为制度中使用费标准的制定提供参考。三是在著作权许可市场引入竞争，促使著作权集体管理组织不断改良自身运营方式。四是增强著作权集体管理组织的代表性，防止组织所管理作品范围的大幅减少。保留个人许可带来的前三点好处当然能增加著作权集体管理制度对于权利人的吸引力，会员数日不会下降反而能够有所上升。需强调的是，上述第三方不得包括音乐著作权集体管理组织，否则会造成权利的多重集体管理，最终导致著作权许可市场的混乱。

4. 推进行业协会规范制定

《知识产权强国建设纲要（2021—2035 年）》中提出构建政府监管、社会监督、行业自律、机构自治的知识产权服务业监管体系，这就需要充分发挥行业协会在知识产权保护和管理作用。前文提到网络内容服务商的相关制度并不完善，很多时候仅仅依靠《著作权法》等基础法律，并不能对相关内容进行规范，一如在短视频平台进行的影视剪辑或者短评、吐槽、盘点等性质的视频，可以合理引用长视频的多少内容？什么范围算是合理引用？这些制度都需要完善。法律具有滞后性，这些问题的解决需要各大网络服务商共同探讨，形成行业规范，运用到审查标准中。近年来有许多行业协会出台了自己的自律规范，各大行业的互联网行业协会也应当行动起来，主动保护行业协会会员的网络知识产权情况，发挥集体功能，制定知识产权侵权的行业标准。

（四）构建多元参与主体合作机制

1. 推进多元合作

不是所有的公共服务和产品都必须由政府来生产和提供。[①]“在现代社会，国家正在把原先由它独自承担的责任转移给社会，

① 参见周学荣：《社会组织参与社会治理的理论思考与提升治理能力的路径研究》，载《湖北大学学报（哲学社会科学版）》2018 年第 6 期。

即各种私人部门和公民自愿性团体,后者正在承担越来越多的原先由国家承担的责任。”[①]首先,政府要积极主动地参与到网络平台和社会主体的知识产权活动当中来,为相关主体提供必要的政策支持和引导,必要时给予资金支持。其次,网络平台和社会主体都可以充分参加到政府的公共决策中,为政府决策提供相关信息支持和专业知识,提出自身见解,使政府决策更加具有针对性和实践性,能够有效解决实践中的弊病。此外,网络平台可以与社会主体如知识产权中介机构等社会组织合作。知识产权相关社会组织可以为市场主体提供相关咨询和建议,利用社会力量参与知识产权的保护,以减少平台成本,增强知识产权的保护能力。知识产权权利人联盟可以配合网络平台,建立正版作品的数据库,完善版权过滤机制。

前文提到政府在新型的社会治理模式中应该发挥主导作用,提供公共服务,但是政府能够搭建一个平等交流、相互合作的平台。在政府、社会组织、企业和个人等多元化主体中,政府主导的是平台的搭建,但作出实质性的决策应该遵循技术与市场的规律,由市场主体以民主参与的方式形成。[②] 让社会力量参与知识产权的治理,也可以让知识去中心化,让信息咨讯快速传播。社会组织的角色也变得更加重要,能够成为政府与企业之间的桥梁,利用专业优势和集体优势,为政府部门和企业、权利人提供相关服务。

① 俞可平:《全球治理引论》,载杨雪冬、王浩主编:《全球治理》,中央编译出版社 2015 年版,第 29 页。

② 参见易继明:《国家治理现代化进程中的知识产权体制改革》,载《法商研究》2017 年第 1 期。

2. 多元主体协同执法

政府主体与网络平台可以加强合作,协同执法。为了应对网络空间的虚拟性问题和维权困难,政府单位可以与在线平台联合办公,在网络平台上设立联合执法窗口。行政执法机关在网络知识产权侵权案件中,很容易受到地域管辖的限制,导致打击侵权时,往往需要多个地方的执法机关相联合,极大提高了执法成本,又降低了执法效率。有学者提出,行政执法机关可以互联网电子商务网站的主要办公地点以及网络服务器所在地点为主体,在电子商务平台的交易中心设置知识产权违法案件处理机构,派驻执法人员,在接到违法举报或线索后直接调用互联网电子商务网站上所显示的商家和商品信息,作出法律判断。① 这样可以极大降低权利人固定证据的时间成本,也减少了执法部门检验证据的成本,直接从互联网平台内部调取信息,保证了证据的真实性和有效性。

知识产权行政执法机关和电子商务网站通过联合执法,能够在实践中凝结有效治理经验。双方应当及时受理知识产权权利人和消费者投诉,从大数据中分离、筛选对知识产权执法有意义的信息;对于部分高频发案的领域和商户、被侵害者进行重点防控,情况严重的,可以设置相关屏蔽词;对于部分恶意通知使商品下架等不正当竞争的行为进行标记和警告,完善处理方法;固定知识产权侵权行为证据的手段和申请商铺财产保全的程序等。对于频繁出现的类似案件,双方应该对网络商户开展执法宣

---

① 参见李娜、余翔:《互联网电子商务知识产权协同执法机制建构初探》,载《华北电力大学学报(社会科学版)》2015 年第 4 期。

传教育,从根源上阻止类案的发生,并联合制定预案,事先安排好一系列处理此类案件的流程,提高案件处理效率的同时也能保证资源的合理配置,以免相似案件大量发生时自乱阵脚,影响执法的公信力。

在条件成熟后,应当将实践经验凝结到更高层次的规定当中,在法律中赋予网络平台协同执法的权能。浙江省知识产权局作出的《电子商务领域专利保护工作指导意见(试行)》中,就蕴含着阿里巴巴、淘宝等电商网站的实践经验,对一些法律概念作出了详细的规定,如“商品经营者”“电子商务平台”等,并规定了专利部门、电子商务平台和平台内经营者的权利义务。该指导意见明确了权利人在得知权利受损时的维权程序和交易平台处理维权时的受理和处理方式,并对平台内经营者的申辩程序作出了规定。此外,该指导意见还针对专利侵权争议赋予了专利管理部门居中调节和支持并监督电子商务交易平台执行调解结果的权能,让电子商务平台直接参与到法律的执行中,有利于高效执法,更快更有效地保护知识产权。下一步,对于著作权、商标权、商业秘密等领域,行政机关和网络平台也应该加强合作,完善协同执法体系,更好地保护权利人的权利,促进知识产权的合法流转。

各主体可以合作建立知识产权征信体系,确保违法侵权的主体在不同平台,不同领域都能受到惩罚,不能轻易一走了之。知识产权征信体系是社会信用体系的一部分,建立该体系即将主体的知识产权侵权行为记录进入社会信用体系当中,通过互联网技术实现数据互通,使主体在后续的活动中无法隐瞒此前的违法行为。我国《社会信用体系建设规划纲要(2014—2020

年)》中已明确要求建立健全知识产权诚信管理制度,将知识产权侵权行为信息纳入失信记录。在后续的贯彻落实中,各个主体还应当各司其职,发挥自身力量,不仅要记录侵权主体的违法行为,更要加以相应的制裁。具体来说,政府部门应当担任总指挥,在社会信用档案中加入知识产权内容,并将一个主体的被生效法律文书确认的知识产权侵权行为及处理结果、执行结果记录在内,以备查阅。市场监督部门也要评估各个企业的知识产权违法情况和处理结果,结合企业的知识产权保护情况进行知识产权信用评估,并把评估结果运用到企业的评优评先、银行信用或税收政策当中去。同时,应当要求市场主体贯彻《企业知识产权管理规范》,鼓励企业在参与政府采购、项目招投标、大宗交易、签订经济合同、合资合作、贷款决策等活动中要求对方提供知识产权信用报告,有效维护自身合法权益。① 社会主体应当在提供知识产权服务时贯彻落实《社会信用体系建设规划纲要(2014—2020 年)》的精神,促进知识产权服务机构和会员单位健康发展。如国家知识产权产业联盟就出台了《国家知识产权产业技术创新战略联盟诚信管理办法》,要求对机构内部成员开展知识产权服务业务及联盟会员单位开展经营活动的诚信状态评价和诚信经营监督。

国家治理体制改革是一个漫长的过程,网络平台、社会组织等力量也才刚刚参与到网络知识产权纠纷的治理当中。各个主体都会在改革的期间遭遇种种困难,不能妄想一步登天。但是,

---

① 参见徐楠轩:《网络知识产权协同保护机制之构建》,载《行政与法》2020 年第 4 期。

随着社会治理体制的改革,在社会治理模式下,各个市场主体和社会主体都可以发挥自身的资源优势。相信随着改革的深入和推进,社会治理的模式将更加多样化、参与社会治理路径日益增多,社会治理模式对于网络知识产权纠纷的解决也会更加有效。

五、网络知识产权公证保护

互联网技术的发展极大地改变了信息的传播方式,信息可以在短时间内传遍整个世界,信息传递的迅速也给知识产权的保护带来了巨大冲击。在网络环境下,知识产权的特征发生了变异,因此知识产权的保护变得更加困难。公证具有独特的法律属性和职能,其所具有的证明力优势使其在网络知识产权保护中发挥了重要作用。近年来,保全证据公证在网络知识产权侵权纠纷中的应用越来越广泛和频繁,各公证机构也纷纷创新方式以更好地适应网络环境下知识产权保护的新形势、新需求。然而,在保全证据公证业务迅速发展的同时,现实中同样暴露出诸多问题,如我国对知识产权公证的法律规范尚不完善、瑕疵公证证据影响法院采信、公证管辖制度难以适应网络时代需求等。因此,为了更好地发挥公证在知识产权保护中的作用,应当针对现实中的问题研究今后的完善路径,提高公证的质量和效率。

(一)网络知识产权公证保护概述

在知识产权领域,侵权行为高发,网络技术的发展催生了多种网络知识产权的侵权纠纷表现形式,而传统的知识产权保护手段已经无法满足现实的需求,亟须探索出新方式来应对网络语境下知识产权保护的要求。在整个知识产权保护的法律体系中,公证与网络知识产权保护的联系日益密切。近年来,公证在知识产权保护的司法实践发挥了重要作用。无论是知识产权的申请、转让还是侵权损害赔偿等环节和过程,几乎都需要公证的参与。公证具有独特的法律属性和职能,在对相关活动进行监督和证明时具有客观中立性和专业性,有利于保障各个环节的公开透明。此外,加强知识产权保护,必须营造良好市场环境。对公证保管知识产权证据及相关证明材料,知识产权的先使用、侵权等行为进行探索①,这对于知识产权保护具有重要的作用和意义。

1. 传统知识产权中的公证保护

公证全程贯穿知识产权保护的整个过程,并且具有非诉性、预防性、无界性、跨域性、公益性等优势。在知识产权申请中,主要公证的内容是主体资格,即对申请商标注册、著作权登记和专利申请的主体进行资格公证,以及申请材料公证、代办知识产权备案的委托书公证、权利证书公证等。在知识产权的转让中,主要公证的内容有著作权、商标、专利的转让合同、许可使用合同以及相关证明,也存在提存公证、保全证据公证等以督促让渡使用的顺利进行。在知识产权的侵权与赔偿领域,第一,可以先进行公证调解,在调解过程中可以进行保全证据公证、提存公证、文书送达公证推进公证调解进程。第二,在运用行政手段或诉讼手段救济前,可以运用证据保全公证先行固定侵权的证据,以推进后续法律程序的进程。此外,对于域外申请知识产权以及知识产权

---

① 参见李欣、谢京杰、詹爱萍:《公证服务民营企业发展概述——以广东为镜像的服务民企公证展现》,载《中国公证》2019 年第 6 期。

的域外保护，通常情况下都需要对相关材料进行公证才能具备法律效力。公证在知识产权的保护中贯穿各个环节，不仅包括事前的预防性保护，还包括事后的解决纠纷式保护，同时，其效力可以延伸至域外，实现更有力的国际化保护。

2. 网络知识产权中的公证保护

互联网的特性对传统知识产权保护理论造成了冲击，新型知识产权纠纷提出了新的课题和要求，传统的公证服务难以满足对网络时代知识产权的保护需求。在信息化的浪潮下，公证机构要对知识产权的保护采取一定的创新实践。

在知识产权保护中，证据是关键要素，取证、存证、举证是知识产权保护的重要步骤。知识产权本身是无形的，因此知识产权的取证难度远大于实物证据，在知识产权侵权案件中，取证和举证一直是司法实践中的难题。互联网的发展使智力成果更加趋于数字化、智能化、网络化，侵犯知识产权更加容易、隐蔽，需要付出的成本也更低，侵权的手段趋向多样化，而证据却更加难以固定。为了回应网络环境中知识产权侵权泛滥提出的新需求，不少机构对知识产权公证保护模式进行了新的探索。厦门的鹭江公证处公证团队主导推出“公证云”平台。该平台具有权威全面、客观安全、便捷、成本低等特点。“公证云”平台通过事先设置节点程序，让整个存证取证程序合法合规。公证的全程参与——从业务开展前的实现流程设计到最后出证审查的整个流程，证据的取得、传输与储存由公证员主导并掌控，公证的全程监督和保管保障了固定的证据的效力。此外，该平台采取双向数字加密技术方案，确保电子数据的安全性和可检验性。该平台首创的“线上线下一体化取证公证模式”能够有效固定证据，帮助权利人维权。

对于通过该平台取证的真实性,以及出具的公证书的证据效力,法院在审判中均予以认定,权利人可以在事前以低成本固定证据,进行有效的事前预防保护,减轻纠纷发生后的取证难度和负担。[①] 上海市东方公证处也对知识产权的公证保护作出了积极的创新。面对民营高新企业难以证明电子数据真实性和在先性这一难题,上海市东方公证处在保护企业商业秘密的基础上,开发了电子数据指纹公证系统,对客户各类电子数据的创建、更新、修改等各个环节进行电子数据存证,从而得以证明电子数据的在先性、真实性和完整性,这一创新举措突破了公证保护民营企业商业秘密的难题。[②] 上海市新虹公证处近年来积极推动公证业务数字化转型,运用区块链等新型技术使传统公证行业焕发了新生机。公证处为了更好地发挥公证在知识产权保护中的作用,根据当下互联网环境的需求,研发了电子数据存取证平台("采虹印"),包含了网页取证、过程取证、存证中心、录音、拍照、录屏等动态取证功能,通过"采虹印"进行的所有线上活动会实时保存于公证处的可信环境中的服务器上,使用人可以在事后以"一键公证"的方式向公证处申请对存储的电子数据进行提取、固定,出具公证书。这一平台的推出突破了时间和空间的限制,当事人可以随时随地办理公证业务。哈希值存证技术的应用也极大降低了使用成本,能够满足海量的存证需求,电子数据可以做到全过程公证存证,因此当事人的权益也能够得到最大限度

---

① 参见段阿强:《信息化浪潮下知识产权公证业务的创新实践》,载《中国公证》2020 年第 12 期。

② 参见《公证发挥职能优势保护知识产权——以上海市东方公证处为例》,载《中国公证》2021 年第 5 期。

的保障。①

近年来,随着网络知识产权侵权的常态化和公证手段的不断成熟,以公证手段保护网络环境下的知识产权的案件越来越多。2015年,申请人昆明某生物公司获准国家知识产权局颁发的外观设计专利证书,批准其公司产品包装盒的外观设计专利,该批外观设计专利一直为其公司产品使用。其授权代理人称现在网络中发现某公司未经申请人许可在其官网中大量使用申请人获得专利的外观设计,对申请人造成侵权。为了维护公司的合法权益,权利人向公证处申请办理证据保全公证。在审查申请人的相关证明材料后公证处受理了该公证事项,并由公证人员对代理人提供的手机进行操作,点击并打开手机上的"微信"图标,对某公众号进行关注,点击关注后的微信公众号自动弹出的相关链接,并进入新界面,继续点击"产品介绍";对网站中的产品逐一翻看,同时截屏保存,并刻录光盘密封后,出具了公证书。随着人们知识产权保护意识的增强,公证服务开始在知识产权保护中被认可并得到了广泛的使用。在公证服务中,主要业务就是对侵犯知识产权(包括著作权、商标权、专利权)的行为和事实进行保全证据公证。在网络环境下,知识产权的侵权行为非常容易被侵权人删除,侵权行为证据难以被固定,而公证就是最有效的保全方式。2017年,某手机数据恢复软件开发商向上海市东方公证处申请办理保全证据公证。淘宝等商务平台上存在部分卖家未经授权破解并销售该软件,提供数据恢复服务的侵权行为,申请人申请对

---

① 参见徐雪梅:《区块链在公证实务中的应用——在线电子证据保全保管》,载《中国公证》2021年第3期。

该类侵权行为进行保全证据公证,以保护其软件著作权。由于本案涉及侵权,且一般录像方式容易引起侵权人警觉,公证员采用了电脑屏幕录像软件和数码摄像机两种载体实施保全工作,并采取了动态的保全方式。公证员在取证的过程中,在侵权人将授权程序导入本地电脑后,直接切断网络连接来留存证据,以防侵权人通过远程登录的方式将这一授权程序删除,从而更好地留存证据。[①] 在互联网时代,软件的著作权被侵犯的情况越来越普遍,该类情形属于新型的保全证据公证,因此具有更高的专业性要求。该案中公证员根据具体案件情形设计了新型的方案,最终成功取证。作为软件著作权公证保护的创新典型,体现了公证人员的法律专业性不断增强,公证人由被动保全转向融入创新思维主动保全,由静态保全转向动态保全。2019 年,委托人受苏州某网络科技有限公司委托向公证处申请办理对微信、抖音中侵犯其美术作品的著作权及商标的内容进行录像证据保全公证。公证处根据委托代理人提供的商标注册证和作品等级证书确定苏州某网络公司是商标注册人以及著作权人,抖音和微信上存在对其商标和作品的侵权行为。在 2 名公证员的监督下,委托代理人进入微信、抖音等平台浏览侵权内容,并对整个过程全程录音录像。之后公证人员将录制的保全证据刻录成光盘,密封在信封内并加贴封条,由委托人和公证人员签名盖章。侵权人利用微信、抖音等平台侵犯知识产权的情形越来越常见,且这些侵权行为非常容易被删除,一般手段难以固定证据,而保全证据公证可

---

① 参见《保全证据公证服务网络知识产权(等 5 例)》,载《中国公证》2021 年第 5 期。

以及时固定证据,保持证据的客观性,帮助当事人维护自己的权益。

(二)网络环境下知识产权公证保护的作用和优势

1.知识产权公证保护的作用

公证制度在知识产权保护中发挥着重要作用。在事前预防方面,对权利人的知识产权进行公证是一种全面的前置性保护,能够有效保障其权益,预防他人侵权造成的损害。在著作权保护领域,我国著作权实行自动保护原则,不论作品是否发表,均依法享有著作权。而作品发表或登记前易被侵权,公证可以在这个阶段提供保护,通过预登记或保全证据公证等方式固定证据,以证明作品的创作时间和权利归属等事项。这个阶段的公证可以有效预防著作权的纠纷,也有利于减轻发生纠纷时权利人的举证负担。在专利权保护领域,公证可以通过固定"在先使用"的证据,为当事人提供证明材料,预防不必要的纠纷。此外,专利的发明往往需要合作完成。公证机构可以提供合作协议、委托协议等内容的公证服务,帮助规范协议内容。在商标权保护领域,我国实行自愿注册,因此实践中可能存在未经注册的商标,而商标权的纠纷仍是"在先使用"问题。《商标法》第31条规定:"两个或者两个以上的商标注册申请人,在同一种商品或者类似商品上,以相同或者近似的商标申请注册的,初步审定并公告申请在先的商标;同一天申请的,初步审定并公告使用在先的商标,驳回其他人的申请,不予公告。"因此,及时对商标"使用在先"的事实进行公证,不仅可以帮助权利人申请商标,还可以防止他人抢先注册商标。在事中监管方面,公证的参与能够监督知识产权转让等行为，帮助各方当事人审查和规范转让或交易合同的条款，保障合同的合法有效，引导知识产权的让渡使用顺利进行，保障程序公开透明，确保行为的合法有效性，促进知识产权得到合理利用；在事后救济方面，公证机构的介入可以推动解决知识产权纠纷。通过保全证据公证、公证保管等固定相关证据的方式，可以为之后的纠纷解决提供证据支撑。例如，在网络环境下，公证机构可以利用信息技术手段远程操作，开发远程公证系统对网络文学、影视、游戏、软件等重点领域的侵权行为实时取证，作为之后处理纠纷的证据材料。此外，知识产权纠纷的解决可以首先由公证介入调解。公证作为多元化的纠纷解决机制的组成部分，可以先行介入，开展调解工作，并将调解协议进行强制执行公证，推进纠纷的解决，减少诉讼的压力。公证的作用还体现在知识产权诉讼中参与司法辅助事务，以推进诉讼进程。根据中国公证协会 2015 年发布的《中国公证服务知识产权发展情况报告》，公证已经逐步融入网络知识产权的创造、交易、救济等环节①，在网络版权的保护中发挥了积极的作用。

2. 知识产权公证保护的优势

知识产权法律保护体系包括公证制度、行政手段、仲裁以及诉讼制度，而其余的知识产权法律保护机制在发挥作用时也越来越需要公证的参与与介入。② 这是因为公证具有诸多明显的比较优势。

---

① 参见王公义：《中国公证服务知识产权发展情况报告》，载《中国公证》2015 年第 7 期。

② 参见詹爱萍：《挑战与应对：网络语境下知识产权的公证保护》，载《学术论坛》2015 年第 9 期。

(1)突破时空限制。

在整个知识产权法律保护体系中,只有公证可以全程介入,同步跟进,贯穿整个事项的发展进程。公证的作用囊括了事前预防、事中监管和事后救济三个阶段,保护的力度极大。从知识产权的申请取得、让渡使用,到侵权纠纷的解决,公证均可以介入,而其他法律手段多数只能在某个阶段介入,难以做到全程保护。公证可以帮助权利人在发生纠纷之前以较低成本固定证据,极大地减轻了纠纷发生后权利人的取证负担和难度。而保护事项在经过事前和事中两次的公证后,只有极少数还可能发生纠纷。即使事后仍有纠纷,公证也可以通过调解的手段介入,并将调解的结果再次进行公证,通过其强制执行效力强化结果。[①] 此外,在网络环境下各公证机构推出的线上公证平台以及公证系统,通过技术手段实现了对电子证据客观性、真实性的公证,进一步便利了权利人,降低了取证成本和举证难度,也进一步扩大了知识产权公证所服务的范围。因此,公证在知识产权保护体系中能够突破时空的局限,全程参与,实现对权利人权益更加全面地保护。

(2)法律效力优势。

公证的法律效力优势主要体现在公证的证据效力、作为法律要件的效力以及强制执行的效力以及公证的效力范围优势。在证据效力方面,公证具有法定的证据效力优势。在民事诉讼领域,8 种证据要求“必须查证属实,才能作为认定事实的根据”;有关单位和个人提出的证明文书,“应当辨别真伪,审查确定其效

① 参见乔久茂、詹爱萍:《公证调解在构建我国 ADR 体系中的比较优势》(下),载《中国公证》2010 年第 12 期。

力”。而《民事诉讼法》第72条规定：经过法定程序公证证明的法律事实和文书，人民法院应当作为认定事实的根据，但有相反证据足以推翻公证证明的除外，《公证法》第36条同样有此规定。① 由法条规定可以得出经由公证所证明的事实不再需要举证证明，除非存在相反证据足以推翻公证证明的情形，公证证明具有绝对的证据效力。立法对公证证明的特殊规定体现了公证证明具有相对较高的证明力，且更容易被法院采信。而公证的这种证据效力，在网络环境下的知识产权保护方面具有明显的优势。互联网的虚拟性和开放性加大了知识产权的保护难度，而公证强势的证据效力能够在一定程度上缓解这一困境。尤其是网络环境下频发的知识产权侵权行为，公证可以发挥其证明力优势，在纠纷解决的过程中减轻权利人的采证和举证压力。

公证作为法律要件的效力体现在部分法律行为要成立、生效或者对抗第三人。国际的法律法规规定、国际惯例以及当事人可以约定要求公证作为某项法律行为成立、生效或对抗第三人的形式要件，法律行为要生效就必须履行公证程序，否则该法律行为就将因欠缺公证这一要件而无法实现预期的效力。② 公证的法律要件效力主要体现在涉外的知识产权纠纷中，例如，我国民事诉讼法以及相关司法解释规定，在我国领域内没有住所的外国当事人委托代为诉讼的授权委托书，应当办理公证、认证手续或者按照我国与该国签订的有关条约履行相应的证明手续，方具有

---

① 《公证法》第36条规定：“经公证的民事法律行为、有法律意义的事实和文书，应当作为认定事实的根据，但有相反证据足以推翻该项公证的除外。”

② 参见詹爱萍：《公证在服务知识产权保护中的作用与优势》，载《中国公证》2019年第4期。

效力。

在强制执行的效力方面,我国《公证法》和《民事诉讼法》规定,公证机构可依法对符合一定条件的债权文书赋予强制执行效力。当发生知识产权纠纷时,双方可就该争端进行协商后达成协议,约定具体数额、期限以及违约后责任等内容,在对该协议进行强制执行公证后,一旦一方在履行中不履行协议或不当履行协议,那么另一方可以向法院申请强制执行该协议内容,从而更加高效地解决履行协议过程中可能发生的问题,并节省诉讼成本。

在效力范围方面,不同于其他只能在机构辖区范围内或本国范围内生效的公文,公证书不仅在本国范围内有效,其效力范围还可以延伸至整个国际社会,具有国际性的特征。而其他公文必须借助公证这一要件才能在国际上生效和使用。正是因为公证的效力范围具有无界性,公证在网络环境下对知识产权保护具有得天独厚的优势。互联网环境下,知识产权同样具有无界性、跨区域性和国际性,因此公证能够更好地适应网络知识产权的保护需求。

(3)取证和存证的优势。

公证机构在取证和存证方面相比普通个人和机关更具优势。在取证方面,《最高人民法院关于审理著作权民事纠纷案件适用法律若干问题的解释》第 8 条①的特殊规定体现了公证取证的优越性,公证员在对保全证据取证时,可以不公开其身份。在存证方面,目前诸多公证机构设立了专门的公证平台和电子数据储存

① 《最高人民法院关于审理著作权民事纠纷案件适用法律若干问题的解释》第 8 条第 2 款规定,公证人员在未向涉嫌侵权的一方当事人表明身份的情况下,如实对另一方当事人按照前款规定的方式取得的证据和取证过程出具的公证书,应当作为证据使用,但有相反证据的除外。

系统。网络环境下的公证采取先进的计算机技术优化电子数据存证手段,完善电子数据系统,加强对电子数据的监督和保管,可以有效地保障电子数据的保密性、安全性和完整性。因此,网络技术在公证上的应用进一步加强了公证在存证上的优势。

(4)诉讼中的优势。

首先,公诉在诉前保全证据上更为便捷。相较于向人民法院申请诉前保全证据,申请公证保全证据的条件较为容易。第一,人民法院开启证据保全程序需要有"在证据可能灭失或者以后难以取得的情况下"这一前提条件,而公证保全证据的适用则没有此限制。第二,若向人民法院申请诉前保全证据,法院可以责令申请人提供担保;若不提供,则驳回申请,而申请公证保全证据无须满足这一条件。其次,公证能够有效缓解法院的诉讼压力,推进诉讼案件的进行。根据民事诉讼法的规定,人民法院应当对法定程序公证证明的法律行为、事实和文书予以采信,除非存在相关证据足以推翻该公证证明。这就省去了审查认证程序,同时节约了司法资源,推动诉讼的进程。

公证突破时空限制、证明力强、效力范围广、取证举证便捷安全、申请保全证据更加易行、推动诉讼进程等优势使其在网络环境下知识产权保护具有得天独厚的优势,网络环境知识产权侵权行为频发,传播广泛,成本低廉,且难以固定证据,而公证的功能和优势恰好可以加强对网络时代对知识产权的保护。因此,在知识产权的保护中,尤其是在网络知识产权保护问题亟须被重视的情况下,公证制度应当被充分研究和利用,以提升知识产权保护的效率,完善知识产权保护体系。

(三)网络环境下知识产权公证保护存在的问题

虽然公证在知识产权保护中具有诸多的优势和作用,并且在实践中已经有了许多成功的运用和创新,但公证在网络环境下知识产权保护中也存在诸多问题和不足。2017 年,为保护知识产权,《司法部、国家工商行政管理总局、国家版权局、国家知识产权局关于充分发挥公证职能作用加强公证服务知识产权保护工作的通知》出台,该通知要求积极创造条件,加大服务力度,创新方式方法,推进公证服务知识产权保护,充分发挥公证制度在知识产权中的功能和优势。各级司法行政机关、市场监督管理机关、版权局、知识产权局要支持和引导公证机构充分发挥公证职能作用,围绕知识产权创造设立、运用流转、权利救济、纠纷解决、域外保护等环节提供公证服务,构建了实现公证对知识产权事前、事中、事后全程保护的蓝图。该通知虽然为充分发挥公证在知识产权保护的职能和作用提供了方向和要求,但理想的战略布局要落实到实践中仍需解决诸多现实问题。公证制度在我国的普及程度不及诉讼制度,缺乏足够的学术成果和实务经验,在公证规则的确立、公证实务的拓展、公证平台的建设、公证队伍的培养以及公证的监管等方面存在明显的不足,这也导致了公证事实上并没有完全发挥其在知识产权保护的价值和作用。

1. 知识产权公证保护的法律规范欠缺

目前,我国法律法规中对网络环境下知识产权保护的规定较为零散,且相关法律法规的立法位阶偏低,难以形成足够有效的知识产权保护体系。而对于知识产权的公证保护,相关法律法规更加稀缺。《民事诉讼法》第 66 条规定电子数据属于民事诉讼证据,实务中保全电子数据公证的现象越来越多,然而现行法律法规中并没有配套的关于电子数据公证事项操作规范的细化规定。2020 年 10 月 20 日,司法部公布了关于修改《公证程序规则》的决定,根据实践经验和现实需求对其进行了部分的调整和细化。然而,《公证程序规则》在总体上仍是一种宏观的规定,而不是具体的操作指南,其对于电子数据的公证操作并没有作出特殊的规定。电子数据的公证对专业的要求性较强,相对来说难度也较大。在《公证程序规则》这一宏观指导下,公证人员仍可能无法解决实务中复杂多样的电子数据的公证难题,对于复杂专业的操作方法仍会束手无策。这就会导致部分公证员无法应对现实中新型的公证需求,难以完成网络知识产权电子数据的公证。此外,《公证程序规则》的法律位阶远低于《证据法》和《网络知识产权法》等法律,而在《证据法》和《网络知识产权法》等高位阶法律中却并没有公证的具体内容进行规定,这体现了目前公证保护知识产权的立法位阶较低,对公证制度融入网络知识产权保护体系是非常不利的。而缺乏权威明确的知识产权公证保护立法也会导致全国的公证机构对知识产权保全证据的公证工作各行其是,无法遵循统一规范的标准,这将会影响法院对公证证据效力的认定,致使公证难以在知识产权保护发挥其优势和作用。

2. 线上公证平台仍需完善

近年来,为了适应互联网社会的发展和网络纠纷的泛滥,许多公证机构开始探索建立线上的信息化知识产权公证服务平台。2010 年,杭州西湖公证处推出全球一站式语音数据保全解决方案,提出了“电子数据从云平台提取过程的公证”;2012 年北京市方圆公证处与北京国际版权交易中心联合推出“智慧保险箱”;

2012年上海市东方公证处推出电子证据保全平台“公证证据宝”;2013年,厦门鹭江公证处推出“公证云”平台,首创“线上线下一体化取证公证模式”,公证员全程主导并掌控证据的生成、传输与存储并采取数字加密技术方案。这些公证机构建立了自己的线上公证平台固然是对网络环境下知识产权公证保护的探索创新,然而,各机构分散搭建平台亦会造成资源浪费和效力低下的问题。首先,各机构分别搭建平台,各个平台均需投入众多的人力的成本,重复的投入是对资源的浪费。此外,各机构实力有限,因此各自开发的平台也因能力的局限性而难以具备强大的功能和完备的技术支撑。许多平台的功能模块较为单一,这是各机构分散建立平台不可避免的缺陷。其次,各个公证机构单独开发自己的公证平台,缺乏与其他知识产权服务平台信息和数据的交互,这就难以发挥数据库的规模效应,因此分散开发公证平台可能会造成信息闭塞,不便信息和数据的对接使用。同时,线上公证服务平台的发展存在着地区间不平衡的问题。前文所提及的建立线上公证平台的机构多分布在经济发达地区,而我国部分地区的公证机构还不具备提供知识产权在线公证的条件和能力,无法满足网络环境下知识产权保护的需要,这种地区之间的不平衡不利于公证保护的统一和公证保护体系的形成。另外,部分公证平台还存在缺乏公信力的问题。例如,2017年厦门法信云公司建立的“中国知识产权公证服务平台”,该平台事实上并不是公证机构的服务平台,而是商业平台,其运行也不由公证机构全部掌握,而是由第三方公司运营。这种情况下商业公司实质上是利用公证机构的公信力向外宣传,只具备公证的形式,实质上并不具有公证的公信力,这是一种对公证核心价值的严重弱化,是实务中不可忽视的一大问题。最后,公证服务平台的安全性问题也是值得关注的重点。电子存证诚然具有便捷、高效等特点,然而网络环境下病毒等不确定因素也影响着电子存证的安全性,若平台在使用时被其他因素所影响,那么取证的公证效力也会遭受负面的影响。

3. 公证服务单一、深度不足

随着市场的发展和网络的普及,公证制度逐渐深度融入知识产权保护中。然而,总体而言,公证服务还存在着单一化、简单化的问题。根据《中国公证服务知识产权发展情况报告》,知识产权公证业务主要包括以下公证事项:主体资格公证,如营业执照公证等;声明书、授权(委托书)公证,如商标转让声明,授权办理相关申请手续、登记手续等;合同、协议公证,如商标权转让协议;保全证据公证,如侵权证据的固定;保管业务,如文学作品保管;与知识产权保护相关的涉外涉港澳台公证等。虽然公证服务覆盖了知识产权保护多个领域,但总体上其保护的业务类型较为单一,主要集中在对著作权、专利权、商标权侵权证据的保全公证业务上。在实务中,权利人针对知识产权的侵权行为通常会采取公证手段来固定证据,以减轻将来纠纷解决中的举证负担。而主体资格公证、公证保管等其他业务类型则相对而言在知识产权公证业务中占比较低。另外,在证据保全公证上,公证服务还存在着简单化、碎片化的问题。网络环境下取证更为复杂和困难,因此在特殊情形下需要公证员发挥专业性设计取证方案。而在司法实务中公证员通常只是被动地根据当事人申请来开展工作,缺乏根据当事人诉求和案件情况提出保全方案的主动性,因此无法完全发挥出网络环境下公证对知识产权保护的优势。此外,由于缺乏统一的平台，公证无法深入知识产权的预登记、著作权保管等业务，无法与知识产权的登记部门进行信息联通，因此目前的实务中仍有部分知识产权业务是公证无法介入的，这也限制了公证的服务范围和深度。

4. 瑕疵公证证据问题

在公证服务中，受各种因素影响，实务中不可避免地会出现瑕疵公证证据。浙江高级人民法院课题组曾对知识产权民事诉讼中公证证据的基本情况进行全面调研，指出在公证各个环节所存在的瑕疵公证证据的表现形式，并分析了出现这些瑕疵公证证据的原因。在申请公证阶段，第一，存在异地公证的情形。异地公证证据是指公证的机构不属于《公证法》规定的管辖范围，异地公证的证据效力在实践中存在一定的争议。第二，不以案件当事人名义申请公证，而是以当事人的委托代理、亲戚、朋友的名义进行申请，此时公证证据的申请人是否具有申请公证的资格，反对和同意的观点均存在。

在审查和取证阶段，存在的问题有：第一，未使用公证机构的计算机且未进行清洁性检查。《办理保全证据公证的指导意见》规定：办理保全互联网上实时数据证据的公证，应当使用公证机构的计算机或无利害关系的第三人的计算机进行。而在实务中却存在着部分不合规的操作，如计算机为公证申请人自带，公证行为发生在公证机构外，此类不规范的操作可能会对保全证据造成负面影响，因此，关于此类公证证据效力，在审判中不可避免会存在分歧，这就削弱了公证的证明力优势。第二，未对过程进行录像，由于网络环境下的知识产权公证涉及大量的动态影音文件，因此仅文字和照片等静态的记录方式已经难以体现保全证据的真实性和完整性，若不采取录像方式记录下整个保全证据的过程，那么这种情形下的公证结果容易在诉讼过程中受到法官的怀疑而不被采信。第三，保全证据的内容或没有记载完整步骤的问题在实践中也经常出现。例如，在网络视频的侵权案件中，侵权的视频文件数量众多，逐个播放、下载并保存需要耗费诸多时间和精力，因此，部分公证员可能仅选取部分内容进行点播。对于这种内容不完整的公证证据，不再是当然地具有证明力，而需要结合其他的证据进行综合的分析和判断。① 此外，由于现实情况的需求，公证的步骤趋于复杂，难度也有所提高。若公证只进行了某个步骤而无法反映整个过程，则无法发挥其作用。例如，在对网购产品的公证中，若只对该产品本身进行公证而没有对之前的交易记录和寄件进行公证，那么该公证无法证明该产品为寄件人销售，因此该类公证证据实质上不具备证明效力。第四，在实践中可能存在着公证保全的实物之间、公证书记载内容之间或实物与公证书记载内容矛盾的问题。这些矛盾有的是因公证员的过错引起，有的是因为销售者的疏忽引起。在司法实践中因公证员的过错引起的出现矛盾的公证证据一般不予采信，因此公证员的工作态度和服务质量还需进一步改善，否则公证无法在诉讼中发挥其应有的职能。

在公证书的制作和出具阶段，实践中存在着对公证过程表述不完整、出具时间过长、未签章、笔误等问题。若公证书中对公证关键信息的记录不完整，公证书的证明力就可能下降。例如，在

---

① 参见《浙江高院关于知识产权民事诉讼中公证证据审查与采信的调研报告》，载《中国公证》2016 年第 3 期。

涉及网络知识产权侵权的证据保全公证中,若公证书未记载开机、上网、取证整个过程中的每个步骤,只是笼统地描述操作内容,也会削弱公证书的证明力。在出具时间上,《公证程序规则》要求公证机构在一般情况下应当自受理之日起15个工作日向当事人出具公证书。然而,实务中在规定期限外出具公证书的现象仍有发生,时限的不规范也会导致公证书证明力的减弱。在形式上,实务中存在着部分遗漏公证机构印章、公证书笔误、公证书缺页等瑕疵情形。这些虽只是形式上的问题,但也会导致法院对其效力存疑,影响法院对该公证证据的采信。总之,瑕疵公证证据的问题反映了当下执业的公证员群体存在着缺乏工作经验,专业能力不强,工作态度不够认真等问题,导致公证证据难以在诉讼中发挥其应有的作用。

5. 公证管辖制度无法满足跨地域保护需求

对于公证的地域管辖,为避免公证机构之间不正当竞争,修正后的《公证程序规则》依据《公证法》设立了公证执业区域制度。根据规定,公证机构的公证执业区域由省级司法行政机关依法核定,公证机构只能在核定的区域内受理公证业务,以避免公证机构跨区域受理公证业务。然而,网络具有虚拟性、无国界性,因此在网络环境下对知识产权的保护同样需要超越地区甚至国家的界限,而公证制度的国际效力正适应了这一需求。但是,《公证法》和《公证程序规则》对地域管辖的限制却与网络环境下知识产权保护的需求相悖。网络时代知识产权具有跨区域性,即使是同一侵权行为,也可能会涉及多个地区。实践中行为人可能基于某些原因必须选择异地公证机构进行公证。例如,防止侵权人与所在地公证员存在人情关系而导致公证无法保证公正性;防止因侵权人认识公证人员而导致取证困难；各个地区之间的公证机构的配套设施和工作人员的专业素质并不均衡，落后地区的公证机构可能难以具备处理网络知识产权公证的能力和条件，致使当事人不得不转向执业区域外的公证机构。通常情况下，司法审判中并不会因公证不符合执业管辖规定就直接否定公证证据本身效力。因为过于强调地域管辖事实上是对公证的便利性和公正性的损害，绝对禁止异地公证可能会增加当事人的维权成本，不利于当事人维权。另外，《最高人民法院关于民事诉讼证据的若干规定》规定的“违反法律禁止性规定”的情形中不包含异地公证，因此异议公证不属于违反禁止性规定，不应被直接否定证据资格。对于异地公证，立法中明确承认公证人超越职业区域的公证书的效力。2017 年广东省司法厅发布了《关于变更我省公证机构办理涉及知识产权保护公证事项执业区域的通知》，将为知识产权创造设立、运用流转、权利救济、纠纷解决、域外保护等环节提供公证服务的公证事项的执业区域范围扩大到了全省范围。这一规定符合网络环境下知识产权保护的趋势，在网络语境下地域性不应再被强调。若在网络知识产权的公证中过分强调地域性，既不符合网络知识产权的特性，也与网络环境下知识产权保护的需求相背离，既不利于发挥公证跨区域性的优势也不便当事人维护其权益。

6. 缺乏对公证的监管

正如前文所提及，实务中存在着瑕疵公证证据的问题以及管辖问题，也侧面反映了在整个知识产权公证保护体系中缺少对公证的监管这一问题。公证机构可以自主决定是否接受公证申请，具有较大的自由裁量权，甚至会出现选择性拒证、拆分办理等情况,而被拒绝后当事人也无法通过申诉或异议制度的寻求救济,当事人维权更加困难,也不利于公证的权威性、公正性。[①] 而由于公证员的疏忽而造成的公证证据的瑕疵也会影响诉讼中对公证证据的采信和使用,使公证的效力被削弱,这不仅反映出公证员自身职业素养欠佳,也反映了相关管理部门知识产权公证服务和质量的监管不严,对公证的重视程度不够,没有采取足够保障公证公信力的严格措施。

(四)网络环境下知识产权公证保护的完善路径

1. 完善知识产权公证规则

要更好地发挥公证在网络知识产权保护中的作用,完善知识产权公证规则是首要任务。网络环境下知识产权的保护也需要与其相适应的公证规则。因此,立法机关可以专门规定关于网络知识产权公证的法律规范,并对整个公证过程中各个环节的要求加以细化。与此同时,可以借鉴法国和德国的立法,规定部分"法定公证范围",要求侵权行为集中且认定困难、争端频发的知识产权事项必须强制办理公证。[②] 例如,可以制定规则要求涉及金额较大、技术复杂的网络知识产权转让许可事项必须办理公证,这一要求有利于减少日后的网络知识产权纠纷,维护当事人的合法权益。此外,要增强知识产权保护公证规则的统一性,统一全国的公证机构的受理标准、申请材料清单和审查程序,促进全国公

① 参见谢京杰:《公证在知识产权保护领域存在的问题及应对思路》,载《中国公证》2019 年第 4 期。

② 参见詹爱萍:《公证在服务知识产权保护中的作用与优势》,载《中国公证》2019 年第 4 期。

证机构开展知识产权保护工作的统一性、规范性。此外，公证行业同样应该有所作为。近年来，网络知识产权的保全证据公证越来越普及，公证机构在处理各类公证事项的过程中应及时根据网络知识产权公证业务中常见的问题以及应对的方法总结出专业的经验，针对各类型的公证事项制定公证操作规则，在细化操作和注重细节的同时兼顾灵活性和变通性，也可以制定各类知识产权事项的公证书模板，使公证人员能够有所遵循，保障公证的质量，提升公证的效率。

2. 完善在线知识产权公证保护平台

在网络环境下，建立公证信息平台和电子证据数据库是大势所趋。前文提到各公证机构纷纷推出自己的在线公证平台，造成了一定的资源浪费，功能也较为单一，且无法实现数据和信息的互通交流。2017 年，中国知识产权公证服务平台开通上线，该平台以公证法律服务为核心，覆盖从知识产权产生、确认到交易再到解决纠纷的全程服务与保护，并根据知识产权侵权行为呈现的隐蔽性、分散性及突发性的特点，加强与其他平台的合作，随时随地为当事人提供公证服务。[①] 这一平台的推出是大势所趋。要发挥公证在知识产权保护中的作用，就必须建立统一的全国性公证服务平台，统一进行公证和电子数据的取证和存证。各公证机构应申请入驻该平台，这样各机构就不再是"信息孤岛"，在统一的平台上各机构能够实现信息和数据的共建共治共享。同时，平台应当与知识产权登记机关对接，以方便经公证的知识产权的取

---

① 参见《中国知识产权公证服务平台上线》，载国家知识产权战略网 2017 年 9 月 19 日，http://www.nipso.cn/onews.asp?id=37975。

得、让渡使用等事项的办理;应当与法院系统对接,推动公证证据电子化,实现公证证据在公证机构和审判机关之间的在线传送。而就当事人而言,可以通过这一权威统一的平台选择公证机构办理在线知识产权公证业务,无须寻找各个机构自行研发的平台甚至登录多个平台,便利了当事人。一旦发生知识产权纠纷,该平台可以提供在线调解服务,促进纠纷的解决,还可以根据当事人的需要和申请对调解协议的内容进行强制执行公证,以确保协议内容的高效执行。

在网络环境下,电子数据的取证和存证均在网上完成,在便利高效的同时也带来了安全性的隐患。因此,电子取证仍不能脱离公证监督这一重点。传统的证据保全公证的开展场所是线下的专业公证机构,并且有专门的公证人员加以监督,这就能够避免伪造、编造证据,部分保全等违规操作,从而保障证据的效力。在线公证证据保全的场所是电子存证的平台,电子数据的取证过程通常分为以下 5 个步骤:第一,保证安全并进行隔离;第二,对现场信息进行记录;第三,全面查找证据;第四,对证据提取和打包;第五,维护证据监督链。[①] 技术上的监督应当贯穿整个取证过程,因此公证机构应该确保电子存证的平台的安全性和稳定性,确保该平台不被病毒或其他不确定因素影响,在取证过程中禁止运行其他程序。并且电子机构的取证仍需由专业公证员监督,而不能交由第三方商业公司代为管理,否则此时公证所得的证据仅具有公证形式,而不具有实质的证明力,甚至此类行为会对公证

---

① 参见谢京杰:《公证在知识产权保护领域存在的问题及应对思路》,载《中国公证》2019 年第 4 期。

的公信力造成严重的损害。

3. 提高公证服务质量

目前实务中存在着许多瑕疵公证证据，影响了法院对公证证据的采信，因此需要提高公证服务的质量，确保公证证据的有效性、公正性和权威性。以下几个方面需要加以重视。

（1）加强公证人员的职业素养。

瑕疵公证证据中在形式上的错误多源于公证人员的过错和疏漏，因此需要加强公证人员的职业素养和专业水平。网络知识产权的侵权行为具有较强的隐蔽性，甚至具有较强的专业性，这对公证提出了新的挑战，也对公证人员的专业水平提出了进一步的要求。全然被动地按照当事人申请进行保全证据在复杂困难的情形下已经难以达到取证目的，面对复杂的侵权情形需要公证人员充分发挥主观能动性，根据案件具体情况和自己的专业知识储备来设计取证方案。因此，公证机构应当加强对公证员的定期专业知识培训，公证员应当主动学习新型的公证方式和网络知识、技术，化被动为主动。同时，公证人员要端正自己的工作态度，在进行保全证据公证时，不仅要严格遵循相关的法律法规，还要认真严格地制作公证文书并加强审查，避免出现形式上的错误。另外，要加强对公证人员的职业道德培训，公证人员在进行公证的过程中必须公正合法，不能为了利益突破职业道德。提升公证员的专业素养和职业道德，建设专业的知识产权公证队伍，才能够有效保障公证过程的规范性、合法性，保障公证证据的法律效力，便利当事人日后维权，也有利于降低公证机构和公证员因过错而承担赔偿责任的风险。

(2)规范证据保全公证过程。

要提高公证服务的质量,核心的就在于要确保公证证据的真实性和完整性,如果无法确保,公证证据效力将会被削弱。为了确保公证证据的真实性和完整性,就要规范取证过程,确保公证人员的操作合法合规。首先,为了确保公证证据的真实性,公证员固定、提取和保存证据的过程,应避免主观判断,确保证据与客观事实相符。公证员应如实监督和记录整个证据保全过程,一般情况不应参与其中,以保障行为的单一性,避免与申请人的行为混杂而造成混乱。当涉及网络知识产权公证时,应使用公证机构的电脑并进行清洁性检查,不得使用当事人的电脑,对于侵犯网络影像等作品行为的取证过程应当采用录像方式,对于销售者原因造成的保全实物之间的矛盾应当在公证书中注明。其次,要确保公证保全的完整性,公证员应做到完整保全内容。例如,网络视频侵权往往涉及的集数众多,此时公证员仍应完整记录全部内容,而不能仅选取部分内容或者注明已经随机选取集数。同时,公证员应根据具体情况采取多种方式保全证据,综合利用文字、照片以及录像等手段,尽可能做到完整展现保全事项。而在网络证据保全过程中,注意应记载整个步骤,按照开机、上网、下载、封存证据的时间顺序实时记录。另外,对网购产品进行公证不仅要对寄到的产品本身进行保全,还要对交易和寄件等事项进行保全,以完整反映交易过程。

(3)加强对公证证据的关联性审查。

公证机构在提供公证服务时,不仅需要保障公证证据的真实性和完整性,还应当审查公证事项与待证事实之间是否具有关联性,若二者无关联性,即使对证据进行了公证,该公证证据也无法证明待证事实,公证也就失去了意义。在公证过程中,公证员通常况下会按照申请人的申请进行证据保全,而疏于了解保全证据与待证事实之间是否具有关联性,出具的公证书也缺乏深度记载仅仅流于表面,这就导致公证无法发挥其作用,也浪费了公证资源。因此,公证员应重视证据关联性审查,在公证前主动了解申请人的公证目的和待证事实,指导申请人根据其目的进行证据保全,同时要公证员要主动根据具体情况设计保全方案,使公证事项能够发挥证明待证事实的作用。

(4)加强对公证的监管。

随着知识产权保护中公证业务的发展,要保障公证质量和提高公证效率,就必须加强对公证的监管。目前,公证机构的自主权较大,且公证员的专业素养和职业道德参差不齐,除了需要内部加强对自身的管理和监督,也需要加强外部对公证工作的监管。公证管理部门以及行业组织应当加强对公证机构知识产权公证服务的监管,对于不符合规范的公证行为和操作方式应当要求及时整改,同时人民法院也应当及时向公证机构反馈审理过程发现的瑕疵公证证据,多与公证机构、公证管理部门等沟通交流,严重情形下应提出整改事项,也可以发出司法建议,以促进公证机构不断完善自身工作,减少瑕疵公证证据的出现,保障公证证据的法律效力,提高公证的效率。此外,应当建立和完善公证的申诉和异议制度。目前,公证机构具有较大的自由裁量权,权利人的公证申请由公证处自主决定是否接受,一旦被拒,权利人没有相关救济途径和方式,这极大增加了维权的难度和成本,也不利于公证融入知识产权保护体系中,推动公证常态化。因此,为权利人提供救济途径,加强对公证机构的监管是必然的,否则公证在知识产权保护中的战略布局将无法顺利展开。

(5)听取专家的技术性意见。

由于网络知识产权侵权中的网络证据公证较为复杂,可能涉及诸多复杂专业的网络知识和技术,因此部分新型案件的取证超出了公证员的能力和知识储备。公证人员应积极迎合现实的需求,主动加强网络技术的学习,提高自己解决复杂网络知识产权公证问题的能力;同时,公证机构可以邀请专家来对公证员进行专项培训,普及最新的互联网技术知识,加强公证员的专业素养。另外,当面对涉及复杂技术的案件时,若出现公证员难以确保公证证据的完整性、真实性的情况,可以借助外力,邀请网络技术专家来为公证员提供技术支持,以确保保全证据公证过程的顺利进行。

4. 完善公证管辖制度

目前的公证管辖制度已经无法适应网络环境下知识产权跨地域性保护的需求,长此以往还会束缚公证在知识产权保护中发挥作用。放眼国际,公证事业发达的国家已经放开公证管辖,公证人可以接受来自全国各地的申请。例如,德国《联邦公证员法》规定,如果公证员违反了规定并在他被任命为公证员的联邦州之外进行了书证业务,这种业务并不能影响业务内容的有效性。[①] 我们可以参考国外的经验,并结合网络知识产权侵权无界性、可能涉及多个地域的特征,完善我国的公证管辖制度,适当放开对执业区域的限制,对于涉及网络知识产权公证保护事项的公证应

---

① 参见王公义等:《中国公证制度改革研究及国际比较》,法律出版社 2006 年版。

当允许跨区域公证,降低当事人维权成本,便利当事人维权。

5. 法院应谨慎对待公证证据

虽然公证证据在理论上和立法上有比一般证据更优的法律效力,但在实务中公证证据并不当然具有绝对的证明力。法院不能因为公证制度的优越性而忽略对公证证据的审查,而应当注意判断公证证据在内容和形式上是否具有瑕疵。应当重点审查公证证据是否具有真实性、完整性、合法性,还需要结合案件的具体事实分析公证证据与待证事实是否具有关联性。另外,若法院在审理过程中发现公证证据存在瑕疵,也不能当然地否定其效力。对于异地公证证据,过于强调地域管辖反而会影响公证的便利性,因此对于异地公证证据,一般情况下法院不应直接否定其证据效力。而不以当事人名义申请公证的公证证据,法院在查证委托代理人或第三人与申请事项存在利害关系后应当认定其证据资格并予以采信。对于计算机未作清洁性检查、未对取证过程进行录像、内容或步骤不完整的瑕疵公证证据,法院应结合案件中的其他证据和事实判断其证明力。对于超出时限的公证书,一般情况下法院不应否认其证据效力,但对于出具时间过久的情况,法院可以不予认定。对于缺少公证签字和盖章的公证书,法院可以不采用,但如果公证机构作出补正并说明情况的,法院同样可以结合其他证据认定公证事项。而如果对方当事人提供了足以推翻公证证据的相反证据,那么法院应当否定公证证据的效力。

6. 推广知识产权公证保护

相对于诉讼制度,目前公众对于公证在知识产权保护中的功能和优势还缺乏足够的了解,运用公证制度应对知识产权侵权的意识还不够强。因此,应当从以下几个方面推广知识产权的公证保护。

第一,应加强对网络知识产权公证的理论研究,为知识产权的公证保护实践提供理论基础。我国学界目前对公证的理论探讨较少,尤其对法定公证研究较少。在大陆法系中,法国的公证较为发达,且法国的公证具有强制性和法定性的特征。法国有 2/3 的公证业务都是法定公证业务,法国公证员身兼多重角色,包括“公务助理”“当事人顾问”“契约的仲裁人”“和解的主持人”“纠纷的调解人”等。[①] 法国的公证领域也较为广泛,包括婚姻家庭、不动产、公司等,此外,统计显示法律行为在经过公证后发生纠纷的概率极低。[②] 而目前我国法律并无“必须公证”的要求,这也导致了公众利用公证维权的意识较为淡薄,对公证调解的认知也甚少。因此,我国学界应加强对法定公证理论的探讨,学习国外关于公证的先进理论,以指导公证在我国知识产权领域的保护。

第二,我国可以借鉴法国的经验,在一定领域内实施强制公证。网络时代公证制度的优势与知识产权保护的需求相契合,而目前我国网络知识产权保护尚未形成系统的体系,因此面对网络知识产权保护困境,可以规定涉及知识产权保全证据的事项必须进行“法定公证”,并规定在处理公证事项的争端时应当将公证调解前置,公证机构可以优先介入调解,调解不成后才能采取其他解决纠纷的手段,调解协商后可以达成调解协议并申请强制执行

---

① 参见[法]让·叶戈、[法]让-佛朗索瓦·皮伊布:《公证执业法》,唐党译,法律出版社 2008 年版。

② 参见司法部律师公证工作指导司编:《中外公证法律制度资料汇编》,法律出版社 2004 年版。

公证。实施法定公证一方面能够强化公众利用公证维权意识,促使公证介入知识产权保护的时间提前。公众将更加注重在事前利用公证固定证据,而发生纠纷后公众能及时申请保全证据,减少电子证据因被侵权人删除、篡改而灭失的可能性。同时公证调解和强制执行公证将有效帮助当事人尽快解决争端。就公证机构而言,法定公证的规定也有利于促使公证机构提升自身的专业素质和服务能力,增加公证服务深度和广度。另一方面公证制度应当成为救济公民权益的"第一道防线",发挥其防患于未然的作用,经过法定公证后能够大大降低纠纷的发生率,即使发生纠纷也将先经过公证调解,最后只有极少数纠纷会进入诉讼阶段,对于法院来说有利于减轻压力,节约司法资源。

公证作为知识产权保护中的重要力量,贯穿了知识产权的申请、让渡使用和侵权赔偿的整个过程。面对网络环境下的知识产权保护需求,各公证机构通过建立在线公证平台等方式积极探索对网络知识产权的保护方式。虽然目前各公证机构的创新举措取得了一些成果,但实践中仍存在一些问题。我们应当针对这些问题探索完善路径,从提升公证员职业素养、完善公证法律规范、加强公证监管等方面入手,促进公证更好地服务知识产权保护,强化公众利用公证防患于未然的意识,减少知识产权纠纷的发生,维护权利人的合法权益,落实知识产权公证的战略布局。

参考文献

[1]王迁:《论网络环境中发行权的适用》,载《知识产权》2001年第4期。

[2]何炼红:《网络著作人身权研究》,载《中国法学》2006年第3期。

[3]李莉:《论作者精神权利的双重性》,载《中国法学》2006年第3期。

[4]林山泉:《驰名商标与企业名称权冲突之解决——以"联想理论"为思考基准》,载《知识产权》2006年第3期。

[5]郑瑞琨:《驰名商标淡化与反淡化问题研究——以联想理论为视角》,载《电子知识产权》2006年第12期。

[6]邓宏光:《商标混淆理论的扩张》,载《电子知识产权》2007年第10期。

[7]邓宏光:《商标混淆理论之新发展:初始兴趣混淆》,载《知识产权》2007年第3期。

[8]杜颖:《商标淡化理论及其应用》,载《法学研究》2007 年第 6 期。

[9]蒋尉:《从混淆理论、反淡化理论到联想理论》,载《学术论坛》2007 年第 8 期。

[10]孙海龙、姚建军:《网络商标侵权问题研究》,载《电子知识产权》2007 年第 8 期。

[11]谭九生:《网络环境中著作人身权转让之合理性探讨》,载《图书与情报》2007 年第 3 期。

[12]王迁:《我国著作权法中修改权的重构》,载《法学》2007 年第 11 期。

[13]丛立先:《论网络版权之精神权利及其表现》,载《东北大学学报(社会科学版)》2008 年第 6 期。

[14]邓宏光、周园:《网络商标侵权的新近发展》,载《重庆社会科学》2008 年第 5 期。

[15]黄汇:《售前混淆之批判和售后混淆之证成——兼谈我国〈商标法〉的第三次修改》,载《电子知识产权》2008 年第 6 期。

[16]黄武双:《搜索引擎服务商商标侵权责任的法理基础——兼评"大众搬场"诉"百度网络"商标侵权案》,载《知识产权》2008 年第 5 期。

[17]彭学龙:《商标混淆类型分析与我国商标侵权制度的完善》,载《法学》2008 年第 5 期。

[18]邓富国:《商标权网络运动三重性分析——后信息时代的商标权利运动构造轨迹》,载《法治研究》2009 年第 1 期。

[19]伍巧芳:《法律语言模糊性的法理分析》,载《江西社会科学》2009 年第 6 期。

[20]余玫:《网络经济下网络商标使用侵权研究》,载《江苏商论》2009 年第 11 期。

[21]袁秀挺、胡宓:《搜索引擎商标侵权及不正当竞争的认定与责任承担——网络环境商标间接侵权"第一案"评析》,载《法学》2009 年第 4 期。

[22]朱云:《网络商标侵权分析》,载《中华商标》2009 年第 3 期。

[23]李小武:《我国域名纠纷案中的"商标淡化"》,载《电子知识产权》2010 年第 4 期。

[24]寿步:《中国计算机软件著作权保护的回顾与展望》,载《暨南学报(哲学社会科学版)》2010 年第 6 期。

[25]孙尚鸿:《涉网知识产权案件管辖权的确定》,载《法律科学(西北政法大学学报)》2010 年第 1 期。

[26]徐聪颖:《论"初始兴趣混淆"的法律规制》,载《时代法学》2010 年第 3 期。

[27]李春芳、范淑贤:《论搜索引擎服务商的关键词审查责任》,载《知识产权》2011 年第 9 期。

[28]任燕:《论驰名商标淡化与反淡化措施——再谈我国驰名商标保护的立法完善》,载《河北法学》2011 年第 11 期。

[29]石峰、蔡杰:《原告住所地与网络侵权案件的法院管辖》,载《上海大学学报(社会科学版)》2011 年第 2 期。

[30]陶乾:《中欧搜索引擎关键词引发的商标侵权案件分析》,载《知识产权》2011 年第 4 期。

[31]王迁:《网络环境中的著作权保护研究》,法律出版社 2011 年版。

[32]张玲玲:《竞价排名服务提供商侵权责任认定》,载《知识产权》2011 年第 4 期。

[33]冯晓青:《注册驰名商标反淡化保护之探讨》,载《湖南大学学报(社会科学版)》2012 年第 2 期。

[34]秦洁:《数字时代动态标志的权利形态与法律回应》,载《西南民族大学学报(人文社会科学版)》2012 年第 10 期。

[35]任燕:《论我国著作人身权制度的完善》,载《河南财经政法大学学报》2012 年第 5 期。

[36]杨小兰:《网络著作权研究》,知识产权出版社 2012 年版。

[37]张德芬:《商标使用界定标准的重构》,载《知识产权》2012 年第 3 期。

[38]《美国商标法》,杜颖译,知识产权出版社 2013 年版。

[39]曹静:《商标淡化理论若干问题的思考》,载《知识产权》2013 年第 8 期。

[40]何怀文:《二手数字出版物与发行权用尽——兼评美国“ReDigi 案”与欧盟“UsedSoft 案”》,载《出版发行研究》2013 年第 6 期。

[41]何怀文:《网络环境下的发行权》,载《浙江大学学报(人文社会科学版)》2013 年第 5 期。

[42]刘期家:《商标侵权认定理论考评与探索》,载《知识产权》2013 年第 6 期。

[43]梅夏英、刘明:《网络侵权归责的现实制约及价值考量——以〈侵权责任法〉第 36 条为切入点》,载《法律科学(西北政法大学学报)》2013 年第 2 期。

[44]钱玉文、张加林:《论网络服务提供者商标侵权的法律责任》,载《知识产权》2013 年第 2 期。

[45]孙海龙、赵克:《变与不变:信息网络传播权的动态演进与司法应对》,载《法律适用》2013 年第 11 期。

[46]王迁:《论软件作品修改权——兼评“彩虹显案”等近期案例》,载《法学家》2013 年第 1 期。

[47]杨延超:《声音商标的立法研究》,载《知识产权》2013 年第 6 期。

[48]尹西明:《论我国著作权权能设置的立法完善》,载《河南社会科学》2013 年第 12 期。

[49]尹西明:《域外著作权权能设置及对我国的立法启示》,载《河南财经政法大学学报》2013 年第 6 期。

[50]李士林:《商标关键词搜索服务竞价排名的侵权问题分析》,载《理论探索》2014 年第 4 期。

[51]刘贵增、陈雪娇:《网络商标侵权涉及的法律问题分析》,载《中华商标》2014 年第 1 期。

[52]刘敏:《论“初始兴趣混淆”原则在中国司法中的适用》,载《法律适用》2014 年第 4 期。

[53]王迁:《论我国〈著作权法〉中的“转播”——兼评近期案例和〈著作权法修改草案〉》,载《法学家》2014 年第 5 期。

[54]张今、郭斯伦:《电子商务中的商标使用及侵权责任研究》,知识产权出版社 2014 年版。

[55]张体锐:《追踪网络商标侵权责任主体研究》,载《东南学术》2014 年第 3 期。

[56]陈健:《质疑精神权利——作者精神权利制度存在的问

题及其完善》,载《中国政法大学学报》2015 年第 5 期。

[57]杜颖:《搜索引擎服务提供商关键词广告商标侵权责任之认定》,载《法学》2015 年第 6 期。

[58]冯术杰:《网络服务提供者的商标侵权责任认定——兼论〈侵权责任法〉第 36 条及其适用》,载《知识产权》2015 年第 5 期。

[59]郭明瑞:《"知假买假"受消费者权益保护法保护吗? ——兼论消费者权益保护法的适用范围》,载《当代法学》2015 年第 6 期。

[60]何怀文:《我国著作人身权与著作财产权协调的法律原则》,载《知识产权》2015 年第 9 期。

[61]孔祥俊:《网络著作权保护法律理念与裁判方法》,中国法制出版社 2015 年版。

[62]刘维:《我国注册驰名商标反淡化制度的理论反思——以 2009 年以来的 35 份裁判文书为样本》,载《知识产权》2015 年第 9 期。

[63]刘燕:《论互联网环境下商标侵权认定的标准及原则》,载《兰州大学学报(社会科学版)》2015 年第 1 期。

[64]刘哲玮:《民事电子证据:从法条独立到实质独立》,载《证据科学》2015 年第 6 期。

[65]王迁:《著作权法》,中国人民大学出版社 2015 年版。

[66]王太平:《商标法:原理与案例》,北京大学出版社 2015 年版。

[67]杨小兰:《中国信息网络传播权立法的回顾与展望》,载《当代传播》2015 年第 1 期。

[68]姚志伟、慎凯:《关键词推广中的商标侵权问题研究——以关键词推广服务提供者的义务为中心》,载《知识产权》2015 年第 11 期。

[69]邹明伟:《论电子出版物的网络出版适用发行权用尽原则的合理性》,载《中国版权》2015 年第 1 期。

[70]刘润涛:《关键词推广使用他人商标的反不正当竞争法规制》,载《上海财经大学学报》2016 年第 4 期。

[71]刘文杰:《信息网络传播行为的认定》,载《法学研究》2016 年第 3 期。

[72]梅术文:《网络知识产权法:制度体系与原理规范》,知识产权出版社 2016 年版。

[73]苏志甫:《从著作权法适用的角度谈对网络实时转播行为的规制》,载《知识产权》2016 年第 8 期。

[74]王迁:《论禁止规避技术措施的范围》,载《法学家》2016 年第 6 期。

[75]吴珂:《著作人身权转让问题研究》,载《西安电子科技大学学报(社会科学版)》2016 年第 3 期。

[76]阳东辉:《论互联网关键词广告的商标侵权认定规则》,载《政治与法律》2016 年第 9 期。

[77]《法国知识产权法典·法律部分》,黄晖、朱志刚译,商务印书馆 2017 年版。

[78]刘银良:《信息网络传播权及其与广播权的界限》,载《法学研究》2017 年第 5 期。

[79]刘银良:《信息网络传播权框架下深层链接的法律性质探究》,载《环球法律评论》2017 年第 6 期。

[80]陶乾:《隐性使用竞争者商标作为付费搜索广告关键词的正当性分析》,载《知识产权》2017 年第 1 期。

[81]汪闽燕:《电子证据的形成与真实性认定》,载《法学》2017 年第 6 期。

[82]王艳芳:《论侵害信息网络传播权行为的认定标准》,载《中外法学》2017 年第 2 期。

[83]王艳芳:《信息网络环境下相关知识产权案件管辖法院的确定》,载《知识产权》2017 年第 7 期。

[84]张韬略、张倩瑶:《后台型竞价排名的商标侵权及不正当竞争认定》,载《同济大学学报(社会科学版)》2017 年第 6 期。

[85]周樨平:《商业标识保护中"搭便车"理论的运用——从关键词不正当竞争案件切入》,载《法学》2017 年第 5 期。

[86]曾鹏、吕立君:《论网络商标侵权及其法律规制》,载《三峡大学学报(人文社会科学版)》2018 年第 4 期。

[87]陈可欣、李然:《知识产权诉讼中时间戳证据效力分析》,载《福建师范大学学报(哲学社会科学版)》2018 年第 5 期。

[88]寇颖娇、吴献雅:《涉网络知识产权侵权案件的地域管辖问题研究——以〈民诉法司法解释〉第 25 条为中心》,载《法律适用》2018 年第 5 期。

[89]李琛:《中国商标法制四十年观念史述略》,载《知识产权》2018 年第 9 期。

[90]刘品新:《论电子证据的理性真实观》,载《法商研究》2018 年第 4 期。

[91]刘银良:《论服务器标准的局限》,载《法学杂志》2018 年第 5 期。

[92]刘银良:《制度演进视角下我国广播权的范畴》,载《法学》2018 年第 12 期。

[93]司晓:《网络服务提供者知识产权注意义务的设定》,载《法律科学(西北政法大学学报)》2018 年第 1 期。

[94]苏志甫:《知识产权诉讼中电子证据的审查与判断》,载《法律适用》2018 年第 3 期。

[95]姚鹤徽:《论商标法售前混淆规则的适用边界》,载《西南政法大学学报》2018 年第 2 期。

[96]张怀印、凌宗亮:《区块链技术在商标领域的证明作用》,载《知识产权》2018 年第 5 期。

[97]张军荣:《驰名商标反淡化的误区和出路》,载《重庆大学学报(社会科学版)》2018 年第 6 期。

[98]郑玉双:《破解技术中立难题——法律与科技之关系的法理学再思》,载《华东政法大学学报》2018 年第 1 期。

[99]《中华人民共和国商标法 · 案例注释版》(第 4 版),中国法制出版社 2019 年版。

[100]黄汇:《商标使用地域性原理的理解立场及适用逻辑》,载《中国法学》2019 年第 5 期。

[101]任毅:《商标淡化与商标混淆的比较研究》,载《四川师范大学学报(社会科学版)》2019 年第 5 期。

[102]苏冬冬:《论〈电子商务法〉中的"通知与移除"规则》,载《北京理工大学学报(社会科学版)》2019 年第 6 期。

[103]王迁:《知识产权法教程》(第 6 版),中国人民大学出版社 2019 年版。

[104]张占江:《论反不正当竞争法的谦抑性》,载《法学》

2019 年第 3 期。

[105]周学峰:《"通知—移除"规则的应然定位与相关制度构造》,载《比较法研究》2019 年第 6 期。

[106]周园、杨珊:《深度链接著作权侵权认定的现实路径与制度创新》,载《重庆社会科学》2019 年第 4 期。

[107]黄武双、邱思宇:《论区块链技术在知识产权保护中的作用》,载《南昌大学学报(人文社会科学版)》2020 年第 2 期。

[108]罗曼、雒欣:《知识产权审判视角下时间戳取证模式的检视与完善》,载《电子知识产权》2020 年第 9 期。

[109]陶鑫良:《论"署名权"应改为"保护作者身份权"》,载《知识产权》2020 年第 5 期。

[110]汪泽:《民法思维与商标权救济》,商务印书馆 2020 年版。

[111]魏森:《论商标法对表达自由的保护》,载《法律科学(西北政法大学学报)》2020 年第 4 期。

[112]姚鹤徽:《消费者心理认知视角下商标反淡化保护的反思与完善》,载《政法论坛》2020 年第 4 期。

[113]杜颖:《〈电子商务法〉知识产权条款的适用与评价》,载《电子知识产权》2021 年第 4 期。

[114]许偲:《互联网环境下知识产权侵权的管辖权路径选择》,载《东南学术》2021 年第 3 期。

[115]张伟君:《论著作权法第三次修改后"转播权"内涵的变化》,载《知识产权》2021 年第 3 期。